최의헌의

정신병리 강의 ^{제2판}

최의헌 지음

Σ 시그마프레스

최의헌의 **정신병리 강의,** 제2판

발행일 2020년 7월 10일 1쇄 발행
        2024년 1월 5일 2쇄 발행

지은이 최의헌
발행인 강학경
발행처 **(주)시그마프레스**
디자인 이상화
편 집 이호선

등록번호 제10-2642호
주소 서울특별시 영등포구 양평로 22길 21 선유도코오롱디지털타워 A401호
전자우편 sigma@spress.co.kr
홈페이지 http://www.sigmapress.co.kr
전화 (02)323-4845, (02)2062-5184~8
팩스 (02)323-4197

ISBN 979-11-6226-274-0

＊ 책값은 책 뒤표지에 있습니다.

이 도서의 국립중앙도서관 출판예정도서목록(CIP)은 서지정보유통지원시스템 홈페이지(http://seoji.nl.go.kr)와 국가자료종합목록 구축시스템(http://kolis-net.nl.go.kr)에서 이용하실 수 있습니다. (CIP제어번호: CIP2020026263)

마음의 아픔을 탐색하고 파악하는 것은 신체의 질병을 파악하기 위해 혈액검사의 수치나 엑스레이 결과를 분석하는 것보다 더 불명확하고 어려운 작업이다. 이러한 이유로 정신건강 치료자들은 정신병리에 대해 깊은 이해가 필요하고 또 그렇게 되었을 때 매우 유용하고도 의미 있는 진단적 · 치료적 능력을 갖게 되어 스스로가 그 어떤 장치나 기계보다도 더 효과 좋은 치료 도구가 될 수 있는 것이다. 그러므로 치료자로서 이러한 부분을 공부하고 연마하는 것은 매우 중요하다.

그런 의미에서 이 책은 정신건강 치료자라면 놓칠 수 없는 필독서라 할 수 있다. 저자는 오랜 기간 환자를 돌보아 온 임상가이면서 전공의와 심리상담사들의 심리치료를 지도하고 정신병리에 대해 강의를 해온 훌륭한 선생님답게 너무도 이해하기 쉽게 강의를 한다. 동료로서 "이렇게 설명하면 되겠구나"라는 생각을 갖게 만드는 번뜩임이 강의 내내 자주 있어 더 많은 사람들과 이 부분을 나누고 싶게 만드는 그런 강의이다.

특히 기존의 일반 정신병리 강의뿐만 아니라 곳곳에 담긴 저자만의 창의적인 해석이 돋보인다. 그리고 병리를 설명하면서 희망을 이야기하고 위로와 격려를 강조한 것은 지식 전달자이면서 동시에 임상가로서 환자를 대했던 저자의 따뜻한 태도를 알 수 있는 부분이다.

한마디로 최의현의 정신병리 강의는 편안하고 쉽고 유쾌하게 그리고 따뜻하게 들을 수 있다. 마음의 아픔을 도우려 하는 치료자들 누구에게나 권하고 싶다!

연세멘토 정신건강의학과의원
원장, 전문의 이은철

이 책의 제1판은 2008년에 출간되었습니다. 십 년이면 강산도 변한다는데 확실히 변한 게 있습니다. 우선 제가 나이를 열 살이나 더 먹었습니다. 정신건강 관련 용어들에도 변화가 있었습니다. 정신과 명칭이 정신건강의학과로, 정신분열병이라는 병명이 조현병으로 바뀌었습니다. 제 의원 이름은 연세로뎀 그대로인데 이 강의를 진행해온 연구원 이름은 한국정신치료연구원에서 심리상담연구원 나무와새로 바뀌었습니다. 가장 큰 변화는 개정된 정신질환 진단기준입니다. 사실 개정된 DSM-5 출판이 된 지 꽤 지났기 때문에 개정을 서둘러야 했지만 저의 게으름으로 이제야 제2판을 내게 되었습니다.

어려운 정신병리학을 보다 쉽게 전달하고 정신의학과 심리학과 종교(기독교)의 접근을 통합하려는 취지는 예전과 같습니다. 저만 고유하게 사용해온 용어는 일반적으로 통용되는 용어로 수정했습니다. 정신질환의 진단명은 DSM-5 정식 번역판에 기초하여 변경하였고, 질환이 언급되는 순서도 가급적 DSM-5 매뉴얼대로 맞추었습니다. 검증되지는 않았지만 강의를 하면서 언급해온 제 견해가 일부 담겨 있습니다. 그런데 사실 10년이 지난 지금 시점에서도 정신건강에 대한 변화는 아직 미미하다고 느낍니다. 과거 책을 썼을 때와 확연히 다른 내용은 별로 없습니다. 긍정적으로 포장한다면 발전해야 할 부분이 무궁무진합니다!

제1판이 나올 때 강좌를 관리하고 강의를 녹음하고 녹취록을 풀고 원고를 검토한 강혜정, 김명미, 김경숙, 김은미, 송영미, 신미숙, 안규옥, 안진선, 양미라, 이명숙, 홍인숙, 홍희정 선생님께 다시 감사를 드립니다. 마지막으로 누구보다도 제 아내에게 진심으로 감사를 드립니다.

2020년 6월
저자 최의헌

차례

합리적인 기준에 따른 분류는
관찰과 연구를 보다 풍성하게 합니다.

정신병리의 이해와 DSM-5 진단체계

정신병리 강의에 입문하신 여러분을 환영합니다. 정신병리는 많은 사람의 관심 분야이면서 동시에 공부하기 어려워하는 분야입니다. 어려운 내용을 이해하기 쉽게 그리고 이론적 지식에 머무르기보다는 임상 현실 속의 정신병리를 생생하게 전달하는 것이 이 강의의 목표입니다. 공부하기가 어렵지만 마치고 나면 자신의 전문성이 한 단계 업그레이드 되었다고 느끼실 것입니다. 상담에서는 내담자의 심리를 파악하는 것과 동시에 정신병리가 있는지 확인하고 그에 따른 진단을 내리는 것이 필요합니다. 즉 한 내담자가 가진 심리와 병리 현상을 함께 파악하여 통합적으로 이해하는 것입니다. 그래서 심리 이론과 정신병리학을 모두 배우면 전문성이 한 단계 깊어집니다. 정신병리학은 결코 정신의학 종사자만 배우는 것이 아닙니다. 상담자가 정신병리를 배워야 하는 또 하나의 이유는 내담자에 대한 두려움을 완화하기 위해서입니다. 간혹 상담자가 환자보다 더 긴장하기도 하는데 정신병리가 있는 내담자와 상담한 경험이 없어서 혹은 병리가 없는 내담자에 비해 어려울 것이라고 생각해서 그렇습니다. 그러한 긴장과 두려움을 이 강의를 통해 해소하여야 합니다. 정신병리를 공부하게 되면 병리가 있는 내담자가 오더라도 어떻게 대처해야겠다는 지침이 생겨서 편안하고 자신감 있게 상담을 할 수 있습니다.

정신병리psychopathology는 이상심리abnormal psychology라고 부르기도 합니다. 이상심리학은 이상ideal을 추구하는 심리학이 아니고 '이상한' 즉 비정상적인 사람들에 대한 심리학입니다. 정신병리학에서는 비정상적인 의식, 생각, 감정, 행동을 설명

정신병리학은 결코 정신의학 종사자만 배우는 것이 아닙니다. 상담자가 정신병리를 배워야 하는 또 하나의 이유는 내담자에 대한 두려움을 완화하기 위해서입니다.

하고 이를 각각의 질환으로 나눕니다. 그런데 정상과 이상은 어떤 기준으로 구분이 될까요? 병리와 정상은 연장선상에 있어서 확연히 구분되지 않습니다. 통계적으로는 보통 95%를 벗어나는, 즉 5% 이내의 특성이 비정상에 해당됩니다. 100명의 학생 석차를 내었다면 중간 95명이 정상이고 상위그룹과 꼴찌그룹을 합한 5명 정도가 비정상이 됩니다. 1, 2등이 비정상 그룹이라는 말을 이해하시겠어요? 말장난을 하자면 '우리가 추구하는 이상ideal은 사실 이상한abnormal 영역'이라고 해야겠네요. 정상과 이상의 분별에는 단순한 지식 이상의 경험이 필요합니다. 정신건강의학과 의사나 상담자 모두 지식만으로 어떤 병리나 진단을 내릴 수 없고 반드시 사례 토의 시간을 거쳐 적절한 판단을 내리도록 수련을 받아야 합니다. 병리 지식은 충분하나 막상 내담자에게서 그 병리의 분별을 못하는 경우가 있습니다. 이는 실제 임상 영역에서 그 지식을 제대로 적용하고 자신의 판단을 검증하는 경험이 부족하기 때문입니다. 여러분은 이 강의와 함께 실제 경험으로 나아가는 기회를 충분히 가지시기 바랍니다.

정신질환 분류의 필요성, 진단분류체계의 등장

정신질환을 왜 하나하나의 병으로 분류할까요? 정신질환을 분류하는 첫 번째 이유는 정확한 의사소통을 위해서이고 두 번째 이유는 정신질환의 개념을 잘 정리하고 그에 따른 효과적인 치료를 하기 위해서입니다.

첫 번째 이유를 좀 더 자세히 살펴봅시다. 어떤 특이한 행동이나 심리 현상이 있을 때 그것을 혼자서 관찰하고 이해한다면 별 문제가 없습니다. 하지만 그러한 행동이나 현상을 남들과 공유할 때 어떤 용어나 진단이 없으면 설명하느라 말이 길어지고 그러다보니 잘못 전달될 가능성이 높아집니다. 사람이든 사물이든 그 이름을 기억한다면 굳이 많은 설명을 할 필요가 없습니다. 마찬가지로 어떤 정신병리를 다른 전문가에게 설명할 때 병리 용어나 진단명을 사용하면 가장 명료하게 의견을 전달하게 됩니다. 상담자는 내담자의 이상한 현상을 병리 용어나 진단명으로 판단하여 전달할 수 있어야 합니다. "A 내담자는 관계사고가 있어서 부모님 두 분이 서로 주고받는 이야기를 오해할 때가 많아요."라거나 "B 내담자는 주요우울장애인데 가끔은 피해망상을 보이기도 합니다."라는 식으로요. 상대방이 정신병리 개념을 안다면 전문가답게 이 말이 무슨 뜻인지 잘 알아듣겠지요. 물론 정신병리 용어나 진단을 혼자만의 방식대로 이해해서는 안 됩니다. 가령 '망상'이라고 하면 망상의 정의와 개념이 일치가 돼야 서로 대화가 되고 학문이 발전합니다. 그러므로 용어에 대한 정의가 정확하게 되어 있어야 합니다.

두 번째 이유는 전문가 입장에서 매우 중요합니다. 지금 통용되는 정신병리 용어는 시대에 따라 정의가 바뀔 수 있고 진단기준이 바뀌기도 하며 어떤 진단명은 새로 생기기도 하고 없어지기도 합니다. 이 모든 것이 분류와 연구를 통해 가능합니다. 아직 분명한 이해가 없어도 분류는 중요합니다. 어떤 정확한 원인 규명 없이 현상만으로 질환을 규정하는 것을 '증후군syndrome'이라고 하는데, 그런 증후군 분류가 그 특성에 대한 보다 자세한 연구를 발전시킵니다. 그러므로 제대로 된 연구는 분류부터 시작한다고 해도 과언이 아닙니다. 처음에는 몇 가지 기준을 가지고 특정 영역을 구분합니다. 그리고 구분된 대상을 가지고 병의 특성, 원인, 진행, 치료효과 등을 연구합니다. 우리는 이러한 분류와 연구의 결과물을 익힘으로써 각각의 이상 현상을 이해하는 많은 수고를 덜 수 있습니다.

그런데 분류가 또한 제각각이면 아무 소용이 없지 않겠습니까? 그러니 분류를 통일하는 것이 필요합니다. 역사적으로 정신질환의 분류는 초기에 재능 있는 몇 사람에 의해 이루어졌고 차차 많은 정보와 연구가 쌓이면서 지금은 특정 위원회에서 분류를 통합 결정하게 됩니다. 이에 대해서 하나하나 이야기해 보겠습니다.

정신질환 분류의 역사적 변천

히포크라테스의 분류

병리에 대한 초기 분류로 히포크라테스의 분류를 듭니다. 히포크라테스는 여러 질환을 명명 및 서술하였고 인간 성향을 체액설에 근거하여 황담즙, 흑담즙, 혈액, 점액 이렇게 넷으로 분류하였습니다. 그의 제자 갈렌Cladius Galen은 이를 성격 특징으로 확대하여 담즙질, 흑담즙질(우울질), 다혈질, 점액질로 분류하였습니다. 체형이나 체질에 따라서 인간 및 정신이 분류된다고 보는 개념입니다. 그런데 4체액설은 분류의 근거가 객관적이지 않아 지금은 과학적으로 인정되지 않습니다. 혈액형으로 사람의 성격을 구분하는 것도 마찬가지로 신빙성이 없습니다. 그런데 혈액형에 의한 사람의 성격 분류가 왜 아직도 많은 사람들에게 회자되고 또 그것이 잘 들어맞는다고 생각할까요? 혈액형 분류의 해설처럼 모호한 설명들을 나열하면 정말 그런 것 같다고 생각하는 심리를 바넘 효과Barnum effect라고 부르기도 하는데요. 잘못된 개념이라도 일단 거기에 빠지면 사람들은 그것이 옳다고 스스로에게 세뇌를 시킵니다. 상담을 제대로 공부한 사람이라면 합리적이지 않은 분류를 배격할 줄도 알아야 합니다.

잘못되었는데도 바꾸지 않는 다른 예가 또 있습니다. 히포크라테스는 정서적으로 불안정하고 특이한 행동을 나타내는 여성을 주목했습니다. 그리고 그를 히스테리hysteria라고 불렀습니다. 이는 번역하면 '자궁'입니다. 즉 그런 여성을 보고 "자궁!"이라고 불렸던 것입니다. 히포크라테스의 직관적인 판단에 의하자면 그러한 태도와 행동의 원인이 신체 내부 장기인 자궁에 있다고 본 것입니다. 지금 입장에서는 너무나 어이없는 판단인데 희한하게도 여전히 '히스테리'라는 용어가 본래와는 조금 다른 의미로 통용되고 있습니다. 이처럼 어떤 용어가 합리적인 근거에 맞지 않아도 사람들의 뇌리에 깊이 남아서 계속 통용되는 경우가 있습니다.

히포크라테스의 분류나 진단을 이제는 인정하지 않으나, 제대로 된 판단 기준과 합리적인 논의가 없던 시절에 난해한 현상을 분류하고 설명하고 해결책을 제시하려 했던 그의 의도와 노력만큼은 인정이 되어 그를 의학의 아버지라고 부릅니다.

크레펠린의 분류

그다음 19세기에 들어와서 크레펠린Emil Kraepelin이 지금 우리가 분류하고 있는 것과 비슷한 분류를 해 놓았습니다. 그는 정신질환을 체계적으로 서술하고 분류한 첫 인물입니다. 크레펠린이 정한 분류의 가장 중요한 원칙은 외형적인 통일성을 중심으로 하는 것입니다. 당시의 전문가들은 자기 나름의 탁월한 직관력에 근거한 판단과 분류를 제시하여 서로 통일성이 없고 무조건 누구 편을 들 수도 없었습니다. 그래서 크레펠린은 중요한 원칙을 세웠는데 '겉으로 보이는 것이 같으면 같다고 분류'하는 것입니다. 즉 외적으로 동일한 증상이나 행태를 보일 때 같은 병이라고 분류를 했습니다. 이러한 원칙은 판단의 객관성을 가져왔습니다. 겉보기에 같은지 아닌지는 전문가가 아니라도 구별이 되기 때문입니다. 그래서 크레펠린의 분류 원칙은 많은 사람들에게 타당하고 설득력 있는 기준이 되었습니다.

사실 이러한 분류가 꼭 옳은 것은 아닙니다. 겉이 같다고 꼭 같은 것일까요? 겉이 다르다고 꼭 다른 것일까요? 특히 마음은 겉만으로는 모르지 않을까요? 가령 두 사람이 있는데 모두 특정인을 사랑합니다. 그런데 한 사람은 친절과 사랑의 언어로 사랑을 표현하고 한 사람은 무시와 냉담함으로 자기 사랑을 표현합니다. 내면으로는 둘 다 사랑하는 사람이지만 크레펠린의 분류 원칙에 의하자면 외형상 사랑을 드러낸 사람만 사랑하는 사람으로 취급합니다. 이러한 한계에도 불구하고 크레펠린의 분류는 객관적인 근거가 확보되어 보다 과학적이며 합리적인 접근을 가능하게 해 주었습니다.

WHO의 ICD 분류

본격적으로 질병이 분류된 것은 세계보건기구WHO의 **국제질병분류**International Classification of Diseases, ICD입니다. ICD는 모든 질환을 분류하고 각각의 병에 특정 코드를 지정했습니다. 여기에는 암묵적인 원칙이 담겨 있습니다. 모든 인류는 같다는 것이지요. 만약 우리나라 사람의 감기와 미국 사람의 감기가 다르다거나 다른 약으로 치료할 수밖에 없다면 국가마다 진단기준과 치료도 달라야 할 것입니다. ICD는 그동안의 연구 업적을 통해 전 세계 사람들이 같은 기준으로 질병을 다룰 수 있도록 틀을 만들어 준 셈입니다. 사실 이러한 규약이 없던 시기에 치료자라는 사람들이 얼마나 엉뚱한 판단과 치료를 했는지 살펴보면 실소를 금할 수 없습니다. 의학에 천재적인 재능이 있던 히포크라테스도 4체액설이나 히스테리라는 부적합한 판단을 했었는데 하물며 별 능력 없이 의료 활동을 했던 치료사나 주술사들은 오죽했겠습니까? 우리는 이러한 시행착오를 지나서 태어난 세대이니 다행스럽습니다.

ICD는 1900년에 제1판이 나왔고 보통 10년 단위로 개정되었습니다. 지금 사용 중인 ICD는 제11판(2018)입니다. 그런데 제1판부터 정신질환 분류가 있었던 것은 아닙니다. 처음에는 정신질환이 분류에 속해 있지 않다가 다섯 번째 개정인 ICD-5(1938)에서 처음 포함되었습니다. 게다가 진단은 단 두 가지뿐이었습니다. 진단명이라고 하기보다는 진단군이라고 해야 맞겠지요. 그 둘은 바로 **정신증**psychosis과 **신경증**neurosis입니다. ICD-5판 이후 비로소 정신 문제를 의학적 틀 안에서 분류하고 접근하기 시작한 것입니다. 그러나 다양한 병리를 정신증과 신경증 둘로만 분류하면 애매한 경우들이 생기겠지요? 그래서 임상가들은 정신증이라고 하기도 애매하고 신경증이라고 하기도 애매한 경우를 가리켜 통상적으로 '**경계**borderline'라고 불렀습니다. 정신증과 신경증의 중간 정도라는 표현이지요(저는 '경계'라고 쓰고 '어중간'이라고 읽습니다). 뒤이어 체계적인 분류가 차차 이루어졌습니다. 참고로, 나중에 배울 경계성 성격장애에서 '경계'는 여기서 말한 '경계'와 단어는 같으나 의미는 다릅니다. 문헌을 읽을 때 'borderline'이라는 용어가 나오면 이 중 어떤 의미로 사용된 것인지 파악하여 내용을 읽으셔야 합니다.

기본적인 3단계 분류

ICD-5에서 처음 이루어진 정신질환 분류는 정신증과 신경증 두 가지였고 그 중간에 해당하는 경계까지 포함하면 세 영역으로 구분됩니다. 저는 이러한 분류를 기본적인 3단계 분류라고 부르겠습니다. 앞으로 제가 여러분에게 가장 강조하여 이해시키려는 분류 방식입니다. 일단 분류가 간단하니 외우고 익히기가 쉽습니다. 그리고 앞으로 언급하게 될 심리발달단계 및 약물치료의 원리와도 잘 연결됩니다. 셋으로 단계를 나누는 것까진 괜찮은데 정신증과 신경증이라는 용어가 분류단계의 용어로서 마음에 드는 건 아닙니다. 특히 신경증이라는 용어는 이제 잘 쓰지 않습니다. 용어 때문에 정신증은 정신에, 신경증은 신경에 병이 있는 것으로 오해할 수 있는데 현대의학에서 정신과 뇌신경은 별개가 아닙니다.

3단계 분류의 기준은 무엇일까요? 어떤 이는 증상의 정도 차이로 이해합니다. 정신증이 증상 정도가 가장 심하고 그다음이 경계, 신경증 순서라고 보는 것이지요. 하지만 정신증이지만 증상이 심하지 않은 사람이 있고 신경증이지만 증상이 심한 사람들이 있으므로 무조건 정신증이 신경증보다 안 좋다고 말하는 것은 타당하지 않습니다. 그보다, 보통 사람에도 있는 증상 형태인가로 나눠서 이해하는 것이 더 타당합니다. 정신증은 보통 사람들이 경험하지 '못하는' 증상들을 보입니다. 망상, 환청, 와해상태 등이지요. 반면 신경증은 사람이라면 누구나 다 한 번쯤은 경험해보는 증상들을 보입니다. 불안, 우울, 염려 등이지요. 누구에게나 있을 법한 증상이지만 생활에 방해를 주는 정도와 기간 면에서 정상인과 차이가 나타날 때 신경증이라고 부르게 됩니다.

제4강에서 우리는 정신병리와 심리역동psychodynamic과의 연관성을 살펴보게 될 것입니다. 미리 간단히 말씀드리자면 정신증은 0~1세, 경계는 1~3세, 신경증은 3~5세의 성장단계에서 나타나는 심리역동 과제 및 취약성과 연결됩니다. 그리고 약물치료 특성상 각 단계는 항정신병약물, 항우울제, 항불안제에 의한 도움을 받게 됩니다.

미국 정신의학회의 DSM 분류

ICD처럼 질환을 구분하되 정신질환에 대해서만 분류한 것이 미국 정신의학회에서 만든 DSM입니다. DSM은 Diagnostic and Statistical Manual of Mental Disorders의 약자로, 해석하자면 정신질환의 진단통계편람이지요. ICD 국제 분류 중 정신질환 분류에 충분히 만족하지 못한 미국 정신의학회가 자체적으로 좀 더 세부적인 분류 및 진단기준을 시도한 것입니다. 1952년도에 제1판이 나왔으며 지금은 제5판(2013)을 사용하고 있습니다. DSM-5에서 5가 바로 제5판이라는 뜻입니다.

ICD와 DSM은 정신질환 기준에 대해 개정판을 거듭하면서 상호 영향을 주었고 그래서 더 발전하게 되었습니다. 지금의 ICD-11과 DSM-5는 진단기준상에서 서로 약간 다르긴 하지만 전체적으로는 흡사합니다. 그런데 질병의 코드는 DSM의 경우 자체 코드가 있는 게 아니라 ICD의 정신질환 코드를 그대로 사용합니다. 예를 들어 조현병은 ICD 코드가 F20인데 DSM에서도 그대로 그 코드를 씁니다. 질병코드는 의학연구에서 정보처리의 원활함을 위한 국제규약입니다. DSM은 비록 진단기준에서 미국 정신의학의 기조를 따르지만 국제적인 통일성을 기하려는 질서에 순응하기 위해 ICD 질병 코드를 그대로 쓰는 것이지요. 우리나라에서 정신건강의학과 의사는 거의 대부분 DSM 진단기준을 사용합니다.

DSM 정신질환 분류

모호성

DSM 분류의 특징들을 말씀드리겠습니다. 먼저 정신질환의 분류는 다른 질환에 비해 분류가 모호합니다. 정신 현상에서 정상과 비정상의 구분 자체가 애매할 뿐만 아니라 생물, 심리, 사회 환경 요인이 복합적으로 작용하고 많은 경우 아직 원인이 제대로 밝혀져 있지 않기 때문에 참 복잡해요. 다른 질환처럼 혈액검사나 방사선 촬영 등의 객관적 지표로 진단을 하는 것이 아니라 환자가 호소한 증상이나 평가자에게 관찰된 부분을 통해 진단을 하는데, 진단기준에 맞는지 안 맞는지를 판단할 때 평가자마다 의견 차이가 날 수 있습니다. 그러다 보니 분류의 정확성이 다른 내·외과 질환에 비해 낮은 편입니다.

진단기준의 모호함은 '○○개의 진단 항목 중에서 ○○개를 만족할 경우'라는 식의 진단기준에서도 나타납니다. 이는 모든 진단 항목을 만족해야 진단되는 일반적인 다른 질환과 다른 양상입니다. 예를 들어 주요우울삽화의 진단기준을 보면 진단 항목이 아홉 가지인데, 이 중 다섯 가지 이상을 만족하는 경우 주요우울삽화로 진단하게 됩니다. 그렇다면 1, 2, 3, 4, 5 이렇게 다섯 가지의 진단기준을 만족하는 경우와 1, 6, 7, 8, 9 이렇게 다섯 가지의 진단기준을 만족하는 경우 모두 주요우울삽화로 인정되는데, 두 경우는 진단 항목 1 외에는 아무것도 겹치지 않으니 서로 양상이 많이 다를 것입니다. 조현병 진단기준은 진단 항목이 다섯 가지인데 이 중 두 가지 이상을 만족하는 경우 조현병으로 진단하게 됩니다. 그렇다면 1, 2 항목을 만족한 경우와 3, 4 항목을 만족한 경우는 비록 둘 다 조현병이지만 진단 항목 중 하나도 겹치지 않으니 서로 증상이 많이 다르다고 생각하게 될 것입니다. 이렇듯 '○○개의 진단 항목 중에서 ○○개를 만족할 경우'라는 식의 진단은 큰 틀에서는 하나의 질환이지만 그 틀 안에서의 상당한 다양성이 존재하는 특성을 갖고 있습니다. 이것을 처음 대할 때에는 다양성보다 모호성으로 인식될 가능성이 높습니다.

그러므로 정신질환의 진단기준 항목을 외우는 것보다 더 중요한 것은 그 진단에 담겨 있는 병의 특성을 이해하는 것입니다. 각각의 질환이 갖는 핵심을 잘 알고 있어야 진단기준의 세부 항목이 무엇을 의미하는지 정확히 판별할 수 있습니다.

현상적 · 증상적 · 서술적

DSM 분류의 두 번째 특징은 현상적인 분류라는 것입니다. DSM 체계는 크레펠린의 분류 원칙인 겉으로 같으면 같다고 분류하는 식의 원칙을 위주로 하기 때문에 현상, 즉 겉으로 드러난 증상이 진단기준이 됩니다. 증상을 판별하기 위해선 우선 명확한 관찰이 필요하고 이를 정확하고 상세하게 서술해야 합니다. DSM은 이러한 현상적 · 증상적 · 서술적 방식에 따라 병을 분류합니다.

　그렇다고 오로지 현상적으로만 분류하는 것은 아닙니다. 현상적 분류와 달리 내적 요소에 따라 분류하는 방식이 있으며, 대표적인 것이 심리역동 분류입니다. 이는 겉으로 드러나는 현상보다는 인간 내면의 심리역동 부분을 평가하여 그에 따라 구분을 하는 것입니다. 한때는 정신분석에 따른 심리역동 분류를 선호하기도 했는데 지금은 다시 현상적인 입장으로 돌아섰습니다. 지금의 DSM은 현상적 분류를 위주로 하되 심리역동 분류가 약간 섞여 있습니다. 성격장애 진단기준에는 심리적인 내면을 개념화한 심리역동 분류가 많이 포함되어 있습니다.

증상과 장애의 구분

예전에는 모든 정신질환에 우울증, 강박증처럼 끝에 '증'을 붙였는데 이제는 정신질환 각각에 '증'이라는 말보다 '장애'라는 말을 씁니다. 강박장애, 주요우울장애 이렇게요. 점차로 '증'은 증상을 언급하는 경우에 국한하여 사용하는 추세입니다. 정신병리를 공부할 때 증상과 장애(질환)가 개념상 어떻게 다른지 알아야 합니다. 증상symtom이라는 것은 나타나는 문제 현상 각각을 말하는 것입니다. 예를 들어서 우리가 우울하다고 느끼면 그것은 우울 '증상'입니다. 하지만 주요우울장애의 신단기준에 해당하는 여러 증상들을 만족하지 않으면 '장애'는 아닌 것입니다. 장애disorder, 즉 진단명은 진단기준에 해당하는 여러 증상이 요건에 맞도록 충분히 존재할 경우 내려집니다. 경우에 따라서는 특정 질환의 증상과 함께 다른 질환의 증상이 어느 정도 동반됩니다. 가령 어떤 강박장애 환자는 다양한 강박 증상과 함께 우울감과 신체불편감이 있었습니다. 확인 결과 이러한 부수적인 증상들은 정도가 미미해서 주요우울장애나 신체증상장애의 진단기준에 미치지 못했습니다. 그러면 이러한 우울 및 신체불편감은 주 진단인 강박장애에 속하는 부수적인 증상으로 간주합니다. 환자를 정확히 평가하기 위해선 우선 보고되고 관찰된 증상들을 잘 나열하고 상세히 서술하는 것이 필요합니다. 그 증상들을 토대로 하여 진단이 내려지는 것입니다.

병명에 장애라는 단어를 보고 혼동하는 분이 계실 것입니다. 장애라는 단어는 일반적으로 한계 상태를 의미하는 disability를 번역할 때 사용하며, 질환이라는 의미의 disorder를 번역할 때는 잘 사용하지 않기 때문입니다. 그런데 정신의학 계열에서는 병명으로서의 disorder를 모두 '장애'로 번역하고 있습니다. 이 점을 감안하시기 바랍니다.

범주적 · 차원적

진단은 범주적 진단과 차원적 진단으로 구분할 수 있습니다. 범주적categorical 진단은 진단기준에 따라 병이 있는지 없는지 둘 중 하나로 가려내는 것을 말합니다. 범주적 진단은 선별이 명료하지만 중간 단계를 설명하는 데 한계가 있습니다. 이를 보완할 만한 진단 개념이 차원적dimensional 진단입니다. 예를 들어 "병이 몇 퍼센트 있다."라고 말하는 식입니다. 이는 병이 있고 없고의 단순한 구분이 아니라 정도를 가늠할 수 있는 장점이 있습니다. 우리가 흔히 어떤 병의 초기라고 말할 때 이 표현은 흔히 차원적 개념에 의한 것입니다. 즉 범주적 개념으로 아직 병이라고 말할 단계는 아니지만 진행되면 그 병이 될 법할 때 초기라는 표현을 쓰게 되지요. '○○개의 진단 항목 중에서 ○○개를 만족할 경우'라는 식의 DSM 진단기준 방식은 범주적 개념과 차원적 개념이 조화되어 있는 방식입니다. 기준을 모두 살펴 병이 있다 또는 없다고 말하게 되니 범주적 개념이 들어 있지요. 동시에 진단기준을 최소한으로 만족하는 경우와 진단기준을 최대한으로 만족하는 경우는 정도의 차이를 보이니 차원적 개념도 담겨 있다고 하겠습니다.

DSM의 진단기준

표 1에 여러 장애군의 명칭이 적혀 있습니다. DSM은 이들 장애군에 포함되는 각

각의 질환에 대한 **진단기준**diagnostic criteria을 제시합니다. 진단기준은 장애(질환)에 대한 것만이 아닙니다. 증상군(群)에 대한 진단기준도 있고, 장애군에 대한 진단기준도 있습니다.

장애(질환)의 진단기준

제대로 된 하나의 병명에 대한 진단기준입니다. 진단기준에는 진단을 충족할 만한 증상 혹은 증상군이 나열되어 있습니다. 공황장애의 진단기준, 주요우울장애의 진단기준, 경계성 성격장애의 진단기준 등이 여기에 해당됩니다.

[표 1] DSM-5 장애군

- ✓ 신경발달 장애
- ✓ 조현병 스펙트럼 및 기타 정신병적 장애
- ✓ 양극성 및 관련 장애
- ✓ 우울 장애
- ✓ 불안 장애
- ✓ 강박 및 관련 장애
- ✓ 외상 및 스트레스 관련 장애
- ✓ 해리 장애
- ✓ 신체증상 및 관련 장애
- ✓ 급식 및 섭식 장애
- ✓ 배설 장애
- ✓ 수면-각성 장애
- ✓ 성기능부전
- ✓ 성별 불쾌감
- ✓ 파괴적, 충동조절 및 품행 장애
- ✓ 물질관련 및 중독 장애
- ✓ 신경인지 장애
- ✓ 성격 장애
- ✓ 변태성욕 장애
- ✓ 기타 정신질환
- ✓ 약물치료로 유발된 운동 장애 및 약물치료의 기타 부작용
- ✓ 임상적 주의의 초점이 될 수 있는 기타의 상태

증상군의 진단기준

하나의 병명이 되지는 않으나 병명을 충족하기 위한 주요한 증상들을 묶어서 하나의 명칭을 부여하는 경우입니다. 공황발작의 진단기준, 주요우울삽화episode의 진단기준 등이 여기에 해당됩니다. 이러한 증상군은 개별 증상과 마찬가지로 질환의 주요 요건이 됩니다.

장애군의 진단기준

장애군은 하나의 병명이 아닙니다. 특정 질환들을 하나로 묶은 명칭입니다. 예를 들어 우울 장애군depressive disorders에는 파괴적 기분조절부전장애, 주요우울장애, 지속성 우울장애, 월경전불쾌감장애 등이 포함됩니다. 장애군에 대한 진단기준이 있기도 합니다. 성격 장애군의 진단기준 등이 여기에 해당됩니다. 구분의 편의상 '장애군'이라고 말씀드린 것이지 문헌에는 그냥 '장애'라고 표기되어 있습니다. 그래서 '장애'라고 나오면 그것이 단일 질환인지 아니면 장애군인지를 용어로 구분하셔야 합니다. 원서에서는 일반적으로 disorder(단수형)로 되어 있으면 개별 질환이고 disorders(복수형)으로 되어 있으면 장애군입니다. 제 강의 원고에서는 '장애' 단어 앞에 띄어쓰기가 없으면(예 : 공황장애) 개별 질환의 진단명이고, 띄어쓰기가 되어 있으면(예 : 불안 장애) 장애군입니다.

　예를 들어 공황발작(증상군)-공황장애(질환)-불안 장애(장애군)의 관계를 살펴보겠습니다. 공황장애의 진단기준을 읽어 보면 공황발작이 두 번 이상 있거나 한 번 있었더라도 그 이후로 발작에 대한 심한 불안이 동반되는 경우 진단을 붙일 수 있게 되어 있습니다. 이 경우 공황발작이 약물이나 다른 질병에 의해 나타난 경우가 아니어야 합니다. 그렇다면 공황발작은 무엇을 말하나요? 공황발작은 일련의 증상들이 한꺼번에 일어나는 증상군이기 때문에 진단기준이 있습니다. 공황발작의 진단기준을 보면, 비정기적인 불쾌감이나 강한 두려움이 있고 나열된 열세 가지의 항목 가운데 적어도 네 가지의 증상이 갑작스럽게 나타나며 10분 이내에 그 두려움이 최고조로 도달할 때에는 공황발작이라고 진단, 즉 명명하게 됩니다. 열세 가지 내용을 꼭 외울 필요는 없고 필요시 진단기준을 직접 보면서 맞춰보면 됩니다. 이 시간 우리는 세부 항목보다 개념과 원리를 익히는 것이 더 중요합니다. 공황발작 진단기준에 만족하더라도 반드시 공황장애는 아닙니다. 공황발작 증상군은 공황장애에서만 아니라 약물에 의해서 혹은 다른 병에서도 나타날 수 있거든요. 그러므로 공황장애의 특성과 다른 질환과의 감별, 즉 차이점을 익히셔야 합니다. 공황장애는 불안 장애군에 속하는 여러 질환 중 하나입니다. 불안 장애에는 공황장애 외에도 분리불안장애, 선택적 함구증, 특정 공포증, 사회불안장애, 광장공포증, 범불안장애 등의 여러 질환이 포함됩니다.

질환에 대한 설명

DSM은 단순히 질환을 분류하는 데 그치지 않고 각 질환에 대한 상세한 설명을 함께 제공합니다. DSM에는 각 질환의 기록 절차, 아형, 진단적 특징, 부수적 특징, 유병률, 발달과 경과, 위험 및 예후 인자, 문화와 관련된 진단적 쟁점, 기능적 결과, 감별 진단, 동반 이환 등이 그것입니다. 그래서 교과서처럼 개별 질환을 이해하고 공부할 수 있습니다. 물론 이러한 설명은 새로운 연구를 반영하며 보완·발전하겠지요. 예를 들어 DSM-IV-TR 버전은 DSM-IV와 진단기준은 똑같은데 설명 부분이 좀 더 업그레이드 된(text revision, TR) 경우입니다. 4와 5의 중간이니 4.5 버전이라고 해도 되겠죠.

DSM-5의 새로운 점

제가 정신병리 강의를 처음 시작했을 때엔 DSM이 4판이었는데 2013년에 5판으로 개정이 되었습니다. 4판과 비교해볼 때 질환의 명칭이나 장애군 편성이 일부 바뀌었습니다. 새로운 질환도 등장했습니다. 영어 원문은 같은데 한글 번역이 바뀐 것도 있습니다. 하지만 크게 바뀌지는 않았습니다. 그래서 4판으로 공부했던 사람이 5판을 접했을 때 문화충격 같은 것은 없습니다. DSM-5의 머리말과 서문을 읽어보시면 어떤 부분에 주안점을 두고 개정이 되었는지 이해하실 수 있습니다.

진단적 표지자

DSM-5 개정에는 정신질환의 **진단적 표지자**diagnostic markers에도 비중을 두었으나 아직 초보적인 단계입니다. 이것이 현실화된다면 정신건강의학과 진료도 다른 내 외과 진료처럼 혈액검사나 영상촬영검사와 같은 진단검사를 통해 진단이 나올 수 있겠지만 아직은 그런 검사가 거의 없습니다. 대부분의 심리검사가 환자 스스로 의 보고에 의존합니다. 표지자가 확인되고 그에 상응한 진단검사가 개발된다는 것은 정신질환의 생물학적인 요인을 보다 구체적으로 알게 된다는 말이 됩니다. 그러므로 정신의학은 그동안의 많은 연구 결과를 기초로 하여 보다 과학적이고 생물학적인 근거에 기초한 질병 분류를 추구해야 하며 가까운 미래에 적합한 검 사가 개발되기를 바랍니다.

다축 진단체계의 폐기

DSM-IV의 다축 진단체계에서 축은 I에서 V까지 있습니다. 축 I과 II에는 정신질 환 진단명을 기록합니다. 축 III에는 이 진단명과 긴밀한 연관성을 보이는 신체 상 태를 기록하는데 보통은 내·외과 진단명을 적습니다. 축 IV는 이 질환을 유발하 였거나 악화 혹은 재발에 관여하는 심리사회 환경을 적습니다. 축 V는 전반적인 기 능 상태global assessment of functioning, GAF를 적습니다. GAF 점수는 100점이 최고점 수이고 10점 단위로 어느 수준인지 설명이 있어서 이 기준에 맞추어 점수를 정합 니다.

　DSM-5의 변화로 많이 언급되는 것이 다축 진단체계를 제외한 점입니다. 다축 진단체계는 병을 다양한 측면에서 종합적으로 분석해야 한다는 진단 관점을 나타 내고 있기에 다축 진단체계의 폐기를 아쉬워하거나 반대하는 사람들이 있는데 특 히 인간을 심리역동으로 혹은 통합적으로 이해하려는 의료인이나 상담자들이 그 렇습니다. 확실히 정신의학은 보다 생물학적인 접근을 추구합니다. 그런데 그것 을 아쉬워할 필요는 없다고 봅니다. 정신의학 전문가는 생물학적 접근을 가장 중 요하게 고려하고 심리역동이나 사회적인 접근은 그에 해당하는 다른 전문가가 집 중하면 됩니다. 그러므로 환자는 정신의학과 각 영역의 전문가들이 함께 도와야 합니다. 생물학적인 접근보다 심리역동 접근을 중요시하는 저만 해도 다축 진단 체계가 취지와 의미상으로는 좋았지만 실제 임상 진료 현장에서 다축 진단체계에 하나하나 진단 내용을 채워 넣은 적은 없습니다. 즉, 실용적이지 않은 것입니다. 앞으로 우리는 진단명만 언급하는 비축non-axial 체계로 질환을 언급할 것입니다. 하지만 언제나 그렇듯 그 진단명의 대상인 개인을 치료하기 위해서는 다양한 분석과 이해와 방식을 동원할 것입니다.

다축 진단체계의 개념과 원리는 그 부분에서 충분히 다시 동원될 수 있습니다. 예를 들어 진단명을 축 I과 II에 나눠 적는 것에 주목하시기 바랍니다. 축 I과 축 II로 나눈 것은 그 진단이 상태인지 경향인지를 구분하기 위해서입니다. 보통의 정신질환은 병이 생겼다 없어지는 경과를 밟으므로 상태state라는 개념에 속하여 축 I에 기록합니다. 반면 성격과 지능은 변하지 않는 것이므로 경향trait이라는 개념에 속하며 이에 해당하는 성격장애와 지적장애는 축 II에 기록합니다. 이러한 상태와 경향을 나누는 개념은 굳이 다축 진단을 안 쓰더라도 늘 고려해야 할 개념입니다. 축 V의 GAF는 아직도 정신질환의 장애진단서를 작성할 때 기술되고 있습니

[표 2]   전반적 기능평가(GAF) 점수

증상이 없거나 영향을 주지 않는 단계

✓ 91~100   전반적인 기능이 아주 좋음
✓ 81~90   증상이 없거나 있더라도 사회 직업적 문제가 거의 없음
✓ 71~80   증상이 있더라도 일시적이거나 상황에 당연한 수준이며 사회 직업적 문제는 미미함

증상이 있는 단계

✓ 61~70   가벼운 증상으로, 사회 직업적으로 가벼운 문제가 됨
✓ 51~60   중간 정도의 증상으로, 사회 직업적으로 중간 정도의 문제가 됨
✓ 41~50   심한 증상으로, 사회 직업적으로 심한 문제가 됨

현실 검증력에 이상이 있는 단계

✓ 31~40   현실 검증력의 장애가 있음
✓ 21~30   망상이나 환각이 있음
✓ 11~20   자해 혹은 타해의 위험이 있음
✓ 1~10   위험성이 있어서 24시간 집중적인 보호관찰이 필요함

다. 표 2에서 GAF를 세 단계로 분류한 것과 내용의 핵심을 정리한 것은 저의 이해에 따른 것입니다. 보다 정확한 내용을 위해서는 DSM-IV를 직접 참고하시기 바랍니다.

스펙트럼장애와 관련 장애

DSM-5에서 새로 등장한 표현 중에 '스펙트럼장애'와 '관련 장애'가 있습니다. '스펙트럼spectrum'과 '관련related'은 진단적 표지자와 생물학적인 병리 규명에 집중하려는 정신의학의 취지를 담은 대표적인 용어라 하겠습니다.

'스펙트럼'이라는 용어가 들어가는 것으로는 조현병 스펙트럼 및 기타 정신병적 장애, 자폐스펙트럼장애가 있습니다. 스펙트럼이라 부르는 영역 안에는 그동안 다른 질환으로 규정한 여러 질환이 함께 있는데 이제는 이 병을 하나의 병으로 보는 게 적절하다는 제언입니다.

'관련'이라는 용어는 정확히는 DSM-IV에서 물질관련 장애로 언급된 바 있습니다. 다만 DSM-5에서는 이 용어를 '-related disorder'와 'and related disorders'로 구분해서 표현합니다. '-related disorder'는 직접적인 인과관계를 강조하는 표현으로, 예로는 물질관련 및 중독 장애substance-related and additive disorders, 외상 및 스트레스 관련 장애trauma-and stressor-related disorders가 있습니다. 'and related disorders'는 그에 포함되는 질환들의 생물학적 원인이 서로 겹쳐 있다는 의미이고, 예로는 양극성 및 관련 장애bipolar and related disorders, 강박 및 관련 장애obsessive-compulsive and related disorders, 신체증상 관련 장애somatic symptom and related disorders가 있습니다(사실 번역의 통일성을 위해서라면 신체증상 및 관련 장애가 옳습니다).

스펙트럼 장애와 관련 장애 개념은 절대적인 것이 아닙니다. 정신의학에 대한 뇌 생물학이 발전할수록 이에 대한 이해와 개념이 보다 구체화될 것입니다.

기타 질환의 접근

DSM-IV에서는 각 장애군마다 그에 속한 질환의 마지막 진단명으로 NOS 질환이 있었습니다. 이는 Not Otherwise Specified의 약자로서 '달리 분류되지 않는' 혹은 '상세 불명의'라고 번역해왔습니다. 기타 등등 이런 뜻이죠. 예를 들어 달리 분류되지 않는 우울장애 혹은 우울장애 NOS는 우울 장애에 속하는 여러 질환의 진단기준은 충족하지 않지만 그래도 넓은 의미에서 우울 장애에 속하는 정신병리를 담고 있다고 볼 때 내리는 진단명입니다. "기존에 인정된 병은 아니지만 병은 맞다." 뭐 이런 표현입니다. 이것저것 기존 진단기준 틀에 안 맞으니 거기다 쑤셔 넣는 느낌이라서 농담으로 '쓰레기통 진단명'이라고 부르기도 합니다. DSM-5에서는 이를 '달리 명시된other specified'과 '명시되지 않는unspcified'으로 나뉘었습니다. 요즘은 쓰레기도 분리수거하잖아요. 마찬가지로 기타 질환을 둘로 나눈 것입니다. DSM-5를 직접 보시면 금방 알 수 있습니다. '달리 명시된' 진단명에는 아직 정식 진단명으로는 등재되지 못하였으나 연구가 진행되고 있는 예비 진단명들이 구체적으로 명시되어 있습니다. 이 중에 속하면 이 진단명으로 표시하면 됩니다. '달리 명시된' 진단명 내에도 명시되지 않은 어떤 새로운 병리 특성을 규정하려면 '명시되지 않는' 진단명을 표시하면 됩니다. 이러한 예비 진단들은 하나의 현상 혹은 증후군으로 시작된 학술적 관심이 보다 체계화된 경우이며 나중에 정신의학 영역에서 적정한 합의에 도달하면 정식 진단이 됩니다. 게임 중독이 그러한 수순으로 가고 있습니다. 한국인만의 고유 질병이라는 화병도 증후군으로서 연구가 이루어졌으나 DSM의 정식 진단명으로는 인정되지 못했습니다. 이렇게 보면 말이 쓰레기통 진단이지 사실 달리 명시된 혹은 명시되지 않는 진단이 가장 최신의 연구 주제라 하겠습니다.

각 질환들의 연속성과 개별성

정신증, 경계, 신경증을 연속적으로 설명하고 신경증에서 정신증으로 점점 심한 증상이 나열되기 때문에 이 분류를 얼핏 볼 때에는 신경증이 심해지면 정신증이 되고 정신증이 좀 나아지면 신경증 상태가 되는 것인지 궁금할 수 있습니다. 일반적으로는 그렇지 않습니다. 주요우울장애나 강박장애가 심해져서 조현병이 되거나, 그 반대로 조현병이 좀 나아져서 다른 병이 되거나 하지는 않습니다. 각각의 질환들은 서로 별개의 원인과 생물학적 특성을 지니고 있어서 나름의 고유 영역이 있는 것이지, 어떤 연속성이 있어서 병이 나빠지거나 좋아지면서 다른 병으로 바뀌는 것은 아닙니다.

그렇다고 연속성을 완전히 배제할 수는 없습니다. 병의 초기에는 아직 분명한 형태를 보이지 않아 다른 병으로 오인될 수 있고, 다른 병을 '거쳐서' 비로소 고유한 병의 특성을 발현하는 것처럼 보이기도 합니다. 앞서 설명한 스펙트럼장애와 관련 장애는 그동안 몇 가지 질환으로 나뉘어 이해되었던 것을 하나의 질환이나 하나의 틀로 이해하려는 움직임이며, 개별성 안에서의 연속성을 고려하게 됩니다. 그리고 많은 병이 홀로 존재하지 않고 함께 있습니다. 동반이환comorbidity, 즉 특정 질환과 자주 동반되는 질환들이 있습니다.

병리를 심한 정신증 단계에서 가벼운 신경증 단계까지 연속적인 개념으로 파악하는 것도 중요하지만 각각의 질환들마다 고유한 자기 나름대로의 특성이 있음을 고려하는 것 또한 매우 중요합니다. 연속성과 개별성은 상호보완적입니다. 정신병리 강의를 통해 연속성과 개별성을 잘 통합하면 내담자를 더 잘 이해하고 더욱 효과적으로 도와줄 수 있습니다.

종교 체험과 현상에 대한 DSM의 시각

정신질환에 대한 분류는 완성 단계라고 할 수 없습니다. 종교 현상을 포함하여 과거에는 없었거나 염두에 두지 못하였던 이상 현상이 최근 들어서 관심과 연구의 대상이 될 수 있습니다. 이것을 정신병리로 넣어야 하느냐 아니면 정상 현상으로 봐야 하느냐의 논의가 이루어지게 됩니다. DSM-5에서는 앞서 설명한 기타 질환을 통해 새로운 영역을 연구합니다. 그리고 부록에 문화적 개념화가 포함되어 있는데 여기에서 문화적 개념화 면접cultural formulation interview, CFI을 설명합니다. 증상의 이해와 표현이 문화마다 차이가 생길 수 있음을 언급합니다. 우리나라 문화와 관련해서는 과거 화병과 신병 등이 거론되었으며 아직 충분히 검증되지는 못한 영역입니다. 종교적 환상과 신의 음성을 일반적인 환각과 같다고 봐야 할지 여부에 대한 확실한 결론은 아직 없습니다. 종교 현상과 병리 현상은 중복되어 나타나는 경우가 많습니다. 예를 들어서 정신병리 용어 중 하나인 방언glossolalia은 우리가 잘 아는 방언기도 현상이지요. 이를 DSM에서 분류하면 해리 장애의 증상으로 볼 수 있어요. 신앙을 인정하지 않는 사람의 입장에서는 방언을 신으로부터 온 정상적인 현상이라는 사실을 부정하기 때문에 방언 현상을 해리 장애나 혹은 정신증의 한 형태로 생각하게 될 것입니다. 그렇지만 누군가 방언기도를 하더라도 그 사람의 기능이 떨어지지 않거나 고통을 받지도 않으며 생활 질서가 파괴되는 것이 아니라면 병리에 넣을 수 없습니다. DSM의 모든 진단에는 "증상이 사회적, 직업적, 기타 중요한 영역에서 중대한 고통distress 혹은 기능 손상impairment을 초래한다."는 조항이 항상 따라 다니는데 이 조항은 정신병리 진단의 가장 기본이 되는 중요한 진단 요소입니다. 현상 자체만 볼 때에는 그것이 정상인지 이상인지 판별하기 어려울 때가 있는데 그때엔 그 외의 관련 정황과 심리적 영향의 진행을 보면 판단이 수월해집니다. 예를 들어 방언기도와 함께 신앙과 삶이 건강하다면 그 해리 현상은 해리 장애로 볼 수 없습니다. 이는 기능 손상이 존재하지 않는 영역이므로 순수한 영적 현상으로 인정할 수 있습니다. 하지만 방언기도로 인해 종교에 집착하고 신앙과 삶에서 문제가 발생하기 시작하면 그것은 해리 장애로 볼 수 있습니다.

이러한 분별, 즉 종교 현상과 병리 현상의 분별을 단순하게 정리하기는 어렵지만 최선을 다해 습득해야 할 영역입니다. '정신병리와 종교' 주제에서 관심을 끄는 영역 중 하나가 "조현병과 귀신들림을 어떻게 구분하느냐?"는 질문인데 관련 내용은 제5강에서 다룹니다. 정신병리 강의 전체를 마칠 즈음에는 분별에 대한 개념이 어느 정도 세워지기를 기대하겠습니다.

적절한 질문과 체계적인 관찰 원칙은
내담자를 더 정확히
파악하도록 도와줍니다.

정신병리의 파악 : 정신상태검사

이 장에서는 정신병리 용어들과 면담한 내용의 기록 양식을 배울 것입니다. 정신병리 용어를 미리 알고 있어야 내담자가 하는 이야기 중에서 특정 병리를 유념할 수 있고 잘 기록해 둘 수 있습니다. 내담자는 면담 시 나타나는 태도와 그가 하는 말을 통해 자신의 어려움을 표현함과 동시에 자신의 정신병리 특성을 보여 줍니다. 하지만 그의 모든 면을 보여 주는 것은 아니므로 수동적으로 듣는 것만으로는 환자를 제대로 파악하기 어렵습니다. 내담자가 하는 이야기를 들으며 더 추가적으로 질문해야 할 것을 잘 구성하게 되면 면담은 알차게 마무리됩니다. 그렇기 때문에 기록 양식과 정신병리 용어를 먼저 잘 알고 있어야 환자의 이야기에서 좀 더 질문하여 파악해야 할 부분이 무엇인지 정확히 판단할 수 있습니다.

정신병리 용어 익히기

자주 쓰이는 정신병리의 주요 용어를 살펴보겠습니다.

망상

망상delusion은 영어로 false belief, 즉 잘못된 신념(믿음)으로 정의됩니다. 망상에는 두 가지 요소가 있는 것이지요. 첫째는 잘못된 것입니다. 정상적인 생각이 아니라 왜곡된 생각입니다. 둘째는 신념입니다. 반신반의하는 것이 아니라 확고하게 믿는 것입니다. 그러므로 망상인지 아닌지를 평가하려면 우선 그 내용이 잘못된 것인지를 판단해야 하고, 그러한 생각을 신념으로 갖고 있는지를 확인해야 합니다. 첫째인 잘못된 것인지를 판단하는 기준은 사실에 있지 않고 논리에 있습니다. 평가자는 탐정이나 경찰이 아닙니다. 사실 확인을 위해 이것저것 조회를 해봐야 하는 것도 아닙니다. 가령 감시를 받고 있다는 호소를 하는 사람의 이야기를 들으면서 그것이 잘못된 내용인지 여부는 사실 여부가 아니라 상식적인 선에서 이해하고 공감할 논리성을 유지하며 전달하는지로 평가합니다. 둘째인 신념인지 아닌지를 판별하는 요령은 간단합니다. 그렇지 않을 만한 가능성을 들어서 그 생각이 틀릴 수 있다고 말해 보면 알 수 있습니다. 평가자의 논리적인 반대 의견을 조금이라도 수용하려 한다면 그것은 신념이 아닙니다. 하지만 전혀 받아들이지 않고 자기 생각만 고집한다면 그것은 신념의 수준입니다. 망상, 즉 신념까지는 아니더라도 상당 부분 그 생각을 옳다고 믿는 경우는 과도한 생각overvalued idea이라고 말합니다.

환청

환청auditory hallucination은 다양한 환각 중의 하나이면서 환각 중에 제일 많은 것입니다. 그 외에도 환시, 환후, 환촉과 같은 다양한 환각이 있습니다. 환각과 착각의 차이는 아시나요? 둘의 차이점은 외부 자극의 여부입니다. **환각**hallucination은 외부 자극이 없는데 감각을 느끼는 것이고, **착각**illusion은 외부 자극이 존재하지만 그것을 잘못 해석하는 경우이지요. 예를 들어 환청은 아무 소리도 나지 않았는데 사람 소리를 듣는 경우이고, 착각은 고양이 소리를 아기 울음 소리라고 생각하는 것입니다.

관계사고

관계사고idea of reference는 관계없는 것을 관계 있다고 여기는 것을 말합니다. 넓게 말하면 관계만 지으면 다 관계사고지요. 하지만 좀 더 정확히 말하면 '오감을 통해서 접하는 정보'를 가지고 관계를 지어야 진정한 관계사고입니다. 예를 들어 북한에 있는 사람들이 자신과 관계되어 있다고 느끼면 그것은 관계사고입니까? 넓게 본다면 관계사고이지요. 하지만 단순히 머릿속으로 이런 상상이 만들어졌다면 그것은 좁은 의미의 관계사고라고 할 수 없습니다. 관계사고는 오감으로 접해야 합니다. 옆에서 수군거리는 소리를 듣거나 직접 어떤 것을 보거나 주변의 냄새나 온도를 느끼거나 하는 것에서 관계 지음으로 연결되어야 합니다. 북한에 있는 사람들이 나와 관계되어 있다고 여기는 한 환자에게 이유가 뭔지를 물어봤더니, TV를 보는 중 북한 자료화면이 나왔는데 화면 속 군인과 자신의 눈이 마주친 것을 자신을 의도적으로 지목해서 쳐다본 것으로 여기고 그래서 북한이 자신을 주시한다고 대답을 했다고 합시다. 이 경우에는 TV를 통해 시각으로 접한 경험을 자기와 관련지었으므로 관계사고라 할 수 있습니다. 대표적인 관계사고는 주변에서 누군가 서로 이야기하는 것을 보고 자신의 이야기를 하고 있다고 여기는 것입니다. 그런데 그런 생각은 우리도 가끔 하지요. 어떤 때 그런 생각을 합니까? 뭔가 남들에게 들키기 싫은 꺼림칙한 일이나 상상이 있을 때, 즉 켕길 때 이런 생각에 빠지기 쉽습니다. 이와 같이 관계사고는 자신의 약점 및 열등감 혹은 숨겨 둔 어떤 생각과 관련 있을 때가 많습니다. 관계사고가 망상의 수준일 때는 **관계망상**delusion of reference이라고 부릅니다.

대표적인 관계사고는 주변에서 누군가 서로 이야기하는 것을 보고 자신의 이야기를 하고 있다고 여기는 것입니다.

강박사고, 강박행동

강박사고와 강박행동은 둘 다 강박 특성이 있는데, 하나는 생각이고 하나는 행동입니다. 그렇기 때문에 앞으로 나올 내담자 기록에서 강박사고는 사고의 흐름 및 내용란에 기록하고 강박행동은 외형, 태도 및 행동란에 기록하게 됩니다. 강박사고의 가장 중요한 특징은 생각이 '침투해 들어온다invade'는 느낌입니다. 스스로 만들어 낸 것이라 여겨지지 않는 혹은 여기기 싫은 그런 원하지 않는 내용의 생각이 머릿속에 그야말로 쑤셔 들어옵니다. 이런 생각을 가리켜 강박사고obsession라고 합니다. 어떤 내담자는 "생각이 꼬리를 물고 계속 이어진다."는 말을 하기도 하는데, 하기 싫은 생각인데도 자꾸 생각이 이어지는 경우는 강박사고에 해당되며 생각이 너무 많고 빨리 진행되는 것을 이렇게 표현하는 것이라면 이는 사고 비약에 해당합니다. 강박사고는 불안을 유발합니다. 그러한 불안을 줄이기 위해 많은 사람들은 어떤 반복적인 행동 및 자세를 취해서 어떻게든 그 생각을 물리치려 합니다. 간접적으로 생각을 이겨 보겠다는 발상이지요. 그래서 어떤 사람은 손을 비비기도 하고 계속 씻기도 하고 주문 비슷한 걸 외우거나 어떤 특이한 자세 및 행동을 반복하기도 합니다. 이런 것들을 가리켜 강박행동compulsion이라 합니다. 강박행동이 강박사고나 불안을 완전히 없애 주지는 못합니다. 그래서 악순환으로 강박사고와 강박행동이 반복됩니다.

질문하기

정신병리의 용어들에 대한 개념을 익히셨다면 이 용어로 내담자를 묘사할 수 있어야 합니다. 우선 내담자에게 정신병리 증상이 있는지 파악하기 위해 질문하는 훈련이 필요하겠지요. 그렇다면 내담자에게 망상이 있는지 어떻게 확인하면 좋겠습니까? "저 혹시 갖고 계신 망상은 어떤 것이 있으신가요?" 이렇게 물으면 될까요? 그러면 오히려 상담자가 이상한 사람으로 취급받겠죠? 질문에는 확인하려는 병리용어의 개념이 잘 담겨 있으면서 동시에 질문을 받는 사람이 불쾌하지 않아야 할 것입니다. 경험이 쌓이면 자유자재로 질문할 수 있겠지만 익숙하지 않은 지금 시점에는 다음의 질문을 외워서 그대로 사용해 보시기 바랍니다. 질문은 크게 세 가지 유형, 즉 사고 내용, 감정, 지각으로 나눌 수 있고, 각 유형에서 나타나는 장애를 파악하는 것을 목적으로 합니다. 그럼 질문을 하나하나 연습해 보도록 합시다.

사고 내용의 장애

- **몰두하는 생각** : 최근에 다른 데 신경 쓸 겨를이 없이 푹 빠져 있는 생각이 있습니까?

- **피해망상** : 요즘 들어서 누군가 당신을 모함하거나 당신을 해치려고 공공연히 일을 꾸미고 있다고 느껴지는 것이 있습니까?

- **관계사고(망상)** : 주변에 당신을 잘 모르는 사람들이 수군거리거나 어떤 행동을 할 때 그것이 당신 얘기를 한다거나 당신을 의식한 행동이라고 느끼고 있지는 않습니까?

- **과대사고(망상)** : 주변의 상황들이 당신이 원하는 대로 하나씩 변하고 있다고 느끼지는 않습니까? 그런 이유가 당신에게 어떤 특별한 능력이 있다거나 신비한 영향력이 미치고 있기 때문이라고 생각하시는지요?

- **조종망상** : 당신이 원치 않는데도 어떤 말을 하거나 행동을 하도록 밖에서 조종하여 그대로 따라 하고 있다고 생각하십니까?

- **사고 전파** : 당신의 생각이 전파를 타고 온 세상으로 퍼져서 모든 사람들이 당신의 생각을 알고 있지는 않습니까?

- **다른 망상** : 그 밖에 다른 사람이 동의하지는 않지만 본인은 확신하고 있는 사실이 또 어떤 것이 있습니까?

- **강박사고** : 생각하고 싶지 않거나 원하지도 않는 생각들이 자꾸 머릿속에 떠오르게 됩니까? 그런 생각을 당신이 싫어하고 하지 않으려 해도 자꾸 떠올라서 괴롭습니까?[추가 질문(**강박행동**) : 과도하게 씻거나, 물건을 똑바로 맞추어 놓는 것에 신경을 많이 쓰거나, 어떤 원치 않는 생각을 떨치기 위해 나름대로

버릇처럼 하는 행동들이 있습니까?)

■ **자살사고** : 최근 들어서 자살하고 싶은 생각이 들거나 자살을 계획하거나 실행에 옮긴 적이 있으신가요?

감정의 장애

■ **일반적 질문** : 최근 들어서 기분은 어떠신 것 같나요? 하루에 주기적으로 기분이 변하기도 합니까?

■ **고양된 기분** : 별로 그럴 만한 동기가 없어도 괜히 기분이 좋고 뭔가 잘될 것 같은 느낌이 마음속에서 생겨나고 있지는 않습니까?

■ **우울** : 매사 의욕이 없고 우울하며 흥미가 저하되어 가고 있지는 않습니까?

■ **불안** : 마음이 안정이 안 되고 두려움과 걱정이 많아지고 있습니까?

지각의 장애

■ **환청** : 주변에 사람이 없는데도 이야기하는 소리가 들린 적이 있습니까? (만약 있다고 한다면 그 내용을 자세히 묻는다－그게 귀 안에서 들리는 소리입니까, 아니면 분명히 밖에서 들려오는 소리입니까? 몇 사람의 목소리입니까? 아는 사람의 목소리입니까? 하루에 몇 번 정도 들리나요? 그들끼리 얘기하기도 합니까? 주로 어떤 내용의 얘기를 듣게 됩니까? 얘기를 들으면 당신은 어떻습니까? 당신에게 지시도 합니까? 얘기를 통해 당신의 행동이 제한되지는 않습니까? 목소리 외에도 어떤 다른 소리가 들리는 것이 있습니까?)

■ **환시** : 남들이 보지 못하는데 당신만 보이는 것이 있나요?

■ **환후** : 남들은 괜찮다는데 당신만 맡게 되는 냄새가 있습니까? 그게 당신의 몸 안에서 나는 것입니까 아니면 밖에서 나는 것입니까?

■ **다른 환각** : 그 밖에도 무언가 남들은 못 느끼지만 본인이 느끼는 특별한 감각이 있으신가요?

기록하기

기본형

표 3은 내담자를 파악하기 위한 정보를 기록하는 양식으로서 제목만 나열되어 있는 기본형입니다. 내담자에 대한 기록은 면담 중이나 면담을 마친 후에 할 수도 있습니다. 초보 상담자는 가능한 세부적인 항목이 명시된 양식을 써 보는 연습이 필요하고, 경험이 생기면 그냥 백지에 필요한 정보를 나열하면 됩니다. 우리는 이제 배워 가는 과정이니까 우선은 세부 항목이 많은 기록 양식을 배우는 것이 좋겠지요. 하지만 우선 세부 항목을 생략한 기본형 양식부터 살펴보겠습니다. 큰 제목에 따라 양식 전체를 조망하는 것이 필요하기 때문에 그렇습니다.

제목만 적으니까 한 페이지에 다 들어가지만 실제로 자세히 적으면 양이 많아집니다. 그런데 첫 면담에서 모든 항목을 다 자세하게 적는 것은 어렵습니다. 내용을 채우는 데 연연하지 마시고 면담하는 중에 해당 부분이 나오면 잘 적어 두는 정도로 해 보시는 것이 좋겠습니다.

[표 3]   내담자 기록 기본 양식

1. 인적 사항

2. 주요 문제 및 기간

3. 현재 이력

4. 과거력, 가족력, 개인력

5. 정신상태검사
   1) 외형, 태도, 행동
   2) 사고의 흐름 및 내용
   3) 감정 및 충동성
   4) 지각 이상
   5) 인지기능

6. 진단 평가

인적 사항

인적 사항identification에는 이름, 나이, 성별, 가족 관계, 결혼 여부 및 자녀, 학력, 직업, 종교, 취미, 예전 성격, 사회경제적 수준 등을 적습니다.

주요 문제 및 기간

주요 문제chief problems를 묻는 질문은 간단합니다. "어떻게 해서 여기 오게 되셨어요?", "어떤 어려움이 있으십니까?" 이렇게 물었을 때 대답하는 내용이 대개 주요 문제입니다. 주요 문제는 가능한 내담자가 말한 그대로 적어 두고 거기에 객관적인 문제를 보충해서 적어 두는 것이 좋습니다. 가령 내담자가 "최근 들어 몸에 기운이 하나도 없고 외롭고 슬퍼요."라고 말하면 "우울." 이렇게 간단히 줄여서 적지 말고 말 그대로 "기운 없고 외롭고 슬프다." 이렇게 적어 주면 됩니다. 그리고 부연 설명을 옆에 같이 적어 주시면 됩니다. 한편, 내담자의 이야기가 주요 문제가 아닐 때가 간혹 있습니다. 조현병 환자의 경우 자기는 배가 아파서 왔다고 말을 하는데 가족들은 귀에서 소리가 들리고 누가 자신을 죽인다고 소리를 질러서 데리고 왔다고 말하는 경우가 있지요. 그럴 땐 주요 문제 항목에 내담자의 말만 적지말고 가족의 이야기까지 종합하여 적어야 할 것입니다. 주요 문제에는 기간duration을 같이 적어야 합니다. 문제 항목들이 언제부터 시작되었는지 혹은 얼마 동안 있었는지를 적어 주시면 됩니다. 시작된 시점이 애매할 때도 있지만 대충이라도 변화의 시점이 언제부터인가를 명시하는 것이 필요합니다.

현재 이력

주요 문제와 현재 이력(현 병력)은 서로 다릅니다. 주요 문제는 내담자의 이야기를 적고 현재 이력에는 가족들의 의견을 종합한 객관적인 문제를 적는 것이라고 아시는 분도 있던데 그렇지 않습니다. 현재 이력present illness은 주요 문제가 생기게 된 최근 일련의 과정을 말합니다. 예를 들어 어떤 사람이 3일 전부터 갑자기 불안해져서 상담을 시작했습니다. 그는 일주일 전 우연히 아는 사람을 만났는데 이틀 후, 즉 상담 5일 전에 연락이 와 100만 원을 꿔 달라는 부탁을 받았습니다. 현재 돈이 없어서 빌려줄 수가 없다고 하니 상대는 갑자기 화를 내었고, 당황한 내담자는 어렵게 급조해서 50만 원을 꿔 주었습니다. 그리고 3일 전 저녁에 TV를 보고 있는데 갑자기 가슴이 꽉 막히는 느낌이 들어 다음 날 병원에 갔으나 검사상 아무 이상이 없었습니다. 그런데도 계속 가슴이 답답하고 가만히 있지를 못하겠고 잠도 안 오고 정신이 혼미해졌습니다. 이러한 경우 주요 문제는 무엇일까요? 그것은 불안과 관련한 다양한 증상들입니다. 현재 이력은요? 앞에서 말씀드린 일련의 과정이 모두 현재 이력입니다. 즉 현재 이력은 주요 문제를 발생시킨 직간접적 사건들을 기승전결에 맞추어 이야기 형식으로 풀어쓰는 것입니다.

현재 이력을 쓰려고 마음먹는 자세가 중요합니다. 어떤 분들은 주요 문제와 같이 나타난 결과만 가지고 이야기를 하는데, '과정'을 이해해야 문제를 보다 폭넓게 파악할 수 있으며 어떻게 도와야 하는지도 더 정확하게 알 수 있습니다. 이에 대해선 제3강에서 좀 더 말씀드리겠습니다.

과거력, 가족력, 개인력

과거력, 가족력, 개인력은 각각 하나의 제목이 될 만큼 내용이 방대합니다. 하지만 첫 면담에서는 간단히 검토되기 때문에 이 내용을 한 제목 내에서 다 기록해도 무방합니다. 과거력past history이란 내담자가 과거 겪었던 증상들, 그리고 상담이나 치료를 받았던 내용을 적는 것입니다. 가족력family history은 가족 각각의 문제와 내담자와의 관계를 적는 것인데 내담자의 치료에 도움이 될 만한 가족관계 및 유전적 질병 영향의 정보를 기록합니다. 개인력personal history은 개인의 성장과정을 삶의 주기에 준하여 적는 것입니다. 과거력이 내담자의 병리에 초점을 맞춘다고 한다면, 개인력은 내담자의 성장과정에 초점을 맞춘다고 할 수 있습니다.

정신상태검사

이번 장의 가장 중심이 되는 내용이 바로 정신상태검사mental status examination, MSE입니다. 인적 사항에서 개인력까지의 기록 내용은 병리적 문제가 없더라도 누구나 상담을 받으러 온 사람에게 평가되어야 할 부분입니다. 정신상태검사는 보다 병리적인 부분을 평가하고 기록하게 되어 있습니다. 발견되는 문제가 없다면 "정신상태검사상 특별한 이상 없음." 이렇게 적기만 합니다.

- **외형, 태도, 행동** : 면담을 하는 동안 내담자가 보이는 외형, 태도, 행동 요소를 관찰하고 그중 유념할 만한 것을 적습니다. 가령 "씻지 않아 냄새가 난다, 얼굴이 너무 창백하다, 어려 보이거나 나이 들어 보인다, 면담 내내 다리를 떤다, 인상을 찡그리고 있다, 자세가 뻬딱하다, 갑자기 벌떡 일어선다." 등 인상적인 그리고 유념할 만한 것을 적습니다. 물론 상담과 관련이 있다 여겨서 적는 것이지 시시콜콜 다 적으라는 말은 아닙니다. 내담자의 외형, 태도, 행동은 질문을 통해 파악할 수 없으므로 상담자가 관찰한 대로 적게 됩니다.

- **사고의 흐름 및 내용** : 사고thought는 생각을 말하는 것이지요. 타인이 무슨 생각을 하는지 어떻게 압니까? 네, 말해 줘서 압니다. 그 외에는 짐작하기 어렵습니다. 그러므로 사고를 평가한다는 것은 그 사람의 자발적 혹은 반응적 언어 표현을 평가하는 것과 깊은 관련이 있습니다. 사고는 크게 두 가지 측면에서 평가됩니다. 하나는 **흐름**progress이고 하나는 **내용**content입니다. 여기서 우리는 흐름과 내용의 개념을 구분할 수 있어야 합니다. 가령 두 사람이 상대에게 불만을 이야기한다고 합시다. 한 사람은 낮고 느린 목소리로 불만을 이야기하고 한 사람은 빠르고 톤이 높은 목소리로 불만을 토합니다. 이 경우 두 사람의 사고 내용은 불만이라는 주제로 같습니다. 하지만 두 사람의 사고 흐름은 많이 다릅니다. 흐름과 내용이 어떤 차이인지는 구분하실 수 있겠죠? 사고의 흐름은 말의 속도, 톤, 반응 속도 등을 말합니다. 사고 흐름은 **사고 과정**thought process이라고 부르기도 합니다.

  사고의 흐름에서 보이는 대표적인 병리는 연상 이완과 사고 비약입니다. 둘의 공통점은 내담자가 무슨 말을 하는지 알아들을 수 없다는 것입니다. 연상 이완이란 문장과 문장 사이 혹은 문장 안에서 연결이 어긋나는 것을 말합니다. 그러니 말을 해도 상담자가 알아듣지 못하지요. 이런 식입니다. "제가 산에 이불을 베고 나무를 장사하는데 장난을 합시까? 그러니 아버지가 그는 밤에 낚

연상 이완과 사고 비약의 공통점은 내담자가 무슨 말을 하는지 알아들을 수 없다는 겁니다.

시하냐고 하지 않습니다." 알아듣겠어요? 연상 이완은 말 그대로 연상, 즉 말의 연결이 느슨해져서 마치 나사 풀린 기계마냥 오작동을 하는 것입니다. 대개의 연상 이완은 말하는 속도는 빠르지 않지만 신경 써서 들어도 알아들을 수 없습니다. 사고 비약은 조증mania 상태의 환자에게서 보이는 대표적인 사고 흐름인데 말하는 속도가 빠릅니다. 말하는 당사자 입장에서 볼 때에는 말보다 생각이 더 빠릅니다. 말을 빨리 해도 생각이 앞서가서 말을 다 할 수가 없습니다. 그러니 어떡하겠어요? 중간중간 건너뛰고 지금 생각을 말합니다. 그러는 사이에 또 생각이 저기 앞서가 있으니까 중간 것을 빼먹고 또 지금 생각을 말합니다. 그러면 듣는 상담자 입장에서는 이야기가 중간중간 생략되어 있으니 잘 알아들을 수가 없습니다. 하지만 대충 흐름은 이해할 수 있으니까 연상 이완처럼 전혀 알아들을 수 없는 정도는 아닙니다. 그리고 일단 말이 빠르고 톤이 높으니까 척 봐도 저 사람 머릿속에서는 생각이 제트기처럼 지나가고 있겠구나 하고 느껴지지요.

사고의 내용에서 병리적으로 가장 중요한 것은 망상입니다. 망상에 대한 내용은 앞서 언급을 했지요? 관계사고, 강박사고 등도 사고 내용의 병리에 해당합니다. 병리용어로 지칭하지 못하더라도 이상하다 싶거나 특이하다 싶은 생각 표현은 적어 두는 것이 좋겠지요.

■ **감정 및 충동성** : 이 항목의 일부는 상담자가 관찰한 것을, 일부는 질문을 통해 파악한 것을 적습니다. 가장 대표적인 질문은 "요즘 기분은 어떠신가요?"입니다. 감정emotion에 해당하는 것은 내담자가 주관적으로 느끼는 기분과 관찰자에 의해서 평가되는 정동으로 서술할 수 있습니다. 기분mood은 특정 기간에 전반적으로 느껴진 감정 상태를 말합니다. 특정 기간은 말하기 나름이지요. 가령 2주일 동안 기분이 어땠느냐를 물었다면 2주일 동안의 기분을 묻는 것이고 그 사이 화도 나고 슬프기도 하고 우울하기도 했지만 전반적으로는 기분이 좋은 편이었다고 한다면 2주일 동안의 기분은 "좋았다."라고 말하게 되는 것입니다. 반면 정동affect은 관찰을 통해 얻어지는 것이기 때문에 질문으로 알아내는 것이 아니라 대화 중에 상담자가 스스로 평가하는 것입니다. 충동성에 있어서 가장 중요한 평가는 자살, 자해, 그리고 타인에 대한 공격적 행동에 관한 것입니다. 이런 문제는 나중에 사고의 위험을 예상하게 되기 때문에 다른 내담자보다도 더 많은 주의를 요하게 됩니다.

■ **지각 이상** : 지각perception은 감각을 느끼는 것을 말하지요. 지각의 이상으로 유념할 것은 환각입니다. 그 외에도 사소한 지각 이상이 있다면 적절한 용어가 없어도 말 그대로 풀어서 써 놓으시면 됩니다. 가령 내담자가 TV나 현실에서 사람의 얼굴이 일그러져 보인다거나 악마처럼 보인다고 호소하면 그러한 특이한 감각을 그대로 기록하면 됩니다.

■ **인지기능** : 인지cognition는 입력과 출력의 사이의 과정이라고 정의됩니다. 예를 들어 여기 꽃이 있습니다. 입력, 즉 우리에게 들어오는 것은 무엇일까요? 네, 꽃의 모습(시각 정보)과 꽃의 냄새(후각 정보) 등입니다. 이러한 정보가 머릿속을 거치면 무엇이 출력될까요? 네, 꽃 가까이 가서 음미를 하고 표정이 밝아질 수 있겠지요. 어떤 사람은 꽃을 확 꺾어버릴 수도 있습니다. 그러면 그 중간에 뭐가 있겠습니까? "꽃이 좋다.", "좋은 냄새가 난다.", "장미에는 가시

가 있다.", "꽃이 시들었다.", "꽃은 귀찮다." 등 꽃에 대한 인상 및 기억들이 스쳐 지나갈 수 있겠지요. 그런 것들이 모두 '인지'입니다. 구체적인 인지기능으로는 의식수준, 사람·공간·시간에 대한 **지남력**orientation, 기억력, 추상적 사고, 일반 지식 등이 있습니다. 인지기능 평가에서 이상 소견이 보이면 이는 심리적인 문제가 아닌 뇌의 기질적인 문제일 수 있으므로 정신건강의학과 혹은 신경과 의사에게 의뢰하는 것이 좋겠습니다.

진단 평가

여기까지 적었으면 내담자의 문제가 임상적으로 어떤 병리적인 상태인지를 종합적으로 진단하게 됩니다. 임상 경험이 충분하지 않다면 이러한 평가가 정확하지는 않겠지만 그래도 나름대로 자신의 견해를 적어 봐야 실력을 향상시킬 수 있습니다.

세부형

표 4의 기록 양식은 표 3의 기록 양식과 같은 내용으로, 다만 세부 항목을 구체적으로 나열한 체크 리스트입니다. 이러한 양식은 서술형이 아니고 체크만 하면 되니까 작성하기가 편하고 어떤 세부 항목을 제대로 확인하지 않았는지 쉽게 확인할 수 있으므로 상담 입문자가 사용하기 좋습니다.

양식에 나오는 용어를 영문으로는 어떻게 쓰는지 다음에 적었습니다. 경우에 따라서 용어의 번역이 다르기도 하므로 영문 용어를 같이 익혀 두시면 좋겠습니다. 일부 용어는 간단히 설명을 달았습니다.

[표 4] 내담자 기록 세부 양식

1. 인적 사항

성별 : .... 나이 : ....

가족 관계 : .... 남 .... 녀 중 .... 째

결혼 여부 및 자녀 : ....

학력 : ....

직업 : ....

종교 : ....

취미 : ....

예전 성격 : ....

사회경제적 수준 : ....

2. 주요 문제 및 기간

1) .... 기간 : ....

2) .... 기간 : ....

3) .... 기간 : ....

3. 현재 이력(증상의 과정, 주변 환경의 영향 등을 기술)

....

....

....

4. 과거력

....

....

....

5. 가족력

....

....

....

[표 4] 내담자 기록 세부 양식 (계속)

6. 개인력

....
....
....

7. 정신상태검사

1) 외형, 태도, 행동

전체적 외형 : _____

복장 상태 : _____

위생 상태 : _____

| 태도 : | 순응 | ☐ 예 | ☐ 아니요 |

집중 ☐ 예 ☐ 아니요

협조 ☐ 예 ☐ 아니요

일반 움직임 : ☐ 증가 ☐ 보통 ☐ 감소

초조 : ☐ 예 ☐ 아니요

행동 지연 : ☐ 예 ☐ 아니요

떨림, 경직, 보행 장애, 기타 움직임 이상(예 : 지연성 운동장애) :

....
....

2) 사고의 흐름

언어의 양 : ☐ 증가 ☐ 보통 ☐ 감소

반응 시간 : ☐ 보통 ☐ 지연

말하는 속도 : ☐ 빠름 ☐ 보통 ☐ 느림

목소리 톤 : ☐ 높음 ☐ 보통 ☐ 낮음

자발성 : ☐ 예 ☐ 아니요

논리적임 : ☐ 예 ☐ 아니요

타당함 : ☐ 예 ☐ 아니요

※ 사고 과정의 특정 병리 소견

연상 이완 : ☐ 예 ☐ 아니요

[표 4] 내담자 기록 세부 양식 (계속)

사고 비약 : ☐ 예 ☐ 아니요

우원증 : ☐ 예 ☐ 아니요

사고 이탈 : ☐ 예 ☐ 아니요

사고 중단 : ☐ 예 ☐ 아니요

기타 다른 소견 : ....

....

3) 사고의 내용

몰두하는 생각 : ....

피해망상 : ☐ 예 ☐ 아니요

(내용) ....

관계사고 : ☐ 예 ☐ 아니요

과대성 : ☐ 예 ☐ 아니요

조종망상 : ☐ 예 ☐ 아니요

사고 전파 : ☐ 예 ☐ 아니요

기타 망상 혹은 과도한 생각 : ....

강박사고 : ☐ 예 ☐ 아니요

(강박행동이 동반됨) ☐ 예 ☐ 아니요

건강염려증 : ☐ 예 ☐ 아니요

자살사고 : ☐ 예 ☐ 아니요

4) 감정 및 충동성

기분 : ☐ 우울 ☐ 저조한 ☐ 보통 ☐ 즐거운 ☐ 고양된

정동 : (1) 범위 : ☐ 풍부함 ☐ 제한됨 ☐ 무딤 ☐ 표정 없음

　　　 (2) 요동 : ☐ 예 ☐ 아니요

　　　 (3) 불안 : ☐ 예 ☐ 아니요

　　　 (4) 긴장 : ☐ 예 ☐ 아니요

　　　 (5) 얕음 : ☐ 예 ☐ 아니요

　　　 (6) ☐ 충분 ☐ 불충분

　　　 (7) ☐ 적절 ☐ 부적절

[표 4] 내담자 기록 세부 양식 (계속)

충동성 : ....

....

5) 지각 이상

착각 : ....

환각 : ☐ 예 　　　☐ 아니요

　　　☐ 환청 　　☐ 환시 　　☐ 환후 　　☐ 환촉 　　☐ 환미

(내용) ....

....

6) 인지기능

의식 수준 : ☐ 명료 　　☐ 졸림 　　☐ 흐림 　　기타 : ....

지남력 : 　　시간 　　☐ 온전 　　☐ 손상

　　　　　　장소 　　☐ 온전 　　☐ 손상

　　　　　　사람 　　☐ 온전 　　☐ 손상

기억 : 　　　과거 　　☐ 유지 　　☐ 손상

　　　　　　최근 　　☐ 유지 　　☐ 손상

　　　　　　방금 　　☐ 유지 　　☐ 손상

집중, 수리계산 : 　　　☐ 유지 　　☐ 손상

일반 지식 : 　　　　　☐ 유지 　　☐ 손상

추상적 사고 : 　　　　☐ 유지 　　☐ 손상

질문에 의한 판단력 : ☐ 유지 　　☐ 손상

병식 : ....

8. 진단평가

....

....

....

....

....

주요 용어

- 외형general appearance, 태도attitude, 행동behavior

- 순응submissive : 고분고분하게 반응합니다.

- 집중attentive : 산만하지 않으며 평가자의 말을 경청합니다.

- 협조cooperative : 비순응적, 즉 딱딱한 태도를 보이는데 그래도 질문에 정확히 대답하는 등 협조적인 사람이 있는 반면, 순응적인데 비협조적인 사람, 즉 말은 "예, 예." 하면서도 은근히 시간을 끌며 도움을 안 주는 사람과 비교해서 생각하면 개념을 이해하는 데 도움이 됩니다.

- 일반 움직임general activity

- 초조agitation

- 행동 지연retardation : 행동이 느립니다.

- 떨림tremor, 경직rigidity, 보행 장애gait disturbance, 기타 움직임 이상other abnormal movement

- 지연성 운동장애tardive dyskinesia : 고전적 항정신병 약물을 오래 투여한 경우 생길 수 있는 부작용으로서, 불수의적인 움직임이 사지나 혀, 입을 포함한 얼굴 근육, 목 등에 나타납니다.

- 사고의 흐름progress of thought

- 언어의 양verbal productivity

- 반응 시간reaction time : 질문하면 바로 대답이 나오는지 혹은 한참 있다가 대답을 하는지 확인하는 것입니다.

- 말 속도speed of speech

- 목소리 톤tone of voice

- 자발성spontaneity : 자발성이 없으면 먼저 말을 하지 않고, 질문을 던지거나 요청해야만 겨우 말을 합니다.

- 논리적임logical

- 타당함relevant : 질문의 의도에 적절하게 답하는 것입니다. 그렇지 않은 경우를 동문서답이라고 하지요.

- 연상이완loosening of association

- 사고 비약flight of idea

- 우원증circumstantiality : 문단 내에서는 논리적이나 문단을 넘어가면서 사소한 연상으로 이어져 지엽적인 이야기로 빠지게 되지만 결국은 질문의 요지에 관한 답을 말하기는 하는 경우입니다.

- 사고 이탈tangentiality : 우원증과 같이 문단 내에서는 논리적이지만 문단과 문단 사이에서 지엽적인 곳으로 말의 주제가 이탈하여 결과적으로는 본래 질문의 요지와 전혀 상관이 없어지는 경우입니다. 즉 이야기가 삼천포로 빠지는 것을 말합니다.

- 사고 중단thought blocking : '사고 차단'이라고 번역하기도 하는데, 생각이 진행하다 멈추는 것이므로 외형적으로는 말을 하다 멈추고 멍한 상태가 되는 경우를 말합니다.

- 사고의 내용content of thought

- 몰두하는 생각preoccupation

- 피해망상persecutory delusion

- 관계사고idea of reference

- 과대성grandiosity

- 조종망상delusion of being controlled

- 사고 전파thought broadcasting

- 기타 망상other delusions 혹은 과도한 생각overvalued ideation

- 강박사고obsession

- 강박행동이 동반됨with compulsive behavior

- 건강염려증hypochondriasis : 제10강의 질병불안장애 내용을 참고하세요.

- 자살사고suicidal ideation

- 감정 및 충동성emotion and impulsivity

- 기분mood

- 우울depressed, 저조한dysphoric, 보통euthymic, 즐거운euphoric, 고양된elated :

dysphoric은 '불쾌'로 번역되기도 하는데, 보통의 기분보다 가라앉는다는 뜻이지 짜증난다irritable(이자극성)는 의미만은 아닙니다. euthymic에서 eu는 보통 혹은 '평균'이란 뜻이고 thymic은 기분이란 뜻입니다. euphoric은 즐겁긴 하지만 옆 사람에게 전가되지 않는 정도를 지칭하는 반면 elated는 즐거운 것이 과도하여 감정을 옆 사람에게 쉽게 전가하며 행동적으로도 자기 기분에 따라 남을 자주 침범하여 말을 걸거나 간섭하는 정도를 지칭합니다.

- 정동affect
- 범위range : 희로애락의 다양한 감정을 충분히 다 표현하는지를 봅니다.
- 풍부함broad, 제한됨restricted, 무딤blunted(밋밋함), 표정 없음flat
- 요동labile : 외부 자극이 없어도 감정이 수시로 오락가락 변하는 경우입니다.
- 불안anxious, 긴장tense : 불안하지만 긴장되지는 않은 경우와 불안진 않지만 긴장되는 경우를 상상해 보시기 바랍니다. 불안과 긴장 두 가지는 상호연관성이 매우 높은 편이므로 이러한 상황을 상상하기 쉽지 않을 수도 있습니다.
- 얕음shallow : 감정이 얕은 상태란 감정 깊이를 말하는데 깊이가 없어서 감정이 옆 사람에게 파급되지 않습니다. 깊이가 얕다고 해서 감정 표출이 적은 것은 아니고 오히려 표출은 과장되어 있습니다. 깊이 없이 과도하게 우는 경우에 옆 사람들은 "왜 저래? 쇼하나?"라는 반응을 보이며 같이 슬픔에 젖어 들지 않는데 이런 경우를 얕다고 말합니다.
- 충분adequate(적당), 불충분inadequate(부적당) : 감정의 양에 관한 것으로서, 말하는 이야기와 그에 따른 감정의 정도가 양적으로 일치하는 경우와 부족한 경우를 뜻합니다. 예를 들어 자식이 다쳤다고 말하는데 별로 슬퍼하지 않으면 그 정동은 불충분한 것입니다.
- 적절appropriate, 부적절inappropriate : 감정의 질에 관한 것으로서, 말하는 이야기와 그에 따른 감정의 종류(희로애락)가 일치하는 경우와 불일치하는 경우를 뜻합니다. 예를 들어 자식이 다쳐서 걱정이라고 말하면서 웃는 얼굴이라면 그 정동은 부적절한 것입니다.
- 지각 이상perceptual disturbance

- 착각illusion

- 환각hallucination

- 청각auditory, 시각visual, 후각olfactory, 촉각tactile, 미각gustatory

- 의식 수준mental status, 이해력grasp, 인지 역량capacity

- 명료alert, 졸림drowsy, 흐림confused(착란)

- 지남력orientation, 시간time, 장소place, 사람person

- 기억memory, 과거remote, 최근recent, 방금immediate

- 집중concentration, 수리계산calculation

- 일반 지식general information : 상식적인 질문에 적절히 답하는지 확인합니다.

- 추상적 사고abstract thinking : 주로 속담이나 비유를 물어 그 뉘앙스를 제대로 고려하는지 평가합니다. "사공이 많으면 배가 산으로 간다."는 속담을 사공의 숫자가 많으면 배가 산으로 갈 수 있다고 이해하는, 즉 의미가 아니라 문자 그대로만 이해하는 경우를 추상적 사고가 경직돼 있다 혹은 고지식하다concrete 고 하고, 의미와 상관없는 설명을 하면 추상적 사고가 손상되었다고 합니다.

- 질문에 의한 판단력testing judgement : 가상의 질문에 대한 판단력을 말합니다. 예를 들어 길에서 주민등록증을 주우면 어떻게 할지 물어서 적절한 판단력을 드러내는지 확인합니다. 질문에는 비교적 적절하게 대답하는 것 같으나 보호자의 이야기를 들어 보면 그에 상응한 판단력이 일상에서 나타나지 않을 때 사회적 판단력social judgement은 손상되어 있다고 적습니다.

- 병식insight : 자기에게 어떤 문제와 어떤 병이 있는지를 아는 수준을 말하는데, 증상을 부인하는 경우symptom denial, 증상을 알되 환경과 남 탓으로 돌리는 경우, 증상을 인정하되 지식적으로만 수용하는 경우intellectual insight, 증상을 알고 정서적으로도 문제의식을 충분히 가지는 경우emotional insight 등이 있습니다.

- 진단 평가diagnostic assessment

내담자의 증상은 문제의 원인,
그에 반응하는 개인의 양식,
해결 과정을 잘 알고 있을 때
해소될 수 있습니다.

병리 환자의 치료적 접근

이 장에서는 정신병리 환자를 어떻게 이해하고 접근할 것인가를 개괄적으로 다루려고 합니다. 우선은 환자보다 병리를 어떤 방식으로 이해하고 정신건강을 어떻게 도와야 하는지에 대해 주로 이야기하겠습니다. 이번 내용은 총론에 해당되는데 많은 분들이 각론, 즉 병명 하나하나와 그 특성을 이해하는 것에는 많은 시간을 투자하지만 막상 환자를 직접 만나게 되면 어디서부터 어떻게 해야 하는지 갈피를 잡지 못하는 경우를 흔히 봅니다. 병명 하나하나를 배우는 것 이전에 반드시 환자의 병리를 이해하는 원칙이나 병리를 파악한 후 접근하는 원칙을 가지고 있어야 세부적인 병의 개념이 없더라도 환자를 도울 수 있습니다. 임상에서는 병명에 딱 들어맞는 환자가 있는 게 아닙니다. 여러 문제가 애매하고 복잡하게 걸쳐 있습니다. 그러므로 각론보다 총론이 훨씬 중요하다는 것을 임상 현장에서는 더 절실하게 느낍니다.

병리 환자의 이해

환자를 어떻게 이해할 것인가는 여러 가지로 이야기할 수 있지만 여기서는 두 가지 모델을 소개하려고 합니다. 첫 번째는 스트레스 취약성 모델이고 두 번째는 생물심리사회 모델입니다.

스트레스 취약성 모델

스트레스 취약성 모델stress diathesis model, stress vulnerability model에서는 병이 일어날 만한 기본 취약인자predisposing factor와 그 취약인자가 발현되도록 자극하는 유발인자 precipitating factor, triggering factor(촉발인자)로 환자의 병을 설명합니다. predisposing 이란 말은 '미리 배치된다'라는 뜻으로 이전에 형성된 요소라는 말입니다. 이는 현

[표 5] 스트레스 취약성 모델에 따른 환자 기록

기본 취약인자

유발인자

[그림 1] 스트레스 취약성 모델에 따른 문제 발생 과정(열쇠-자물쇠 기전)

재의 어떤 문제를 일으킬 만한 과거 어린 시절의 요소를 지칭하게 되므로 기본이 되는 취약인자라는 의미에서 '기본 취약인자'라고 의역을 했습니다. 스트레스 취약성이라는 말은 결국 기본 취약인자를 뜻합니다. 기본 취약인자와 유발인자를 내적 요인과 외적 요인 혹은 소인과 유발인자 이렇게 이름 붙이기도 하는데 이는 내적, 외적으로 구분하는 것 같은 느낌을 주어서 좋은 번역은 아닙니다.

열쇠-자물쇠 기전key-lock mechanism이라는 개념이 있습니다. 자물쇠는 그것과 딱 맞는 열쇠로 열어야 찰칵하고 열린단 말이지요. 내담자의 취약성은 개인마다 모두 다르기 때문에 내담자를 하나의 자물쇠라고 생각한다면 이 자물쇠의 개별적인 특성이 기본 취약인자가 됩니다. 그리고 이 자물쇠를 열 수 있는 자물쇠에 맞는 열쇠가 바로 그 내담자의 유발인자이며, 열쇠로 자물쇠가 철컥하고 열리는 것은 유발인자가 취약인자를 건드려서 병이 발현되는 것을 의미합니다. 스트레스 취약성 모델은 이러한 열쇠-자물쇠 기전에 따라 어떻게 취약성이 만들어졌고 어떻게 병리가 발현되었는지를 이해하는 것입니다.

😕 **사례 이해**

다음 환자가 원래부터 갖고 있던 취약성은 무엇이며 최근에 병을 일으키는 데 관여한 직접적인 유발 요인은 무엇인가?

환자는 한창 어머니를 필요로 하는 2세 이전 시기 대부분을 어머니와 떨어져서 이곳 저곳에 돌아가며 맡겨 키워졌다. 어머니가 심한 우울증으로 병원에 자주 입원하였기 때문이다. 환자는 학교에 갈 때마다 어머니와 떨어지지 않으려고 심하게 보챘으며 이런 태도는 중학교 때까지도 지속되었다. 환자는 고등학교에 들어가서 돌연 어머니와 멀어지고 친구들과 밤새도록 어울려 다니면서 집에도 안 들어오는 일이 잦아졌다. 고등학교를 졸업 후 친구들은 다들 취직을 하거나 대학에 진학하였으나 환자는 아무것도 한 것이 없었고 자연히 친구들과 어울릴 기회가 없어졌다. 그리고 학원을 다니기 시작하였으나 적응을 잘 못하였다. 환자는 점차 기운과 의욕을 잃었고 한 달 전부터는 집 밖을 나가지 않았으며 일주일 전부터는 방에서 나오지도 않게 되었다.

문제를 일으키는 기본적인 요인이 뭐라고 했지요? 네, 기본 취약인자입니다. 어떤 것이 있지요? 2세 이전에 어머니와 떨어져 생활한 것, 어머니의 우울증에 따른 적절한 양육 환경의 부재, 어머니와 떨어지지 않으려고 보채는 행동 등이 있습니다. 분리 불안, 거절에 대한 공포와 같은 용어가 떠오를 수도 있으나 우선은 현상을 그대로 보세요. 이러한 독특한 취약성을 갖고 있는 사람이라고 해서 항상 문제가 생기는 것은 아닙니다. 열쇠-자물쇠 기전에서 자물쇠는 웬만한 스트레스는 이겨낼 수 있다고 봅니다. 짝이 맞지 않는 열쇠를 아무리 넣어 봤자 자물쇠가 열리지 않는 것과 같지요. 그런데 이런 자물쇠를 무엇이 열었을까요? 즉 최근에 어떤 일이 있어서 문제가 나타났지요? 고등학교 때 어머니와 떨어진 것일까요? 그건 발병 시기보다는 훨씬 오래전의 문제라서 유발인자로 보기 어렵습니다. 문제를 유발시킨 것은 고등학교 때 문제가 아니고, 고등학교 졸업 후 친구들과 어울릴 기회가 없었다는 점, 더 가까운 문제는 학원에 적응하지 못한 것이지요. 유발인자는 병이 혹은 문제가 생기기 바로 전에 있으며 대개는 3개월 이내에 생깁니다. 병이 생기기 1년 이전의 요인들을 고려하는 것은 별로 적절하지가 않아요. 그런데 의문이 듭니다. 학원에 적응하지 못한 것이 얼마나 큰 스트레스라고 이것 때문에 병이 생겼을까요? 다시 말하면 열쇠가 좀 더 정교한 것일 텐데 지금의 설명은 너무 단순한 열쇠라는 말입니다. 그러니 적응 못했다는 사실을 좀 더 세밀하게 살펴보아야 합니다. 지금의 정보로는 정교한 부분까지 자세히 살펴보기 어렵습니다. 그러므로 적응을 못한 것이 어떤 것인지 환자에게 자세히 물어보아서 이에 대한 정보를 충분히 보충해야 할 것입니다. 이렇듯 스트레스 취약성 모델에 의해 내담자의 어떤 부분을 좀 더 자세히 알아보아야 하는지 방향성을 가질 수가 있지요.

　중요한 것은 과거의 취약성과 현재의 요인이 자물쇠와 열쇠처럼 서로 짝이 맞아야 한다는 점입니다. 내담자의 이야기를 듣고 정리해 봤더니 나름대로 취약성과 유발인자가 나오긴 했는데 그 둘을 비교해 봤더니 특성상 서로 다르다면 무언가 잘못된 것입니다. 취약성이나 유발인자가 그게 아니거나 그 둘 사이에 다른 요인이 작용하고 있을 것입니다. 앞의 사례에서는 어머니와 떨어지지 못하는 취약성과 친구들과 어울리지 못하는 유발인자가 자물쇠-열쇠처럼 짝이 맞습니다. 그렇게 보자면 아마도 학원에서 적응하지 못하는 요인도 대인관계에서 혼자되는 부정적인 느낌과 관련이 있으리라 짐작할 수 있을 것입니다. 그러한 짐작이 맞는지 내담자에게 다시 질문해야 하겠지요.

대부분의 정신질환은 이렇게 심리 취약성과 유발인자와의 상관관계를 살펴야 하지만 예외인 질환도 있습니다. 개인의 취약성은 거의 고려되지 않고 거의 대부분 외부 요인이 병을 일으키는 것으로 보는 경우인데 외상 및 스트레스 관련 장애에 속하는 질환들, 물질/약물치료로 유발된 질환들, 다른 의학적 상태로 인한 질환 그리고 섬망이 그렇습니다. 이러한 경우에는 개인의 취약성과 심리역동을 고려하기보다 외부 환경의 영향을 평가하고 개선하는 것에 우선 집중합니다.

생물심리사회 모델

스트레스 취약성 모델만 가지고도 웬만큼 설명할 수는 있지만 더 복잡한 모델로 자세히 설명할 수도 있는데 그중 하나가 **생물심리사회 모델**bio-psycho-social model입니다. 우선 스트레스 취약성 모델을 잘 익혀 두고 생물심리사회 모델은 스트레스 취약성 모델을 보완하는 차원에서 알아 두시면 되리라 생각합니다.

[표 6] 생물심리사회 모델에 따른 환자 기록	
주요 문제	
기본 취약인자 ✓ 생물(신체) ✓ 심리 ✓ 사회	**패턴** ✓ 생물(신체) ✓ 심리 ✓ 사회
유발인자	**지속인자**
치료 계획	

앞서 언급한 그 환자이다. 몇 가지 구체적인 정보를 추가로 알게 되었다. 이 내용을 통해서 환자의 취약성을 신체적인 면, 심리적인 면, 사회적인 면으로 나누어서 써보고, 환자가 병이 생기기 전에는 어떤 패턴의 사람이었는지를 신체적인 면, 심리적인 면, 사회적인 면으로 나누어서 적어보자.

환자의 어머니는 우울증으로 인해 임신 내내 고생을 하였고 아이는 저체중아로 출산되었으며 잔병치레가 많았다고 한다. 두 살 전까지 어머니의 병세로 인해 대부분 친척이 아이를 맡아 키웠으며 아이는 비교적 순하여 키우기가 어렵진 않았다고 한다. 말을 시작하면서도 환자는 의기소침하고 예민한 편이었으며 어머니를 떠나지 못하고 늘 주위에서 맴돌았다. 어머니가 친구가 될 만한 아이를 붙여주려고 하면 환자는 계속 엄마 눈치를 보다가 기회만 되면 어머니 곁으로 되돌아왔다. 아버지는 외도를 하여 집에 안 들어오는 일이 많았으며 어쩌다 들어올 때는 대개 만취된 상태로 들어왔고 장손인 자기 집안에 아들이 없어 대가 끊긴다고 고래고래 소리를 지르곤 했다고 한다. 그럴 때마다 환자는 아무런 대꾸도 없이 혼자 조용히 골방으로 들어가는 어머니를 보곤 하였다. 고등학교에 와서 환자는 좀 더 적극적으로 살지 않으면 사람들과 어울릴 수 없다는 생각이 들었다. 마침 반 친구들 중 몰려다니는 친구들이 있었는데 환자에게 같이 놀자고 하여 환자는 마지못해 끌려 다니듯이 친구들과 어울렸다고 한다. 겉으로는 친구들과 잘 지내는 것 같았으나 친구들이 자신을 이상한 아이로 취급할까 봐 항상 걱정했었다고 한다. 졸업 후 친구들이 다 떠나고 학원에 들어갔는데 학원에서는 어느 누구도 서로에게 인사하거나 말을 거는 법이 없었고 수업 시작 전에는 섬뜩할 만큼 침묵이 흘렀으며 수업만 끝나면 다들 우르르 자기 갈 곳으로 빨리 사라졌다. 혼자 밤길을 걸어갈 때면 이러다가 어디 끌려가는 것이 아닌가 하는 공포가 엄습해왔다. 점차 일상에서 언제나 공포를 느꼈고 최근 들어서는 어머니가 자신의 이런 사정을 모른 체한다는 느낌이 들었으며 결국 친엄마가 아닐지도 모른다는 생각을 하기 시작하였다. 상담 일주일 전부터는 잠들기 전에 "죽은 엄마가 너를 찾는다."는 소리가 어디선가 들려오는 것 같고 점점 그 소리는 자주 그리고 선명히 들리기 시작했다고 한다.

이 환자의 주요 문제는 "의욕이 없다. 집 밖에 나오지 않는다. 심지어는 방 밖에 나오지 않는다."입니다. 그런데 의욕이 없는 것은 한 달 전, 집 밖에는 한 달쯤, 방 밖에는 일주일쯤으로 기간에 차이가 있습니다. 이러한 시점상의 변화를 염두에 두어야 합니다. 이 모델에서는 스트레스 취약성 모델에서 거론한 기본 취약인자와 유발인자에 패턴과 지속인자라는 개념이 추가됩니다. 패턴pattern은 기본 취약인자와 유발인자의 중간 개념이라고 생각하시면 쉽습니다. 어린 시절 형성된 취약성이 어떻게 굳어져서 일반적인 성향, 즉 패턴으로 나타나는지를 기록하는 부분입니다. 열쇠-자물쇠 기전으로 보자면 패턴은 잠겨 있는 자물쇠라고 할 수 있는데, 기본 취약인자를 방어기제가 둘러싸고 있는 상태라고 말할 수도 있습니다. 방어기제defense mechanism란 심리 불안이나 불안정을 심리적으로 처리하여 자신을 안전하게 보호하는 심리 기술들이며 의식적으로만 아니라 무의식적으로도 동원이 됩니다. 지속인자는 영어로 perpetuant인데요, 영구적이란 뜻입니다. 영구적이라고 하면 앞으로 전혀 달라질 기미가 없다는 뉘앙스로 받아들일 소지가 있는데 그런 극단적인 뜻은 아닙니다. 지속인자는 환경, 상황, 관계에 따라 앞으로 어떤 악화 및 개선의 여지가 있는지를 기록하는 부분입니다. 미래를 예견하는 지표가 되겠지요.

이 중 기본 취약인자와 패턴 부분은 생물(신체), 심리, 사회로 세분하여 씁니다. 이는 다각도로 문제를 분석하고 포괄적으로 문제에 접근하려는 의도가 담겨 있습니다. 한번 구분하여 써 볼까요?

기본 취약인자를 써 봅시다. 생물학적, 즉 신체적인 것으로는 저체중아로 태어난 것, 허약한 것을 열거할 수 있는데 확실하지는 않지만 이를 통해 결함이 있겠다 싶은 것이지요. 또 어머니의 우울증을 들 수 있습니다. 어머니의 우울증은 내담자에게 유전적인 영향을 줄 수 있고 정서적 양육의 부족을 초래할 수도 있지요. 아이가 순했는지 까다로운지, 즉 기질temperament도 생물학적 요인에 써 줍니다. 어떤 기질이 좋은가요? 이런 질문은 어리석은 질문입니다. 어떤 기질이 더 좋다 나쁘다할 수는 없습니다. 부모가 아이에 대한 관심이 적은 경우인데 아이가 순하면 부모가 소홀히 할 가능성이 높아집니다. 관심 적은 부모라면 차라리 아이가 까다로워야 반응을 보이게 될 것입니다. 심리적 요인은 무엇이 있습니까? 어릴 때 어머니와 분리된 경험을 한 것이 속하겠지요. 분리된 경험은 심리적 요인과 사회적 요인에 모두 해당됩니다. 분리된 상황 자체는 사회적 요인이고 그로 인해 환자가 갖게 되는 감정 상태 및 방어, 반응, 이후로의 심리적 변화 등은 심리적인 요인에 들어가게 됩니다. 사회적인 요인으로는 아버지, 어머니, 형제 등 내담자와 주변인과의 관계를 쓰는 것을 말합니다. 아버지가 주정뱅이다, 아버지의 외도로 부모가 늘 싸우는 것을 보고 자랐다, 이런 외적인 요인을 쓰게 됩니다.

패턴 부분 중 생물학적 특이 사항은 없지요? 뇌전증(간질)이나 기타 신체 질환이 정신질환에 상당한 영향을 주는 경우 패턴의 생물학적인 부분에 이런 사항을 기록하는 것이 좋겠습니다. 심리적으로는 의기소침하고 예민하다는 것을 적게 되지요. 자주 쓰는 방어기제는 심리적인 부분에 기록합니다. 가령 억제suppression를 잘한다든지 투사projection를 잘한다든지 할 때 여기에 기록합니다. 대인관계 부분은 사회적인 부분에 씁니다. 대인관계 요소로는 고등학교 때 친구들에게 몰두하는 것과 관련하여 적극적으로 어울리지 않으면 안 된다는 압박을 받는다는 내용을 쓰면 될 것 같네요.

지속인자를 생각해봅시다. 병의 경과에 있어서 앞으로 영향을 줄 만한 요인은 무엇이 있나요? 다른 친구들은 취직을 하거나 대학에 진학했지만 자신은 학원에 다니고 있지요. 그렇다면 환자의 학력이나 학업적 성취가 그러한 요인이 되겠습니다. 현재 그리고 이후 아버지의 알코올 문제나 부모님의 갈등, 그리고 경제적 여건도 지속인자에 해당될 것입니다.

생물심리사회적 모델은 지금까지의 확인된 내용을 가지고 환자를 이런 식으로 설명합니다. "이 사람은 본래 이러이러한 취약성(기본 취약인자)을 갖고 있는데 이를 이러이러한 식으로 방어하며 지내 오다가(패턴) 최근 이러이러한 상황(유발인자)에서 이런 문제(주요 문제)로 발병이 되었고 앞으로 이러이러한 문제(지속인자)가 있을 것이기 때문에 이렇게 해야 한다(치료 계획)."

증상의 시작

발병 초입에 어떤 증상이 나타났습니까? 혼자 밤길을 다니다가 어딘가로 끌려갈지도 모른다는 공포가 생겼고, 그 공포는 밤낮없이 이어졌습니다. 심지어 자신의 어머니가 친어머니가 아니라는 생각이 들 때는 환청이 들렸고 죽은 엄마가 따로 있다는 생각에 미치게 되었으며 환청이 선명하게 들려오는 일련의 과정이 진행되었습니다. 환청이 선명하게 들리는 기간과 방에서 나오지 않은 기간이 일치하는 것으로 보아 방에서 나오지 않은 이유를 짐작할 수 있습니다. 학원을 가지 않는 이유가 분명히 나와 있나요? 섬뜩한 느낌의 침묵이 어떻게 이 내담자를 힘들게 했는지 아직 정확히는 모르겠지만 감은 오지요? 혼자 밤길을 걸어갈 때 드는 공포도 확인해야겠지요. 여러 정보를 종합하여 증상, 예를 들어 자신의 어머니가 친어머니가 아닐 거라는 생각을 일으키는 열쇠를 발견해야 합니다. 제2강의 '기록하기'에서 제시된 양식 중 현재 이력 항목을 떠올려보세요. 그 부분이 증상의 시작을 이해하기 위해 중요합니다.

증상이 시작되는 당시에는 유발인자가 좀 더 분명하지만 증상 발현 후 시간이 경과될 수록 문제의 본질을 파악하기 어려워집니다. 다른 요인들이 섞이면서 유발인자가 무엇인지 불분명해지기 때문입니다. 그러므로 병리 환자를 이해하기 위해서는 우선 증상이 시작된 시기를 살피고 그때 어떤 환경이나 내적인 고민 및 생각이 있었는지 그리고 그것으로 어떻게 조금씩 변해 갔는지를 자세히 들어 봐야 합니다. 그러면서 열쇠에 해당하는 유발인자를 잘 살펴보고 이와 짝이 맞는 과거의 취약성이 무엇인지 거슬러 올라가 살펴보아야 합니다. 사례에서 만약 내담자에게 기본 취약인자가 없었다면 이런 어려움, 즉 유발인자에 해당되는 상황에서 며칠 집에서 고민할 수는 있겠지만 스스로 회복되어 다시 방에서 나올 수 있을 것입니다. 하지만 내담자에게는 기본 취약인자가 있었기 때문에 결국 발병을 하게 된 것입니다. 비록 기본 취약인자가 있더라도 이런 어려운 상황의 초기에 자신의 어려움을 말로 표현하여 문제를 드러낼 수만 있었다면, 혹은 본인은 표현을 못해도 가족이나 다른 사람이 내담자의 어려운 상황을 눈치채고 쉽게 해 주거나 병원에 갈 수 있게 도와주었다면 빨리 문제를 해결했겠죠. 즉 개인의 기본 취약인자와 유발인자, 그리고 사회 환경 요인과의 조화에 따라 병이 사전에 예방되거나 조기에 치료될 수 있습니다.

병리 환자를 돕는 원칙

증상의 시작에서 먼저 파악하게 되는 부분은 유발인자 부분입니다. 상담자들 중에는 과거를 다루다 보니 현재를 등한시하는 경우가 있습니다. 자물쇠-열쇠 기전으로 설명하자면 자물쇠를 뜯어고치는 것은 매우 오랜 시간을 요하는 작업입니다. 그래서 우리가 먼저 해야 할 작업은 열쇠를 빼고 자물쇠가 닫혀 있는 상태에서 열쇠가 들어올 요소를 다소 변경시켜 다시 자물쇠가 열리는 것을 막는 것입니다. 다시 말하면 유발인자에 해당하는 스트레스 환경을 바꾸어 주어 내담자가 일단 급한 불을 끄고 숨을 돌리고 조금이라도 여유를 갖도록 돕는 것을 말합니다. 지금 시점에서 내담자가 스스로 열쇠를 뺄 수는 없으므로 이러한 작업은 상담자가 좀 더 주도적으로 해야 하며, 자물쇠를 바꾸는 것은 나중에 본인도 동참하여 서서히 하게 됩니다.

그런데 유발인자를 파악하기 전이라도 우리가 유념해야 할 것이 있습니다. 환자는 현재 방 밖으로 안 나가면서 환경을 제어하고 있습니다. 비록 유발인자가 뭔지는 몰라도 방 밖으로 나가지 않는 현상, 즉 '증상' 자체가 환자에게 어떤 도움이 필요한지를 짐작하게 해줍니다. 환자는 증상을 통해 환경의 스트레스를 제어하고 있습니다. 증상은 혼란에 빠진 내담자가 자신을 그나마 안정시키기 위해서 마련한 결과물이라는 말입니다. 그래서 증상을 가리켜 '타협 형성compromise formation'이라고 부릅니다. 증상으로 새로운 균형을 잡고 그나마 어설픈 안정을 취하고 있다는 것이지요. 그런 상황에서 증상을 무조건 없애면 어떻게 될까요? 그것은 그나마 유지한 균형을 흔들어서 문제가 더 심각해질 수 있습니다. 증상은 건전한 대체물을 통해 점진적으로 없애야 합니다. 증상을 나쁜 것으로만 볼 것이 아니라 증상의 특성을 이해하고 증상이 제공하는 나름의 타협 기능을 다른 건전한 것으로 대체

하는 작업이 이루어져야 합니다.

병리 환자를 돕는 원칙을 신체적, 심리적, 사회적, 영적으로 나누어서 생각해 보겠습니다. 병리 환자를 도울 때 이 모든 측면을 고려해야 합니다.

신체적 접근

앞의 사례를 돕는 법을 논의해 봅시다. 내담자의 신체적인 건강을 돕기 위해서는 어떻게 해야 됩니까? 세 끼 밥 잘 먹고 잠 잘 자고 적절한 운동과 산책을 하고 좋은 음악을 듣는 것도 중요하지만, 그것만으로 증상이 없어지진 않지요? 증상을 해결하기 위해선 약물치료를 해야 합니다. 정신건강 약물치료는 신체적 접근에 속합니다. 약물치료는 신체의 생활 리듬을 정상화시키고 내적 휴식을 제공합니다. 약물치료에 관해서는 뒷부분에서 다시 설명을 드리겠습니다.

신체적 접근 중에는 정신건강의학과 치료가 있지요. 정신건강의학과 치료는 외래 치료와 입원 치료로 나뉘는데, 외래는 병원 및 의원에 찾아가 진료를 받고 약을 처방받는 방식입니다. 병원에서 심리상담을 같이 하는 경우도 있지만 일반적으로는 진료 시간이 길지 않아서 병원에서는 약물치료 위주로 하고 상담은 상담 기관에서 별도로 병행하는 편입니다. 외형적인 증상을 위주로 다룰 때에는 정신건강의학과 진료도 다른 내·외과 진료와 비슷하게 치료자가 환자를 관찰하고 진단하고 처방하므로 진료 시간이 길 필요가 없습니다. 입원 치료는 크게 두 가지 이유로 하게 됩니다. 첫째는 증상으로 인해 통제가 어려운 환자를 보호하기 위해서입니다. 둘째는 단기간에 과량의 약물을 사용하기 위해서입니다. 입원을 하면 우선 정신건강 이외의 다른 문제가 없는지를 검사하고 증상 조절을 위해 약물치료를 시작합니다. 의료진이 상주하는 입원실에 있게 되므로 부작용을 바로 확인하고 교정할 수 있어서 약물 조정을 신속히 해나갈 수 있습니다. 증상이 심한 환자는 때에 따라 약으로 휘청거릴 정도의 많은 양이 필요할 수 있는데 입원치료 환경에서는 수시로 관찰하여 위험을 검토하기 때문에 충분히 가능합니다. 정신건강의학과 입원실은 일반적으로 폐쇄 병동이지만 반개방 병동이나 일반 병동인 경우도 있습니다. 일반 병동이란 우리가 병원 입원실에서 보는 것처럼 외부인의 출입이 자유로운 병동을 말합니다. 폐쇄 병동은 환자와 의료진만 있는 병동으로서 중환자실도 이에 속합니다. 폐쇄 병동은 보호자라도 출입이 자유롭지 못하고 면회가 허락된 경우에만 출입할 수 있습니다. 폐쇄 병동이 주는 장점은 치료진들의 24시간 집중 관찰 및 보호가 용이하고, 외부로부터의 오염을 적절히 차단할 수 있다는 점입니다. 중환자실은 감염의 우려를 막는 것이고 정신건강의학과 폐쇄 병동은 사람들과의 교류로 발생할 수 있는 심리적 오염을 최소화하는 것입니다. 종합병원의 경우 전공의 수련생이 있으며, 전공의는 신환진단 회의, 팀접근 회의, 사례 토의, 회진 등을 통해 주치의 및 다른 의료진들과 환자에 대해 논의합니다.

심리적 접근

내담자의 심리적 건강을 돕기 위해서 치료자는 상담을 통해 내담자에게 심리역동을 이해시키고 대응 전략을 지도하게 됩니다. 앞의 사례의 경우라면 외로움과 거절이라는 주제를 집중적으로 다루게 될 것입니다. 일반적으로 증상이 심하거나 급성인 경우에는 상담이 통하지 않습니다. 증상으로 인해 정상적인 의사소통이 어려워져 치료자의 말이 내담자에게 치료적인 영향력을 주는 데 한계가 있기 때문입니다. 상담은 치료에 중요한 요소이지만 모든 치료에 우선하는 것은 아니며 약물치료 등으로 어느 정도의 교류 관계가 회복되면 비로소 심리적인 접근을 진행하기도 합니다.

개인 상담은 치료자와 환자가 1대 1로 돕는 것을 말합니다. 상담에 대해서는 여러분이 각자 배운 상담 태도와 기법을 생각하면 되겠지만 병리 환자를 대상으로 할 때 특별히 강조하고 싶은 부분은 **현실 상황**real situation에 기반을 둔 상담을 우선하라는 것입니다. 다시 말해 유발인자를 중심으로 한 상담을 말합니다. 앞 사례의 경우 과거 몇 년 전이 아니라 최근에 어떤 일이 있었는지 주목하면 자연스레 학원에 다니게 된 이유를 주목하게 됩니다. 왜 학원을 다니게 되었을까요? 뭔가 문제를 해결하거나 나아지기 위해서일 겁니다. 그런데 디딤돌이 아니라 걸림돌이 되어 넘어졌습니다. 이 부분을 주목해야 합니다. 면담은 기대와 현실이라는 표면에서부터 내적 욕구와 좌절이라는 심층적인 내용으로 나아갑니다. 어린 시절을 다루는 것은 지금의 병리 문제가 다소 완화된 다음에야 할 수 있습니다. 사례에서는 어머니 목소리의 환청을 다루는 것이 먼저이고 과거 어머니와의 관계에 대해서 다루는 것은 그다음입니다. 다시 학원 시점으로 돌아갑시다. 내담자는 나름의 생활 패턴이 있었는데 어떤 문제, 즉 유발인자로 인해 평소와 다른 증상이 일어난 것입니다. 여기서 나름의 생활 패턴은 경향trait이고 증상이 있는 경우는 상태state 지요. 증상의 상태에 치료 인자가 작용하면 좋아지지만 본래의 패턴, 즉 자기의 경향만큼 좋아지는 것입니다. 그런데 자신의 일반적인 경향을 특정한 병적 상태로 만든 것이 뭘까요? 달리 말하면 3년 전과 올해는 무슨 차이가 있어서 왜 3년 전에는 발병을 안 하고 올해는 발병을 하는 것일까요? 최근의 어떤 일은 과거의 여러 스트레스에 비해 병을 일으킬 만큼 심리적으로 부담이 더 된 이유가 뭘까요? 이는 이미 스트레스 취약성 모델에서 말씀드렸는데, 이번 일이 취약성에 잘 맞아떨어지는 무언가가 있기 때문에 예전의 다른 스트레스와 비교해서 질적으로 월등한 자극이 되는 것입니다. 그러므로 최근의 상황에서 유발인자가 어떤 특성인지를 잘 찾는 치료자가 바로 훌륭한 치료자인 것입니다. 이것이 현실 상황에 기반을 둔 치료입니다. 이후 상태가 나아져 내담자가 본래 자기 경향으로 되돌아오면 그때부터는 그 경향 속에 담겨진 취약성을 조절하는, 즉 자물쇠를 바꾸는 작업을 할 수 있습니다.

대인관계 측면은 심리·사회적 접근과 연결되어 있습니다. 이 환자는 혼자 두지 않는 것과 앞으로 어머니와 친구들과의 관계를 어떻게 가져야 할지 상담할 필요가 있습니다. 치료자와의 상담 관계는 다른 대인관계의 모델이 되므로 치료자와 좋은 관계를 맺는 것이 다른 사람들과 좋은 관계를 맺는 초석이 됩니다.

대인관계 측면과 함께 생각해볼 만한 것은 팀 접근입니다. 치료자가 한 사람이 아니라 여러 명이 한 팀이 되는 것입니다. 입원치료의 치료진이나 교회 공동체의 도움은 팀 접근이라고 할 수 있습니다. 치료자와의 일대일 관계에서 치료가 이루어지지만 이것으로 충분하지는 않습니다. 회복에는 치료자와 환자 이외의 제3자가 반드시 연관되어 있으므로 주변 사람과의 관계를 통해서 문제를 새롭게 바라보고 치료적인 목표도 이에 따라 고려할 수 있어야 합니다. 팀 접근이 더더욱 중요한 병리 환자들이 있는데, 어떤 병리 환자는 자기의 이익을 위해 사람들 사이의 관계를 이용합니다. 조증 상태manic state에 있는 환자는 주변 사람들 편을 갈라 이간질시키고 서로 적대적으로 만드는 양상을 보이기도 합니다. 예를 들어 환자는 치료자와 보호자 사이를 이간질시킬 수 있습니다. 선생님한테는 "선생님은 너무 좋은데 우리 엄마는 나를 괴롭힌다."고 말하고, 엄마한테는 "치료자가 나를 이용해 먹는다. 엄마가 나를 대변해 주지 않으면 나는 치료자에게 놀아난다."고 말합니다. 그러면 어머니와 상담자 사이에 갈등이 생기게 됩니다. 그런 와중에 치료자가 보호자에게 "치료비가 더 들겠네요."라고 말하면 보호자는 역시 돈만 밝힌다고 생각하고, 보호자가 "우리 애가 그렇게까지 치료를 받아야 합니까?"라고 말하면 치료자는 역시 보호자는 자식의 치료에 관심이 없다고 생각하고, 이렇게 알력이 커가는 중에 환자는 어머니와 치료자 둘 다 자신에게 유리한 쪽으로 조종합니다. 비슷한 식으로 환자는 입원실에서 간호사와 의사 사이의 갈등을 부추길 수 있습니다. 환자는 간호사에게 "당신은 의사만큼의 충분한 능력이 있는데 간호사라는 자격 때문에 의사에게 구박받는 것 아니냐?"며 간호사의 지위에 대한 평소의 불만들을 부추기고, 의사에게는 "그 간호사가 좀 버릇없지 않느냐?"고 말합니다. 나중에 의사가 간호사에게 "그 환자 어떤 것 같습니까?"라고 물으면 간호사가 "멀쩡한데요."라고 대답하고, 의사는 "어떻게 그걸 멀쩡하다고 할 수 있습니까?"라고 하면서 간호사를 면박 주고 간호사는 발끈하여 속으로 씩씩거리고 그럴 수 있습니다. 이는 조증 환자에게서 대표적이나 다른 환자에서도 나타날 수 있는 분열splitting이란 방어기제입니다. 이러한 경우 치료자와 보호자, 의사와 간호사가 서로 협력하여 공동 전선으로 노력한다면 환자의 잘못된 방어에 휘말리지 않게 될 것이며, 방어를 통해 감추는 환자의 취약성이 무엇인지 탐구할 기회를 얻게 됩니다. 그러므로 서로 다툴 것이 아니라 팀 접근으로 서로 충분히 의사소통하게 되면 환자의 문제 및 대인관계 패턴을 보다 잘 이해하고 더 효과적인 치료를 할 수 있습니다.

사회적 접근

정신건강을 유지하기 위해선 여러 환경을 적절하게 조정하는 것이 중요합니다.

하지만 바꿀 수 없는 환경도 있지요. 앞의 사례의 경우 발병을 한 이유 중 하나가 학원에 적응을 못한 것이니 환자가 학원에 적응할 수 있도록 도와주는 게 현실적일 것입니다. 구체적으로 환자로 하여금 다른 학원의 분위기나 환경을 알아보게 하고 시간 관리 혹은 공부 방법을 탐색하여 효율적인 대안을 세웁니다.

개인적 차원의 접근을 위주로 하는 정신건강 전문가가 스스로 해결할 수 없는 사회적 접근은 주변의 협력관계를 통해 이루어집니다. 따라서 복지관, 교회, 학교, 공공기관 등의 실무 책임자와 네트워크(협력 체계)를 맺는 것이 필요합니다. 사회적 접근에서는 인권 문제와 경제 문제가 자주 언급됩니다. 예전에 비해 주위에 도움을 요청할 사회적 지지기반이 우리나라에서도 많이 생겨나고 있어서 다행스러운 일입니다. 치료를 위한 조직 체계도 사회적인 접근이라고 볼 수 있지요. 만성 정신질환자들에게는 사회에 적응할 수 있는 심리적 재활 프로그램과 함께 자신들도 공동체에 속해 있다는 소속감을 갖는 것이 필요한데, 이를 위해 낮병원day hospital, day care 프로그램을 복지관, 보건소, 병원 등에서 진행하기도 합니다. 이는 직장처럼 낮에 와서 심리 재활 프로그램을 하고 귀가하는 방식을 말합니다. 인터넷 동호회처럼 모이는 자활 모임도 있지요. 치료자와 환자가 동등한 지위 및 자격으로 공동체를 구성하는 클럽 하우스club house 방식도 있습니다.

영적 접근

영적인 건강을 돕기 위해서는 어떻게 할까요? 종교 활동이 영적 건강에 도움이 될 수 있지만 내담자의 상태에 따라 적절한 제한을 주는 것이 더 중요합니다. 환자의 몸 상태에 따라 미음과 죽과 밥으로 차별을 두는 것과 흡사합니다. 병원에 입원하면 활동에 제한을 받는 것처럼 잠시 집을 입원 병실처럼 생각하고 외출을 자제해야 할 때에는 종교 활동도 제한이 필요합니다. 병중에는 신앙에도 왜곡이 생길 수 있습니다. 예를 들어 예수님에 대한 이미지가 평소처럼 객관적이지 못하고 병적인 흐름에 맞추어 편향된 이미지를 가질 수 있습니다. 그때에는 친구인 예수, 지지자이신 예수, 언제나 함께하시는 예수님에 대해서 다시 생각해 보도록 하는 것이 중요합니다. 내담자의 심리 취약성을 고려하여 신앙 활동을 선별해 주는 것도 필요합니다. 어떤 교회는 조용한 교회, 어떤 교회는 열정적 교회라는 특성이 있는데 환자의 취약성에 따라 어느 쪽이 더 무난할지 안내해 줄 필요가 있습니다.

약물치료

약물치료는 정신건강의학과 의사에게 가장 중요한 치료 방식이지만 임상 심리상 담자를 비롯한 다른 치료자들도 이에 대한 이해가 필요하며 비록 자신이 약물 처방을 하지는 않더라도 약물치료에 대한 장단점을 잘 알아서 내담자의 약물치료를 도와주어야 합니다. 약의 특성과 치료 기전에 대해서 공부하되 약효로서만 아니라 또 하나의 심리적인 도구라는 생각도 가지셔야 합니다.

먼저 신앙과 정신건강 약물에 대한 관념을 점검해보겠습니다. 객관식 문제로 내 볼까요? 다음 중에서 많은 사람들이 "신앙에 의지해야지 무슨 소리냐?"며 복용에 동의하지 않는 것은 무엇입니까? ① 비타민 ② 보약 ③ 정신건강 약물 ④ 항암제. 정답은 3번이라고 해야겠지요? 그렇다면 이 보기를 통해 한번 생각해 봅시다. 일부 거부하는 사람들도 있긴 하지만 대부분 항암제 복용에 대해선 거부하지 않습니다. 비타민과 보약도 마찬가지입니다. 그렇다고 볼 때 기독교인에게 정신건강 약물치료는 비타민과 보약만도 못한 것이 됩니다. 일종의 혐오 취급을 받는 셈입니다. 이는 약에 대한 편견과 정신건강의학과에 대한 편견이 합쳐져서 일어난 것입니다. 모든 약에는 장단점이 있으며 일부 사람에게는 오히려 해가 되기도 합니다. 하지만 과학적인 검증 과정을 통해 허가된 약물을 적응증과 용법 및 용량에 맞춰 복용하면 비록 문제가 생기더라도 그에 따른 지침이 마련되어 있습니다. 정신의학은 의학적인 관점에서 뇌와 행동을 연구하는 학문입니다. 정신의학은 비록 한계가 있지만 그렇다고 미신 취급을 받아서 안 됩니다. 신앙에 의지해야 한다면서 정신건강의학과 치료 및 약물치료를 거부하는 사람들이 흔히 말하는 이른바 '신앙적인 방법' 중에는 누구나 인정하는 신앙의 덕목에 맞지 않거나 자신의 주관적인 판단에 전적으로 의존하는 경우가 있는데, 그들은 이러한 방법을 신앙 외의 어떤 것도 거부하는 성경적인 접근이라고 표방하지만 사실 더 큰 미신이라고 해야 할 것입니다. 과거 정신질환을 앓는 환자를 귀신들림으로 취급하며 막상 환자들에게는 비인간적인 대우 심지어 고문에 가까운 위해를 끼친 예가 많이 있습니다. 약물치료를 포함한 다양한 정신의학적 접근과 기독교의 영혼 돌봄이 적절하게 통합되어야 합니다.

신경전달물질에 대한 기본 이해

뇌는 부위마다 담당하는 기능이 다릅니다. 앞부분(전두엽)이 생각하고 행동하는 뇌입니다. 청각을 담당하는 중추는 옆 부분(측두엽)에, 시각을 담당하는 중추는 뒷부분(후두엽)에 있습니다. 그리고 안쪽 중앙 부분에는 이것들을 융합하는 곳이 있는데, 이곳에는 생각과 감정을 연합하는 **변연계**limbic system가 있습니다. 뇌에는 무수한 신경이 서로 연결되어 있고 각 신경가닥 사이는 아주 밀착되어 있으나 붙어 있지는 않습니다. 이런 두 신경세포 사이의 간극을 **연접**synapse이라고 부릅니다. 신경의 자극은 하나의 신경세포 안에서는 전기 자극으로 이어지는데, 연접에서는 한 신경세포에서 상대편 신경세포로 분비되는 화학물질에 의해 자극이 넘어갑니다. 릴레이 경주에서 한 선수가 다음 선수로 이어질 때에 바통을 넘겨주는 것

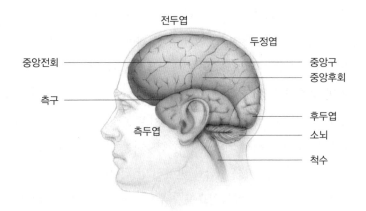

[그림 2] 뇌 모형도

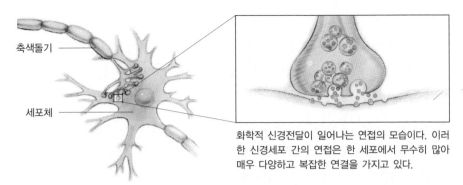

축색돌기

세포체

화학적 신경전달이 일어나는 연접의 모습이다. 이러한 신경세포 간의 연접은 한 세포에서 무수히 많아 매우 다양하고 복잡한 연결을 가지고 있다.

[그림 3] 신경계 모형도

과 흡사하지요. 연접에서 바통처럼 상대편 신경세포에게 넘겨주는 화학물질을 가리켜 **신경전달물질**neurotransmitter 이라고 합니다. 연접에서 상대편 신경세포에는 신경전달물질을 받는 구조가 있는데 이를 **수용체**receptor 라고 합니다. 수용체는 숫자가 고정된 게 아니라 신경세포에서 만들어 내고 분해하면서 숫자가 변동될 수 있습니다. 결과적으로 신경의 자극은 신경가닥 내의 전기자극 → 신경전달물질 → 수용체 → 다음 신경가닥으로 전달되어 신경끼리의 자극이 계속 전달됩니다. 이러한 자극 전달을 가리켜 신경전달체계라고 부릅니다. 대부분의 정신건강 약물들은 신경전달물질과 수용체 이 두 군데에 작용합니다. 초기에 정신건강 약물의 발견은 우연한 관찰에 의한 것이었습니다. 다른 용도로 특정 약물을 먹은 환자들이 차분해지는 것을 보고 이 약물을 정신건강의학과 환자들에게도 써 본 것입니다. 하지만 그 후로 정신건강 약물은 과학적인 개발 과정을 통해 특정 신경전달물질 혹은 특정 수용체에 작용하도록 발전되었습니다. 신경전달물질은 도파민, 세로토닌, 히스타민, 엔돌핀 등 종류가 아주 많습니다.

약물치료의 기전

항정신병 약물 : 도파민 관련 약물

정신건강의학과에서 거론되는 대표적인 신경전달물질은 **도파민**dopamine 입니다.

행복의 물질이라고 알려져 있으며 이 물질이 분비되면 뇌가 각성됩니다. 마약을 하면 도파민이 과다 분비되어 환각 증세가 나타납니다. 정신증의 경우에도 도파민의 과다 분비가 생깁니다. 항정신병 약물antipsychotics은 도파민의 수치를 줄여 줍니다. 도파민이 비정상적으로 높다는 것은 휴식이 없다는 것이며, 적절하게 약을 먹는다는 것은 정신적으로 쉼을 준다는 것입니다. 환청과 망상으로 힘들어하는 사람들을 아무리 편하게 쉬게 하더라도 도파민 수치가 낮아지지 않는다면 쉼이 될 수 없습니다. 이 경우 환자들이 제때 약을 먹고 좀 더 자신을 쉬게 해 주어야 합니다. 감기약은 기침을 멈추게 하고 열을 내려 주고 콧물을 줄여 주어 결국 몸을 좀 쉬게 해 주는 약이지요. 항정신병 약물도 작용하는 부위가 다를 뿐 개념은 비슷합니다. 흔히 오해하듯 약물이 오히려 정신을 흐리게 한다든지 몸에 축적된다든지 하지 않습니다.

항우울제 : 세로토닌, 노르에피네프린 관련 약물

정신건강의학과에서 두 번째로 많이 언급되는 신경전달물질은 세로토닌serotonin과 노르에피네프린norepinephrine으로서, 이들은 항우울제antidepressants와 관련되는 신경전달물질들입니다. 뇌에서 세로토닌과 노르에피네프린 수치가 감소하면 우울증에 걸립니다. 그래서 우울증 약들은 세로토닌과 노르에피네프린 수취를 올려 주는 역할을 합니다. 너무 올리면 반대로 기분이 과도하게 고양되고 폭력적이 될 수 있습니다. 즉 너무 낮거나 너무 높으면 충동성이 높아집니다. 그러니까 정상치로 유지되도록 해야 합니다. 대중매체에서 일부 우울증 약물이 자살 충동을 일으킨다는 보도를 접한 적이 있나요? 이는 세로토닌 상승 효과가 강해서 정상치 이상으로 조정될 가능성이 높아지다 보니 그렇습니다. 대개는 약 자체가 문제가 아니라 사용 연령대와 관련한 문제입니다. 즉 매체에서 보도된 약이 나쁘다는 것이 아니라 특정 연령대에서는 사용에 주의가 필요하다는 것입니다. 세로토닌과 노르에피네프린은 우울증, 충동성 외에도 불안 강박 등 다른 여러 정신적 부분에 관여합니다. 정신건강 약물은 특정 신경전달물질을 목표로 하는 것이며 약을 하나의 병에만 국한할 수 없습니다. 그러므로 항정신병 약물이라도 도파민 조절을 통해 도움을 받는 강박증, 우울증, 신경과민 등에 사용이 가능하며, 항우울제라도 세로토 닌과 노르에피네프린의 조절로 도움을 받는 강박증, 충동조절 장애, 식사 장애 등에 사용할 수 있는 것입니다. 약의 이러한 특성을 잘 모르는 사람들은 "왜 항정신병 약물을 우울증인 나에게 쓰느냐? 내가 미쳤냐?"고 할지 모르나 사실 약의 적응증은 약 이름보다 훨씬 넓다는 점을 감안해야 합니다.

항불안제 : 벤조다이아제핀계 약물

대표적인 항불안제anxiolytics는 벤조다이아제핀계benzodiazepine 약물입니다. 이 약물이 작용하는 곳은 뇌의 편도핵이라는 부분입니다. 편도핵amygdala은 어떤 사건이나 생각들이 느끼는 감정의 강도를 결정합니다. 이 부위가 불안정하면 계속 불안을 느끼게 되는데 이 약물을 쓰면 안정이 됩니다.

항조증약물 혹은 기분안정제

리튬lithium은 조증을 보이는 기분 장애 문제를 치료하는 데 쓰이는 대표적인 항조증약물antimanic drugs 또는 기분안정제mood stabilizers입니다. 조증이 생기는 과정에 대한 개념 중에 발화 효과kindling effect라는 것이 있습니다. 예를 들어 신경에 3 이상의 자극을 줘야만 반응이 나온다고 합시다. 그러면 3이 반응의 유무를 가르는 기준이 되며 이를 역치threshold라고 합니다. 역치 이하의 자극은 아무런 반응을 일으키지 않습니다. 그런데 역치 이하의 전기 자극을 꾸준히 주면 어느 한 번은 강한 반응이 나옵니다. 이러한 의외의 강한 반응을 가리켜 발화 효과라고 합니다. 소소한 자극이 계속 있으면 어느 순간 신경이 과도한 반응을 초래한다는 것입니다. 그러니 이러한 발화 효과가 나타나는 것을 막으려면 평소 꾸준히 일어나는 소소한 자극들의 영향을 줄여서 갑자기 큰 반응이 일어나지 않도록 해야 합니다. 리튬은 세포막을 안정화시켜서 소소한 자극을 막아주는 역할을 합니다. 리튬의 치료 작용에 대한 보다 복잡한 설명이 있는데 이 강의에선 이 정도만 말씀드리겠습니다.

약물의 치료 반응 및 부작용

대부분의 약물처럼 정신건강 약물은 먹을 때에만 작용하고 몸에서 약 기운이 빠져나가면 문제가 다시 나타납니다. 그러므로 약물치료와 함께 다른 여러 치료를 병행하는 것이 좋습니다. 감기약만 먹는다고 감기가 낫는 건 아니고 감기약을 먹는 동안 신체 상태가 좋아져서 면역력이 강화되어야 감기가 낫는 것이지요. 마찬가지로 정신질환은 약물치료를 하는 동안 심리치료나 재활치료와 같은 다른 치료가 병행되어야 합니다.

또 한 가지는 약물에 따라 치료 효과가 나타나는 시점이 다르다는 사실입니다. 어떤 약은 먹은 후 바로 효과가 나타납니다. 대부분의 항불안제는 그렇습니다. 어떤 약은 먹은 후 1, 2주가 지나야 비로소 본격적인 효과가 나타납니다. 항우울제나 항정신증 약물은 꾸준히 약을 먹어서 특정 기간이 되어야 약효를 제대로 알 수 있습니다. 왜 이런 차이가 날까요? 그것은 우리 몸의 생리적 기전 때문입니다. 어떤 약물에 대해서 몸은 바로 반응하고, 어떤 약물에 대해서는 1, 2주가 지나야 몸이 적응을 해서 그제야 효과가 나타납니다. 그러므로 약이 효과가 없거나 병이 심해서가 아니라 원래 약이 그렇게 효과가 늦게 나타나는 경우라면 환자가 이를 유념하게 해야 합니다.

정신건강 약물도 물론 부작용이 있습니다. **부작용** side effect이란 말은 나쁜 작용이란 뜻이 아니고 본래 원하는 목표의 약물 작용 이외의 모든 작용을 말합니다. 때로는 부작용이 도움이 되기도 합니다. 어떤 항우울제는 졸리는 부작용이 있는데 불면증을 동반한 우울증 환자에게는 이 부작용이 오히려 도움이 됩니다. 약물에 따라 부작용이 다르며 대개의 부작용은 약물의 용량을 조절하거나 다른 약으로 대치하여 해결할 수 있습니다. 그러므로 부작용 때문에 약 복용을 중단하는 일이 없도록 해야 합니다.

약물치료가 갖는 심리적 의미

대부분 정신건강 약물은 쉬게 하고 자극을 줄이는 데 그 목적이 있습니다. 하지만 약은 생물학적 영향을 주는 것 이상의 의미를 갖습니다. 같은 점심이라도 한 끼 해결하는 식사와 사랑하는 사람과 정을 나누는 식사가 같을 수는 없습니다. 마찬가지로 약은 약리학적 효과 이상의 심리적 의미를 가질 수 있는데, 대표적인 것이 약을 권유하거나 처방하는 사람과 약을 먹는 사람과의 관계 심리가 약에 투영되는 경우입니다. 이를 가리켜 약물의 심리적 의미라고 부를 수 있습니다. 여러분은 정신건강 약물 하면 어떤 생각들이 떠오르십니까? 그러한 생각들은 심리적인 의미를 갖습니다. 첫째는 약에 대한 불신입니다. "정신건강 약물은 심리적 문제를 해결할 수 없다.", "약을 먹게 되면 약의 노예가 되어 평생 먹어야 한다.", "약 먹으면 더 바보가 된다." 등등의 생각과 관련되어 있습니다. 둘째는 약에 대한 의존입니다. "약이 내 모든 것을 해결해 줄 것이다.", "약을 주는 선생님을 신봉한다.", "사람을 믿느니 차라리 약을 믿는다." 등의 생각과 관련됩니다.

약물의 심리적 의미가 변경되기도 합니다. 예를 들어 환자가 3개월간 약을 먹다가 환자가 "이제 그만 약을 끊으려고 합니다."라고 할 때 여러분은 어떻게 상담을 하겠습니까? 어떤 사람은 여기서 약의 생물학적 효과에만 집중하고 그 말의 심리적 의미를 같이 고려하지 못해 말의 핵심을 놓치게 됩니다. 환자의 이러한 표현은 약 없이도 살 수 있다는 독립의 의미일 수도 있고, 내가 오히려 나빠지고 싶다는

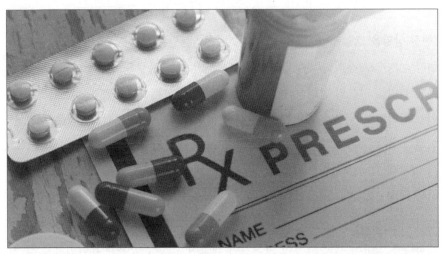

치료자는 약물이 단순히 치료제일 뿐 아니라 내담자의 심리적 표현의 도구가 될 수 있음을 염두에 두어야 합니다.

의미일 수도 있지요. 또는 약을 권하는 보호자에 대한 분노의 간접적 표현일 수도 있습니다. 치료자는 약물이 단순히 치료제일 뿐만 아니라 내담자의 심리적 표현의 도구가 될 수 있음을 염두에 두어야 합니다. 약을 거론하면서 내담자는 자신의 욕구와 기대와 감정을 드러냅니다. 여러분이 의사가 아니라면 본인이 처방하지도 않은 약을 가지고 굳이 약 먹어라 마라 권유하는 데 시간을 많이 들일 필요가 없습니다. 그보다는 내담자가 약에 대해 왜 저렇게 말하는지, 혹시 그것이 약 자체보다는 내담자의 어떤 생각이나 느낌을 말하려는 것은 아닌지 고려하면서 질문하고 탐색하여 내담자가 표면적으로 약에 대해 말한 것 이면에 있는 다른 부분을 채워줄 수 있어야 하겠습니다. 이를 위해선 이 말을 꺼내는 시점에서 어떤 요인이 있는지를 보아야 합니다. 가령 환자가 혼자 살다가 최근에 부모님의 집에서 지내게 되었다고 한다면, 그러한 변화가 약을 안 먹겠다는 그의 결심과 어떤 관련이 있는지 검토해야 합니다. 상담자는 내담자 주변의 무엇이 어떤 영향을 주는지를 파악하고 그에 따라 적절하게 도와주어야 합니다.

심리역동의 중요성

"현실 상황을 그렇게 중요시하면 심리역동은 왜 공부하느냐?"고 의아해하는 분을 위한 설명으로 강의를 마무리하겠습니다. 심리역동은 겉으로 드러나는 심리적인 문제 원인을 인간의 심층심리에서 찾는 것이며 정신분석에서 태동된 이론입니다. 인간 심리의 가장 깊은 부분은 어린 시절에 형성되기 때문에 심리역동은 '현재'를 위해 '과거'를 다루는 이론으로 알려져 있습니다. 학자마다 심리역동 이론이 다르기 때문에 그 이론들을 비교하고 통합적인 개념을 정리해놓으면 도움이 됩니다. 이에 대해서는 제4강에서 다룰 것입니다. 앞으로 심리역동을 줄여서 역동이라고 쓰기도 할 것입니다.

하나를 알아야 둘을 알듯이 기본적인 취약인자를 잘 알아야 유발인자를 잘 알 수 있겠지요? 왜냐하면 유발인자는 취약성의 반복이기 때문이지요. 유발인자를 찾았다고 해도 기본 취약인자와 짝을 맞추어 보아야만 그것이 정말 유발인자인지 확증할 수 있습니다. 그러면 기본 취약인자는 어떻게 이해하느냐? 바로 심리역동의 개념으로 이해합니다.

앞의 사례에서도 학원에서 적응을 잘 못했다는 부분을 그의 전체적인 성장 배경과 역동 특성에서 고려하지 못하면 그 의미가 사실과 다르게 거론될 수 있습니다. 학원에 적응하지 못하는 이유를 추론하자면 공부를 못해서일 수도, 교실이 답답하거나 사람들과 잘 어울리지 못해서일 수도 있습니다. 그중 무엇이 핵심인지를 치료자의 선입견을 배제하고 적절하게 판단해야 합니다. 환자는 학생들이 아무도 서로 이야기하지 않고 각자 자기 공부에만 열중하다가 수업이 끝나면 뿔뿔이 흩어지는 학원 분위기, 밤길을 혼자 걸을 때 느꼈던 공포를 중요시 하였습니다. 이러한 점이 환자에게 유발인자로서 어떻게 그의 취약성을 건드리는지는 역동의 개념을 알아야 확실히 파악할 수 있습니다. 그런 의미에서 볼 때 역동 개념을 배우는 것은 기본이며 역동을 모르고 현재를 다루는 것은 어불성설입니다. 만약 역동 개념에 대해 선이해가 없다면 이 부분은 반드시 공부를 하셔야 합니다.

정신병리 강의 내용은 생물학적인 내용 위주라 역동과 크게 관계가 없다고 생각하실 수 있으나 병리 공부에 역동 개념의 선이해가 필요 없는 것은 아닙니다. 어떤 사람이 특정한 어떤 정신질환으로 규정이 되더라도 그가 그 병을 가지고 사회적으로 어떻게 적응하느냐를 다루려면 환자에 대한 역동 이해가 있어야 합니다. 증상이 경미하여 약물치료의 도움을 받을 필요가 없는 사람에게는 상담이 주된 치료방식이 되므로 역동 이해가 당연히 필요할 것이며, 약물치료로 호전이 잘 되지 않는 경우에도 그 문제를 짊어지고 치료에 임하는 최후의 보루가 바로 치료자-환자 관계, 즉 인간 대 인간의 교류이므로 이를 위해서는 역동 이해가 중요합니다.

역으로 정신병리 강의는 역동을 이해하는 데 도움을 줍니다. 여러분이 접하는 내담자를 정신병리 강의에서 배운 질환에서 유추하여 이해할 수 있습니다. 가령 조현병, 조현성 성격장애, 조현형 성격장애 환자의 특성을 알고 있으면 공상이나 자신의 세계에 주로 빠져 지내는 사람을 좀 더 쉽게 이해할 수 있습니다. 정신병리 지식이 그와 비슷한 내담자의 특성 및 역동을 이해하는 데 도움을 주는 것입니다.

아이의 발달에 따른 기억 수준의 차이는
자신의 어머니를 다르게 인식하게 하며,
이는 개인의 특성 형성에 영향을 줍니다.

병리 환자의 심리역동적 접근

이번 시간에는 심리역동에 대한 내용을 집중적으로 다루겠습니다. 역동에 관해서는 학파마다 학자마다 조금씩 다른 주장을 합니다. 이 시간에는 특정 학파 및 학자에 중점을 두는 것이 아니라 발달단계와 대상관계 개념을 위주로 하여 여러 이론들을 통합적으로 다룰 것입니다. 그리고 이를 정신병리 및 약물치료와도 연결할 것입니다. 이러한 종합적 개념은 충분히 확인되고 인정된 것은 아니고 제가 그동안의 임상 경험과 제가 아는 내용들을 종합하면서 개념화한 것입니다. 여러분에게도 도움이 되리라 생각하여 말씀드리지만 누구에게나 인정되는 것은 아니고 정신병리를 다루는 주된 이론도 아닙니다. 그러니 이 내용을 이해하여 누군가에게 말할 때 "누가 그런 말을 해?" 하고 비판적으로 나오면 꼬리를 내리시고 겸손하게 "뭐 그렇게 말하는 사람도 있더라." 하면서 넘어가시기 바랍니다.

지금부터 이야기하는 심리역동은 크게 셋으로 나뉩니다. 저는 각각을 1, 2, 3단계로 나누어 부르겠습니다. 우선은 단계를 구분하는 기준을 잘 이해하시기 바랍니다. 이러한 단계 개념을 통해 역동적인 접근에 도움이 되셨으면 합니다.

아동 발달단계의 구분

7세 분기점

아이들은 언제부터 자기 앞가림을 할까요? 전통적으로는 만 7세가 되어야 자기 앞가림을 한다고 생각했습니다. 중세시대 가톨릭에서는 만 7세가 되어야 세례를 주었고, 사회적으로는 노동을 시킬 뿐 아니라 심지어는 전쟁터에도 나갔다고 합니다. 교육의 필요성이 대두되면서 이 나이는 노동을 시작할 나이가 아닌 교육을 시작할 나이로 치환되었습니다. 지금의 초등학교 입학 나이와 동일합니다. 왜 만 7세인지 전문적인 설명은 못해도 누구나 "그 나이가 되어야 제 구실을 하잖아?" 라고 말할 수 있었던 것입니다. 인지발달이론가인 피아제Jean Piaget는 만 7세 전후를 조작을 할 수 있는지 없는지에 따라 구분했습니다. 조작operation이란 어떤 임무를 받으면 그 임무를 다소의 난관을 해결하면서 끝까지 진행하여 성취할 수 있는 역량을 말하니까, 즉 자기 앞가림을 한다는 말이 됩니다. 가장 쉬운 비유로는 심부름을 들 수 있습니다. 그 정도의 기능은 해야 인간 구실을 한다고 할 수 있지요.

그런데 심층심리학이 등장하면서 인간에 대한 이해에 커다란 변혁이 일어났습니다. 일반적으로 사람들은 아이가 만 7세가 되어서야 제구실을 하고 그때부터 하나하나 배워 간다고 여겼는데 심층심리학자들은 그 인식을 완전히 뒤집었습니다. 만 7세가 되면 이미 끝났다는 것입니다. 무엇이 끝났다는 걸까요? 그것은 바로 그 사람의 성향을 이루는 틀입니다. 사람은 만 7세 이후로도 계속 배워야 하지만 성향은 이미 완성이 되었으며 앞으로의 변형은 매우 미미하다는 것입니다. 이 개념에 가장 잘 어울리는 속담은 "세 살 버릇 여든까지 간다."입니다. 이 관점을 기준으로 하면 심리학자는 7세 이전과 동일하게 7세 이후에도 심리발달이 계속됨을 인정하는 학자와 인정하지 않는 학자로 나뉩니다. 이 시간 말씀드리는 개념은 후자에 해당하며 7세 이후는 7세 이전 특성의 반복적인 재현으로 봅니다.

7세 이전의 발달단계와 두 분기점

만 7세까지의 과정을 세분하는 면에서는 학자마다 구분하는 시기가 각각 다릅니다. 그래서 개념상 같은 것을 말하면서 해당 심리발달이 이루어지는 시기는 서로 다르게 말하기도 합니다. 그래도 많은 학자의 이론을 서로 겹쳐 보면 가장 눈에 띄는 두 분기점이 있습니다. 그 두 분기점을 기준으로 발달단계가 셋으로 나뉩니다. 첫 번째 분기점은 6~12개월(좀 더 정확히는 7~9개월), 두 번째 분기점은 2~3세

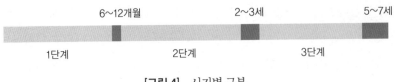

[그림 4] 시기별 구분

가 됩니다. 그다음 분기점은 5~7세인데 앞서 말씀드린 분기점입니다. 단순화한 다면 분기점을 1, 3, 5세로 외웁니다. 그에 따라 0~1세가 1단계, 1~3세가 2단계, 3~5세가 3단계가 됩니다. 외우기 쉽지요? 분기점은 오차 범주가 있어서 첫 번째 분기점은 6개월, 두 번째 분기점은 1년, 세 번째 분기점은 2년의 오차가 있습니다. 각각의 아이들마다 발달 수준이 다르다 보니 뒤로 갈수록 오차 범주가 넓어지는 것입니다.

이 세 단계에 대해 학자들의 언급을 살펴보겠습니다. 프로이트Sigmund Freud의 발달단계에서 구강기는 1단계, 항문기는 2단계, 남근기는 3단계에 해당합니다. 프로이트는 남근기 이후에도 잠재기와 성기기라는 발달단계를 명명했습니다. 프로이트는 정신성적psychosexual 발달에 따라 이렇게 시기를 나누었습니다. 에릭슨Erik Erikson의 발달단계도 살펴봅시다. 에릭슨의 발달단계와 프로이트의 발달단계는 시기적으로는 구강기, 항문기, 남근기, 잠재기가 일치합니다. 그리고 프로이트가 성기기라고 명한 시기를 네 가지 단계로 세분합니다. 그래서 전체적으로 8단계의 발달단계를 말합니다. 그의 발달이론을 정신사회적psychosocial 발달이라고 명하는데, 말 그대로 사회관계의 단계적 변화를 보여주는 것입니다. 에릭슨은 단계별 과제task에 관심을 가졌습니다. 과제를 숙달하는 경우와 그렇지 않은 경우에 따라 특정한 심리 주제가 나타납니다. 1단계는 기본적 신뢰 혹은 불신의 시기이고, 2단계는 자율성 혹은 수치의 시기이고, 3단계는 주도성 혹은 죄책감의 시기입니다. 피아제의 인지발달이론에서는 1단계를 감각운동기라고 칭하였고 2단계와 3단계는 구분 없이 하나의 단계로 보아서 전조작기, 즉 조작기의 전 단계라고 칭하였습니다. 말러Margaret Mahler는 인간발달의 핵심을 '분리-개별화 시기'로 보는데 이 시기는 6개월에서 만 2~3세까지의 시기이므로 2단계의 시기에 해당합니다.

분기점 전후로의 차이

이렇듯 많은 학자가 두 분기점을 기준으로 발달단계를 나누는 것은 그 분기점을 전후로 아이의 신체적·심리적 차이가 현격하게 나기 때문입니다. 어떤 변화들이 있기에 학자들이 그 변화들을 주목했을까요? 첫 번째 분기점을 지나 2단계에 접어들면 아이는 대소변을 가리지요. 대소변은 어떻게 해서 가릴 수 있나요? 항문 괄약근을 포함한 근육의 발달이 이루어져야 근육에 힘을 줘서 대소변을 참을 수도 있고 내보낼 수도 있는 것이지요. 이러한 근육 발달을 짐작할 수 있는 하나의 단서가 서서 걷는 것입니다. 그 정도의 근육 발달이면 대소변을 조절할 만한 근육 발달이 비슷하게 이루어졌다고 짐작할 수 있습니다. 그러므로 걸음마가 시작되면 대소변 가리기 훈련도 시작되는 것입니다. 심리 발달을 이해하는 데 이러한 신체 발달의 이해가 결부되어야 합니다. 가령 걷지도 못하는 아이를 성급하게 대소변 훈련을 시켰다고 합시다. 할 수도 없는 것을 시켰으니 아이는 당연히 서투를 수밖에 없고 어머니는 신경질을 부리겠지요. 그러한 교류가 아이의 심리적 특성에 영향을 주는 것입니다.

두 번째 분기점을 넘어 3단계로 넘어갈 때에는 어떤 변화가 있나요? 여자-남자 놀이와 같은 역할 놀이를 한다는 것이 하나의 예가 되지요. 흔히 "쪼그만 게 밝히네."라는 말을 듣는 나이입니다. 그런데 어떻게 해서 이런 변화가 생길까요? 성별에 대한 개념이 생겼다고 할 수 있고 여성과 남성의 차이에 대한 구분력(분별력)이 생겼다고 할 수도 있지요. 서로 다른 점을 구별하는 인지기능이 발달한 것입니다. 이는 남녀만이 아니라 부모, 형제 심지어 또래 사이에서도 무언가를 구별하는 인지가 적용됩니다. 어머니와 아버지를 구분하고 이성 부모에게 애정의 감정이 생기는데 이는 성인의 애정과는 좀 다릅니다. 프로이트는 이 시기인 남근기를 가리켜 오이디푸스 갈등의 시기라고 하는데 이것이 바로 아이와 어머니와 아버지 사이에서 갖는 삼각 구도의 미묘한 관계 갈등을 말합니다.

학자들은 분기점을 넘어서면서 달라지는 아동의 변화를 각자의 관점에서 설명했습니다. 프로이트는 성의 관점에서, 에릭슨은 사회관계의 관점에서, 피아제는 인지의 관점에서, 그리고 말러는 분리-개별화의 관점에서 설명했습니다. 이 시간 우리는 분기점을 구분하는 통합적인 관점인 '기억'의 관점에서 이 내용을 정리할 것입니다.

분기점 기준의 근거 : 기억

분기점을 넘어서면서 변화하는 요소 중 중요한 한 가지는 기억입니다. 기억memory 능력은 뇌의 활동 중 가장 대표적인 활동이면서 중추적인 기능입니다. 감정은 어디에 있을까요? 네, 기억에 있어요. 어떤 상황과 그 상황에서 느끼는 신체적인 반응이 연결되고 그것에 "기쁘다", "화가 난다", "슬프다"와 같은 용어를 붙여 기억으로 남기는 것이 바로 감정입니다. 정보에 대한 단순 암기도 기억이죠. 수영은 어떻게 하고 자전거는 어떻게 탑니까? 말로 설명하는 것보다 직접 보여주는 것이 쉽지요? 그러나 사실 이것도 몸에 배어 있는 기억입니다. 신체 움직임에 대한 기억이므로 언어로 표현하는 것보다 몸으로 표현하는 것이 익숙한 기억이지요. 타이핑을 하면서 눈으로는 TV를 볼 수 있는 것도 타이핑 방법의 기억이 있기 때문에 가능한 거죠. 그런 기억이 없으면 타이핑에만 집중할 수밖에 없습니다. 즉 기억은 뇌가 한 번에 소화할 수 있는 능력을 증가시킵니다. 그런데 분기점을 지나면서 기억은 분명한 차이가 생깁니다.

기억의 발달

간단히 그리고 다소 과장하여 설명하자면, 1단계는 기억이 없는 시기입니다. 첫 번째 분기점을 지나면서 기억은 생성되기 시작하고 두 번째 분기점을 지나기 전에 완성됩니다. 즉 2단계는 기억이 생성되어 완성되는 시기입니다. 3단계는 완성된 기억이 나타나는 시기입니다. 여러분은 가장 초기 기억이 언제입니까? 초등학교 전이 가물가물한 사람들이 흔합니다. 기억력이 아주 좋다고 해도 1세 이전을 기억하는 사람은 거의 없습니다. "내가 4개월 때 엄마가 젖을 빼서 섭섭했어요." 이렇게 말하는 사람은 보지 못했습니다. 왜 그렇죠? 1단계는 아직 신경세포가 기

[그림 5] 기억 발달

억을 저장할 수 있는 능력만큼 발달하지 않았기 때문입니다. 2단계와 3단계는 기억이 있는 단계인데 완성과 미완성의 차이가 있지요. 2단계를 인식 기억recognition memory의 시기라고 칭하고 3단계를 회상 기억recall memory의 시기라고 칭하겠습니다. 이를 쉽게 이해하기 위해 객관식 시험 문제와 주관식 시험 문제를 생각해보시기 바랍니다. 객관식은 보기가 있어서 완벽하게 외우지 않아도 보기를 보고 답을 고를 수 있지만 주관식은 보기가 없기 때문에 완벽하게 기억하지 못하면 답을 쓸수가 없습니다. 예를 들어 大韓民國(대한민국)이란 한자를 생각해 봅시다. 정확히 외우는 사람이라면 "대한민국을 한자로 써 보시오."라는 주관식 문제에 답을 쓸수 있겠지만 그렇지 않으면 답을 쓸 수 없습니다. 그래도 객관식 문제로 보기가 주어질 때 어떤 것이 대한민국에 맞는 한자인지 고를 수 있는 사람이 있습니다. 객관식 시험문제를 풀 수 있는 수준의 기억을 인식 기억이라고 하는데, 객관식 문제의 보기, 즉 단서cue를 인식하면 원래의 것과 같은지 대조 확인할 수는 있는 기억입니다. 주관식 시험문제를 풀 수 있는 기억을 회상 기억이라고 하는데, 단서가 없어도 회상할 수 있는 기억입니다. 정확히 말하면 외부에서 단서가 주어지지 않아도 마음속에서 기억을 촉진할 내부 단서가 스스로 제공되는 것입니다. 즉 단서가 없어도 된다는 말과 단서가 마음속에 있다는 말은 같은 말입니다.

첫 번째 분기점에서의 기억 변동과 그 증거

분기점에서 기억의 수준이 변화되었음을 알려 주는 증거로 전문용어 하나와 일반적인 현상 하나를 들어 설명하겠습니다. 인지발달학자인 피아제는 첫 번째 분기

대상영속성은 "물체는 내가 보지 않는 순간에도 계속 존재한다"는 개념입니다.

점을 넘어가는 시기에 **대상영속성**object permanence, object consistence이 생긴다고 했습니다. 이는 "물체는 내가 보지 않는 순간에도 계속 존재한다."는 개념입니다. 피아제는 간단한 실험으로 이 개념이 생기는지를 구분했습니다. 아이가 장난감을 쳐다보고 있으면 장난감 앞에 종이를 세워서 가립니다. 그러면 아이는 어떻게 할까요? 실험 결과 7~9개월 이전의 아이는 종이로 가려서 물건이 안 보이면 금방 다른 쪽으로 시선을 돌립니다. 물건이 안 보이면 그냥 안 보이는 것이 아니라 존재하지 않는 것으로 취급하는 거죠. 그런데 7~9개월 이후의 아이는 종이로 가리면 종이를 치우려고 합니다. 피아제는 그 행동을 보고 아이가 비로소 자기 눈에 보이지 않더라도 물체가 계속 존재한다는 개념을 터득했다고 본 것입니다. 비슷한 실험인데 공을 소파 밑으로 굴려 보면 7~9개월 이전의 아이들은 공이 소파 밑으로 들어가 안 보일 때까지는 공을 주목하지만 안 보이면 이내 다른 쪽으로 관심을 돌립니다. 하지만 7~9개월 이후의 아이들은 공이 안 보이면 소파 밑을 쳐다보기도 하고 심지어 공의 궤적을 예상하여 소파 뒤로 가서 공을 찾기도 합니다. 대상영속성의 개념이 생기면 비록 자기가 보지 않더라도 그 물체, 즉 대상이 나름대로 계속 존재해서 기존의 움직임에 따라 진행할 것이라고 생각할 수 있다는 것입니다. 자,

그럼 왜 7~9개월에 대상영속성이 생기는 걸까요? 아이에게 어떤 변화가 일어난 걸까요? 바로 기억이 생겼다는 것이지요.

첫 번째 분기점을 넘어가는 일반적인 현상으로는 낯가림을 들 수 있습니다. 낯가림stranger anxiety은 아이가 생소한 사람들을 보면 반기지 않고 긴장하거나 우는 것을 말하는데, 주된 양육자에게 집중하고 나머지 사람들은 거부하는 특징도 담겨 있습니다. 이는 익숙한 것은 인식하여 반기되 익숙하지 않은 것은 낯설어하고 경계하는 인지기능이 생성되었음을 의미합니다. 그런데 익숙한 것과 익숙하지 않은 것은 무엇으로 구분할까요? 이것도 마찬가지로 기억 때문에 가능한 것입니다.

두 번째 분기점에서의 기억 변동과 그 증거

자아심리학자이면서 발달이론가인 말러는 두 번째 분기점을 넘어가는 시기에 대상항상성이 생긴다고 했습니다. 앞서 언급한 피아제의 대상영속성과 한글도 영문도 비슷하고, 어떤 책에서는 두 개념을 혼동하거나 바꿔 쓰는 실수도 봅니다. 대상영속성과 대상항상성은 서로 다릅니다. 시기도 대상영속성은 7~9개월, 즉 첫 번째 분기점이고, 대상항상성은 2~3세, 즉 두 번째 분기점입니다. 대상항상성object constancy이란 '좋은 엄마와 나쁜 엄마가 하나의 엄마'라는 개념입니다. '좋음good'과 '나쁨bad'이 한 존재 안에 모두 있음을 터득하는 개념이지요. 그럼 그 전에는 엄마가 둘이란 말인가요? 네, 그렇습니다. 아이는 분리-개별화 시기를 거치면서 두 엄마를 하나의 엄마로 통합합니다. 2단계 시기는 그 작업을 진행하여 목표를 이루어 냅니다. 이것을 기억의 입장에서 말한다면 어떻게 말할 수 있을까요? 2단계의 시기는 기억이 완성을 향해 계속 발달하여 마침내 기억이 완성된다는 말입니다. 인식 기억 수준에서는 어렴풋한 어머니 이미지에서 좋은 엄마와 나쁜 엄마가 다른 엄마로 취급됩니다. 그런데 기억의 완성과 함께 이제는 하나의 어머니로 통합됩니다. 회상 기억 수준에서는 좋은 엄마와 나쁜 엄마를 둘이라고 할 수가 없습니다.

두 번째 분기점에서 주목할 만한 일반적인 현상은 이제 아이가 상당 시간을 엄마를 찾지 않고 '혼자 놀이'를 하며 보낼 수 있다는 점입니다. 그 전의 아이는 엄마가 어디 있는지를 계속 확인하기 때문에 혼자서 오래 시간을 보낼 수 없습니다. 그러다가 두 번째 분기점을 지나가면서 아이는 엄마를 찾지 않고 혼자 상당 시간을 놀 수 있습니다. 무엇이 달라진 걸까요? 이는 어머니가 마음속에 존재하고 있기 때문에 현실의 엄마를 찾지 않아도 버틸 수 있는 것입니다. 어떻게 해서 어머니가 마음속에 존재하게 되었을까요? 기억의 입장에서 설명하자면 어머니 이미지가 완성된 기억, 즉 회상 기억 수준으로 존재하여 언제나 충분히 떠올릴 수 있기 때문입니다. 이를 전문적인 표현으로는 어머니라는 **대상표상**object representation을 내면화한다internalize(내재화한다)고 말합니다.

발달단계에 따른 대상관계의 차이

이러한 기억 수준의 차이가 아이의 심리 성장에 어떤 영향을 줄까요? 아이의 신체적인 수준과 기억 수준이 다르면 양육자인 부모에 대한 인식 수준이 다르므로, 비록 같은 부모님과 지내는 것이라도 단계마다 경험하는 부모님은 각각 다르고 또한 교류 방식도 각각 다릅니다. 각 심리 단계의 역동 특성은 그 시기의 부모 인식 수준과 교류 방식에 따른 것이며, 각 단계의 특성은 이후 단계에서 사라지는 것이 아니라 평생 지속됩니다. 즉 1, 2, 3단계 각각의 교류 패턴이 평생 맞물려 인생을 지배하게 됩니다. 일반적으로 어머니라는 용어는 양육자라는 용어와 같은 뜻입니다. 실제 어머니가 아닐 때도 있지만 그래도 어머니 역할을 하는 셈이기 때문에 어머니라는 용어를 씁니다.

어머니상의 변화

1단계의 아이는 양육자와 어떤 교류를 할까요? 아이는 아직 기억이 형성되지 않은 단계이므로 어머니에 대한 기억이 있을 수 없습니다. 어떤 학자는 아이들이 태어나면서 바로 어머니를 분별할 수 있으며 어머니에게 각인된다고 설명하기도 하지만 있다 해도 매우 희미할 뿐입니다. 자기가 아닌 것에 대한 인식은 시작되지만 어머니라는 개념은 없으므로 외부 세상과 어머니가 구분 없이 하나로 존재한다고 말할 수 있습니다. 아이는 본능적으로 자기 욕구를 외부로 발산하고 그것이 성취되면 그것으로 만족하는 정도이며 그 만족을 누가 제공했는지까지는 관심을 갖지 못합니다.

2단계의 아이는 기억의 생성과 함께 익숙한 것과 익숙하지 않은 것을 구분합니다. 익숙한 것의 대표가 바로 어머니상입니다. 아이는 어머니와 어머니 아닌 낯선 대상을 구분하고 어머니에게 치중합니다. 아이는 대상관계에 이제 눈 뜨기 시작한 것이며, 다양한 대상을 추구하는 역량은 아직 없기 때문에 오로지 어머니 한 사람과의 관계에만 치중합니다. 그래서 외부 세상은 어머니와 어머니 아닌 것으로 나뉩니다. 어머니만큼은 아니나 그에 준하는 친밀함과 대면이 자주 이루어지는 대상이 있는데 이들은 어머니상으로 종속됩니다. 그래서 자주 접하는 아버지, 할아버지, 할머니는 아이 입장에서는 어머니 2, 어머니 3, 어머니 4로 고려됩니다. 아이의 기억이 인식 기억 수준이기 때문에 어머니상도 그에 준한 불완전한 기억입니다. 아이는 조금 놀다가도 어머니가 어디 있는지 자주 확인하며 어머니가 눈앞에 없으면 불안하고 다시 직접 봐야만 어머니가 있다고 인식합니다. 이 시기 아이와 어머니는 분리할 수가 없습니다. 불확실한 어머니상을 가리키는 표현으로 "어머니상이 통합되지 않았다"고 말하며, 선한good 어머니상과 악한bad 어머니상이라는 통합되지 않은 이분된 어머니상으로 부르기도 합니다.

3단계의 아이는 회상 기억 수준이기 때문에 어머니를 완전한 기억으로 자기 안에 담아둘 수 있습니다. 이를 가리켜 대상관계이론에서는 "통합된 어머니상을 내면화internalize하였다."고 말하며 말러의 분리-개별화 이론에서는 대상항상성이 생겼다고 말합니다. 분명한 어머니상이 자기 안에 있어서 어머니가 눈앞에 없어도 금방 불안해서 찾는 일이 없어집니다. 어머니와 분리가 가능해서 유치원에 보낼 수 있게 됩니다. 아이는 어머니에 대한 분명한 기억을 유지함과 동시에 외부 대상의 다양함을 구분할 수 있게 됩니다. 2단계에서 어머니 2, 어머니 3, 어머니 4였던 대상들을 3단계에서는 아버지, 할아버지, 할머니 등으로 구분하여 인식합니다. 다양성과 차이에 대해 관심과 흥미를 가지다보니 성별의 차이, 서열까지 고려할 수 있고 또래나 형제와의 경쟁심이 생겨납니다.

어머니 역할의 변화

1단계 기억이 없는 수준의 아이를 키우는 어머니는 극단적으로 비유하면 기억이 손상된 치매 환자를 돌보는 보호자와 같습니다. 치매 환자는 기억이 없어서 시간 개념이 상실되고 그저 하루하루 살아가기 때문에 보호자는 환자가 그때그때 즐겁게 지내도록 돕습니다. 그러면 기억에 남지는 않지만 신체적으로 심리적으로 안정적이면서 밝습니다. 1단계 아이도 그렇습니다. 엄마가 아이에게 잘해준다고 해서 아이가 커서 "엄마, 1개월 때 날 예뻐해줘서 고마워."라고 할 리는 없으며, 잘못해줘도 기억을 못합니다. 어차피 기억에 없을 테니 막 키워도 될까요? 기억에는 남지 않으나 흔적은 남습니다. 아이는 비록 말로 회상하지는 못하나 이 당시 양육자가 준 애정과 실수의 결과를 고스란히 몸과 마음에 흔적으로 간직하게 됩니다. 이 시기에 어머니가 해야 할 역할은 아이의 필요를 인식하고 제때 반응하는 것입니다. 아이는 오로지 자기 욕구에만 충실하나 어머니가 알아듣도록 제대로 표현하지는 못합니다. 게다가 욕구의 만족을 위한 인내심이 없습니다. 참는다는 것은 시간 개념이 필요한데 이는 기억이 있어야 가능하니까요. 그러므로 어머니는 아이의 움직임과 소리를 통해 아이의 필요가 무엇인지를 읽어내야 하고 가급적 즉각적인 반응을 해줘야 합니다. 아이에게 인내심을 키워 준다고 젖 달라고 보채는 아이를 그대로 두면 아이는 인내심이 키워지는 것이 아니라 기억 저편에 남겨질 공포와 불안을 경험할 뿐입니다.

아이가 변하면서 어머니도 달라집니다. 2단계가 되어 아이가 걷고 말하기 시작하면 어머니는 아이를 무조건적인 돌봄의 대상이 아닌 훈육의 대상으로 여기고 아이를 말로 가르치기 시작합니다. 크게 보면 어머니의 훈육은 '하라'와 '하지 말라'의 두 가지이고 어머니의 반응은 '잘했다'와 '못했다' 혹은 '했다'와 '안 했다'의 두 가지입니다. 이러한 양극의 지시와 반응이 아이에게 반복해 전달됩니다. 대표적인 예가 대소변 가리기입니다. 아이는 어머니가 시키는 대로 하다가 서서히 어머니의 방식을 자기 것으로 만듭니다. 이러한 훈육 과정에서 어머니에게 가장 필요한 덕목은 **일관성**consistence입니다. 어머니가 일관된 원리를 가지고 훈육할수록 잘함과 못함에 대한 어머니의 방식을 자기 것으로 만들기가 쉬워집니다. 2단계의 관계는 전형적인 상하관계입니다. 어머니가 위에 있어 아이를 훈련하는 것입니다.

　3단계가 되면 이 상하관계도 변합니다. 인식 기억이 회상 기억으로 바뀌면서 절대성은 다양성 속의 상대성으로 변화되며 어머니 또한 절대적인 양육자 위치에서 다양한 대상 중의 하나인 보다 평등한 위치로 조정됩니다. 아이는 이제 주변의 여러 대상과 다양한 교류를 하게 되는데 이때 어머니가 가져야 할 중요한 자세는 과도하게 개입하지 않고 한 발 물러서서 아이의 결정과 노력을 보고 이를 지지해 주고 칭찬해 주는 것입니다.

심리 과제의 변화

1단계 시기의 과제를 에릭슨은 **기본적 신뢰**basic trust 의 획득이라고 하였는데, 양육자가 아이를 무난하게 돌봐 주어서 아이가 세상과 사람에 대한 근원적인 믿음이 생긴다는 말입니다. 아이는 기본적인 신뢰감 속에서 자신과 환경에 대한 기본적인 안정감을 가집니다. 저는 이 개념을 **심리 경계영역**boundary 의 형성이라고 표현합니다. 1단계에서 개인의 기본 경계영역이 형성되어야 이어지는 2단계에서 어머니와 분리되고 개별화될 수 있습니다.

　2단계 시기의 과제를 에릭슨은 **자율성**autonomy 의 획득이라고 했습니다. 이것이 형성되지 못하면 **수치**shame 를 갖게 된다고 하였는데 이는 우리가 일반적으로 말하는 창피함이 아니라 자율성이 부여되지 못하여 타인의 지시를 계속 받아야 하는 상태를 의미합니다. 대상관계이론가들은 자율성과 수치를 **선**good과 **악**bad 의 통합으로 설명하기도 합니다. 자율성은 자신과 타인에 대한 선한 요소가 악한 요소보다 더 크게 자리 잡아서 자연스럽게 옳고 그름에 대한 판단 방식이 잘 세워진 것을 말하고, 반면 수치는 자신과 타인에 대한 악한 요소가 선한 요소를 압도하면서 좋은 것과 나쁜 것에 대한 판단 원칙이 제대로 형성되지 못한 것을 말합니다. 저는 이 개념을 **심리 통제**control 의 형성이라고 표현합니다. 자율성은 어머니로부터 자신에게 건강한 방식으로 통제 이양된 것이고, 수치는 통제의 권한이 여전히 어머니에게 있어 그 대리가 되는 다른 대상에 의해 자신이 항상 지배된다는 심리를 반영합니다.

3단계 시기의 과제를 에릭슨은 **주도성**initiativeness의 획득이라고 하였는데, 이는 다양한 외부 대상들 및 다양한 내부 요소들 사이에서 힘의 안배를 적절하게 하고 잘 처리해 내는 것을 말합니다. 저는 이 개념을 **심리 균형**balance의 형성이라고 표현합니다. 어느 한쪽에 치우쳐 불균형이 일어나면 아이는 이를 불안으로 감지하고 다양한 방어기제를 동원하여 재조정된 균형 상태를 만듭니다. 주도성이 형성되지 못하면 **죄책감**guilty을 갖게 되는데 이는 2단계의 수치 개념과 비교하여 그 뜻을 정확히 이해하는 것이 좋습니다. 수치는 자기 전체를 절대적으로 잘못된 것으로 평가하는 반면, 죄책감은 자기 안의 영역들을 구분하고 그중 특정 부분이 잘못되었다고 판단하되 절대적이 아닌 상대적인 정도 평가를 합니다.

발달단계에 따른 불안 수준과 정신병리의 차이

기억과 대상관계의 차이는 각 시기마다 독특한 특성이 있음을 보여줍니다. 각 단계에서 어떤 문제가 생기면 그 흔적은 평생을 갑니다. 초기 단계일수록 그 흔적을 수정하기가 어렵습니다. 다음에서는 정신질환들이 각 단계에 어떻게 위치하는지를 살펴보겠습니다.

1단계의 불안 수준과 정신병리

1단계의 불안은 자기 체계가 해체될 것 같은 느낌의 불안입니다. 이는 정신증적 불안이라고도 합니다. 코헛Heinz Kohut이 언급한 **붕괴 불안**disintegration anxiety이나 클라인Melanie Klein이 언급한 **편집-분열 위상**paranoid-schizoid position에 견주는 불안이라고 할 수 있습니다. 1단계는 기억이 없는 시기라고 했죠? 만약 누가 만취해서 집에 왔는데 다음 날 아침에 일어나 보니 눈에 멍이 들어 있고 지갑에 있던 돈과 신용카드가 없어졌다고 생각해 보세요. 이 사람은 만취한 덕에 필름이 끊겼으니까 아프지도 않고 고민도 없을까요? 그럴 리가 없겠죠. 오히려 기억이 나지 않으니 도대체 무슨 일이 있었는지 알 수 없어 더 불안하게 되지요. 1단계의 불안이 그와 같은 불안입니다. 1단계의 상처는 누구도 기억해 낼 수가 없습니다. 그 상처는 몸에 배어 있습니다. 그런데 커서 그 상처가 노출되면(제3강의 표현을 빌어서, 자물쇠가 열리면) 자기가 조각나고 해체되는 혼란과 불안을 느끼게 됩니다. 그런데 그 상처가 사실 무엇인지는 기억을 해낼 수가 없습니다. 1단계는 경계영역 형성의 단계이기 때문에 1단계의 문제는 경계영역이 흐려지거나 무너지는 양상으로 나아가며 이로 인해 투사의 방어를 동원하는 의심증, 조현병 등이 일어납니다. 때로는 정반대로 나아가 의존의 대상에 집착하면서 자기 해체를 대신하는데, 이로 인해 알코올 중독과 같은 다양한 의존과 중독이 나타납니다. 이러한 수준의 병리는 정신증psychosis, 즉 망상, 환각, 혹은 현실 검증력 장애를 보이는 정신병리입니다.

2단계의 불안 수준과 정신병리

2단계의 불안을 가리켜 대상상실 불안loss of object 혹은 유기 공포fear of abandon-ment 라고 합니다. 이 시기에 아이는 어머니에게 전적으로 몰두하고 엄마를 계속 찾는다고 했죠? 엄마가 없을 때 아이는 욕구를 충족하지 못하거나 외부 위험을 경험하면서 엄마가 없거나 떠나버리면 다시 그러한 일이 일어날 것이라는 분리 불안separation anxiety과 공포를 지니게 됩니다. 이러한 불안은 심리 통제의 과제와도 연결됩니다. 어머니가 떠나버리거나 아니면 자율성이 없이 어머니에게 지배를 당할 것이라는 양극단 사이의 혼란을 겪는데, 이를 가리켜 유기 공포와 흡수 공포fear of engulfment(어머니에게 잡아 먹혀 흡수될 것 같은 공포) 사이에서 갖는 양가감정ambivalence이라 합니다. 이러한 심리는 강박장애, 우울장애, 성격 장애, 식이 장애와 같은, 즉 2단계와 관련된 정신질환에서 공통적으로 등장합니다. 대인관계 문제가 쟁점이 되는 질환들이 대부분 2단계 관련 질환들인데, 2단계 시기 어머니와 아이와의 교류가 모든 대인관계의 기초이기 때문이지요. 2단계 병리는 1단계 정신증과 3단계 신경증의 중간인 경계borderline입니다. 여기서 말하는 경계는 경계성 성격장애보다 더 큰 영역인 2단계 전체를 지칭하는 용어이니 단어는 같아도 개념 차이에 혼동이 없기 바랍니다. 그리고 1단계의 심리 주제인 경계영역boundary과도 혼동이 없기 바랍니다. 영어로는 다른데 한글 번역이 같아서 혼동을 피하기 위해

1단계의 심리 주제 boundary는 경계영역으로, 2단계의 병리 borderline은 경계로 번역을 했습니다.

3단계의 불안 수준과 정신병리

3단계의 불안을 가리켜 애정상실 불안loss of love 혹은 거절 공포rejection fear라고 합니다. 프로이트가 언급한 거세 공포도 이 시기의 공포를 의미합니다. 이 시기 아이는 대상의 내면화 과정이 이미 이루어져서 어머니가 눈 앞에 없어도 별로 불안해하지 않습니다. 즉 대상상실 불안을 극복했습니다. 하지만 어머니가 어디에 있든 자신을 인정해 주지 않는다고 느끼면 불안을 느낍니다. 즉, 상대가 옆에 있어 주느냐에 초점이 있지 않고 상대가 어디 있든 나를 수용하고 인정하는지 혹은 거절하는지에 있습니다. 프로이트는 이 시기를 남근기라고 하였으며 이 시기의 불안을 거세 공포라고 불렀습니다.

[표 7] 각 발달단계의 특징

	1단계	2단계	3단계
기억 수준	기억 못하는 수준	인식 기억 수준	회상 기억 수준
어머니상	어머니상이 없고 자기 외부와 내부를 하나로 취급함	통합되지 않은 어머니상이지만 타인과 구분할 수 있음	통합된 어머니상을 내면화함
어머니의 역할	아이의 필요를 인식하고 제때 반응함	아이를 일관성 있게 훈육함	다양한 대상과 교류하도록 도움
에릭 에릭슨의 심리 과제	기본적 신뢰 아니면 불신	자율성 아니면 수치	주도성 아니면 죄책감
심리 주제	심리 경계영역	심리 통제	심리 균형
불안	붕괴 불안 편집-분열 위상	대상상실 불안 유기와 흡수 공포	애정상실 불안 거세 공포
정신병리	정신증	경계	신경증
결핍 vs 갈등	결핍	결핍	갈등

1단계와 2단계의 문제는 결핍deficit 혹은 결함defect이지만 3단계의 문제는 갈등conflict입니다. 1단계와 2단계 문제는 중대한 결함, 즉 밑 빠진 독처럼 구멍이 나 있는 것입니다. 그런데 기억이 회상 기억 수준으로 완성된 3단계에서는 이미 갖출 것은 갖추어서 결함은 없습니다. 그 대신, 3단계의 문제는 다양한 내적 요소들 간에 균형balance 혹은 평형equilibrium이 어긋나서 생깁니다. 이것이 바로 갈등입니다. 갈등은 힘의 균형을 다시 맞춰주기만 하면 되므로 문제 해결이 비교적 쉽습니다. 이 시기의 정신병리는 신경증neurosis이라고 부르는 증상들입니다. 누구나 가질 수 있을 법한 증상들인데 다만 양적으로 많아서 생활에 지장을 주는 것들입니다.

상담 현장에서의 역동적 접근

이번 시간 공부하는 내용의 핵심은 "정신병리 환자들이 왔을 때 어떻게 역동적으로 접근할까?"입니다. 환자가 어느 단계 문제를 나타내는지 봐야겠죠? 여러 정보를 통해서 각 단계를 제대로 숙달하였는지 평가해보는 것입니다. 발달단계에서 그리고 방어기제에서 고착fixation이라는 용어를 쓰는데, 이는 어느 시기에 머물러 있다는 뜻이죠. 고착은 그 사람의 인격 전체에 걸쳐 나타날 수도 있겠지만 대개는 어떤 측면이 특정 시기에 고착되어 있다고 보게 됩니다. 아무리 정신연령이 어려도 신체는 흔히 제 나이에 맞는 것처럼 고착이 있어도 심리적으로 전혀 자라지 않았다고 보기는 어려울 것입니다. 정신병리는 고착의 특성이 있어서, 각각의 병리마다 특정 시기에 상당히 집중되어 있습니다. 특정 시기에 문제가 있으면 이후의 시기에서 극복하려는 노력이 이어지지만 본질적인 치유라고 할 수는 없고 겉보기에 별 무리가 없도록 잘 포장하거나 감추는 정도일 것입니다. 제3강의 표현을 빌어서 말하자면, 자물쇠가 본질적으로 변하는 것은 아니고 다만 문제의 발현이 없도록 잠가둘 뿐입니다.

발달단계 및 취약성의 특성

발달단계는 **후성설**epigenetic theory입니다. 다시 말하면 발달단계는 첫 단계에 다음 단계를 얹어서 갑니다. 1단계가 부실하면 2단계도 당연히 부실하게 됩니다. 그래서 1, 2, 3단계를 계단식으로 도식화할 때가 많지요. 기초, 기둥과 지붕, 기타 장식 이렇게 비유를 할 수도 있겠습니다. 어느 단계에 핵심 문제가 있다고 말하면 그 이후 단계도 나름의 문제가 있다고 할 수 있습니다. 가령 2단계에 문제가 있다고 말하면 1단계는 그래도 무난히 숙달한 경우이고, 3단계는 문제가 있는 것입니다. 다만 병리는 가벼운 증상부터 심각한 증상까지 나타날 때 심각한 쪽에 무게를 두는 것처럼 2단계 문제와 3단계 문제가 모두 나타날 때 2단계 문제에 주목하게 되는 것입니다.

또 한 가지 중요한 특성은 분기점을 넘어가는 것이 큰 차이라는 것입니다. 두 번의 분기점은 그저 적당히 두 점을 찍어서 7세까지의 성장을 3등분한 것이 아닙니다. 각 분기점에서 아이는 심리적으로 급격하게 성장하는spurt 변화를 겪습니다. 신체적으로는 사춘기 전후 변화가 큰 편인데, 그런 면에서 보자면 사춘기는 신체적인 분기점인 셈입니다. 분기점 전후는 적당한 연장이 아니라 계단의 한 단계처럼 확연한 차이입니다. 이 차이는 '넘어설 수 없는 담' 혹은 '건널 수 없는 강'처럼 분기점 전후를 구분합니다. 이 원리가 역동과 정신병리에 그대로 적용됩니다. 취약성은 상황에 따라 심해지는 것이 아닙니다. 어느 단계에 취약한 사람은 그 단계에 고착되어 있는 것이지 상황이 어렵다고 하위 단계로 떨어지고 상황이 나아진다고 상위 단계로 올라가는 것이 아닙니다. 정신질환의 경우도 그렇습니다. 많은 사람들이 신경증이 심하면 성격 장애가 되고 그게 더 심해지면 정신증이 걸리는 것인 양 생각하는데 병은 그렇게 범주를 넘어서지 않습니다. 큰 충격을 받으면 정신증 같은 심한 병이 걸리고 약한 충격을 받으면 신경증 같은 가벼운 병이 걸린다고 생각하는 것도 잘못된 지식입니다. 병은 유발인자의 강도보다 취약성의 강도에 비례합니다. 1단계의 취약성이 있는 사람은 가벼운 유발인자에도 일단 취약성-유발인자 짝이 맞으면 정신증과 연관되는 병이 생깁니다. 반면 3단계의 취약성이 있는 사람은 아주 힘든 유발인자라도 신경증에 머물며, 상황이 아주 어려워서 대인관계의 심각한 문제나 정신증이 나타난다고 해도 상황이 조금이라도 나아지면 다시 신경증 수준으로 회복합니다. 그러므로 환자가 어느 단계의 취약성이 있는지를 이해하는 것이 병의 수준을 가늠하고 치료 방향을 설정하는 데 매우 유용합니다.

취약성의 탐구 방법 : 상담 현장의 활용

환자의 취약성이 어느 단계의 것인지를 이해하려면 어떻게 해야 할까요? 흔히는 환자에게 과거 이야기해보라고 한 다음 그 내용에서 정보를 얻어서 이해하려고 합니다. 하지만 비록 취약성이 과거에 생긴 것이라고 해도 반드시 과거를 통해서 아는 것은 아닙니다. 많은 환자들은 자기 어린 시절에 대한 기억이 별로 없거나 자기중심적인 혹은 조작된 기억을 갖고 있습니다. 그래서 취약성을 파악할 만큼의 정보 정확성이 떨어집니다. 환자의 취약성이 어느 단계인지를 파악하는 가장 효과적인 방법은 바로 상담의 현장에서 고스란히 똑같이 노출되는 내담자의 패턴과 생각의 흐름을 통해 이해하는 것입니다. 환자가 입원 중이라면 병실에서 지내는 활동을 통해서, 집단치료 중이라면 집단치료의 흐름이나 구성원에 대한 반응을 통해서 자신의 성향과 병리와 방어를 드러냅니다. 그때 치료자는 상담 현장에서 보여주는 이러한 성향, 병리, 방어가 얼마나 과거 취약성을 잘 증명해 주는지를 판별해야 합니다. 가급적이면 내담자에게 "아, 지금 이것은 어릴 적의 그것과 비슷하다."고 동의를 받을수록 좋습니다. 비슷하다는 건 뭔가요? 반복된다는 말과 같은 표현인데, 이를 전문적인 용어로 쓰면 반복강박repetition compulsion이라고 합니다. 재현reenactment(재연)이라고도 하는데, 과거의 어떤 갈등 상황이나 문제나 감정들을 비슷한 상황context 속에 놓고 그 안에서 비슷한 경험들을 다시 하는 것이죠. 그래서 상담 시 흔히 하게 되는 질문이 "지금의 이런 판단이나 행동이 과거 어떤 시점의 어떤 상황과 비슷한가?", "예전에도 그런 적이 있느냐?"입니다.

그런데 왜 다시 반복하죠? 두 가지 이유를 기억하시면 무난합니다. 첫째, 습관이라서 그렇습니다. 앞서 고착이란 용어를 말씀드렸는데, 취약성은 특정 단계에 고착되어 있는 상처를 의미합니다. 그러니 이 문제는 계속 똑같이 반복되는 것입니다. 둘째, 어떻게든 극복master(숙달)해 보려는 시도입니다. "이번에는 내가 쓰러지지 않아. 어디 한번 해보자." 그런 심정입니다. 하지만 취약성이 극복되지 않으면 똑같은 실수가 반복됩니다. 권투선수를 예로 들어 봅시다. 이 선수는 고질적으로 자기 턱을 잘 방어하지 못합니다. 1라운드 경기 후 상대방은 그 선수의 취약성을 알아챘고 턱을 집중적으로 공격했습니다. 선수는 많이 맞았습니다. 2라운드가 시작되었습니다. 여전히 턱을 공격해 오는 상대에게 무방비 상태입니다. 다시 3라운드가 시작됩니다. "이번에는 내가 기필코 턱 공격을 막아낼 테다. 두고 봐라." 장담하고 나가지만 대책이 마련되지 않은 이상 여전히 같은 공격 앞에 속수무책입니다. 4라운드에서는 오기까지 발동합니다. 아예 턱을 들이대면서 상대에게 "그래, 때려 봐, 때려 봐!" 하는 것입니다. 물론 상대는 그 말 때문이 아니라 노출된 허점이기 때문에 턱을 공격합니다. 녹아웃되기 전까지는 다른 진행을 기대할수 없습니다. 취약성은 역동과 일치합니다. 그래서 같은 문제가 개선되지 않은 채반복됩니다. 인생의 라운드도 마찬가지죠. 어릴 적 과도한 압박과 잔소리에 시달리던 한 아이는 자기도 모르게 게으르고 소심한 사람이 되었습니다. 지적을 당할수록 고치려는 의지가 줄고 자책이 늘어나지만 상황은 나아지지 않습니다. 학교나회사에서 보면 비슷한 문제가 반복됩니다. 심지어 자상하고 지지적인 선생님이나상사를 만나도 상황이 비슷해집니다. 충분히 인내할 수 없는 선생님과 상사가 결국 이 사람의 게으름과 무책임한 태도로 인해 점점 짜증이 나기 시작하고 나중에는 큰소리로 이 사람을 혼내게 됩니다. 그리고 보니 이 사람은 자기의 윗사람을 모두 자기의 부모님처럼 만들어 버리는 묘한 능력이 있어 보입니다. 그런데 이 문제는 상담 현장에서도 똑같이 재현되는 것입니다. 치료자가 자상하고 인내하지만 내담자는 계속 실수하고 느리고 어수룩합니다. 치료자가 이 상황에서 답답해하거나짜증이나 화를 내면 결국 같은 패턴이 한 번 더 반복될 뿐입니다. 치료자는 이 상황에서 치료자의 반응을 객관화하고 이러한 감정을 불러일으키는 내담자의 패턴을 발견하며 이와 관련된 내담자의 역동과 취약성을 탐구해야 합니다. 이러한 재현 상황에서 치료자는 자신의 감정에 빠지지 않아야 하고, 치료자로서의 권위나특권을 휘두르지 않아야 하며, 자신의 감정도 탐구의 재료로 삼아서 결국 관계의실체를 파악할 수 있어야 합니다. 치료자가 흔히 빠지기 쉬운 역전이 감정은 분노,

애정, 지루함 등입니다. 치료자가 이런 감정을 느낄 때 이것이 내담자의 어떤 역동을 재현하는 것은 아닌지 스스로 탐구할 수 있어야 합니다.

사례를 통한 심리역동적 이해 : 사례 공식화

다음의 사례를 통해 가설과 추정을 통한 역동적 이해와 접근, 즉 사례 공식화case formulation가 어떤 것인지를 정리해 보도록 합시다.

☹ 사례 이해

다음 사례를 읽고 이 환자의 취약성이 어느 단계의 문제인지를 유발인자와 연결하여 추정해보자.

23세 여성인 환자는 어머니와 단둘이 산다. 부모는 환자가 초등학교 입학 전에 이혼했다. 첫 발병하기 한 4년 전, 집안의 경제적인 어려움으로 인해 환자는 시골로 이사를 갔다. 그때 동네 사람들이 가끔 기웃기웃하면서 이상한 사람 취급을 해서 좀 두렵고, 특히 옆집 사는 청년의 눈빛이 무서웠다고 했다. 환자는 어머니에게 거듭 이사 가자고 졸랐고 어머니는 환자에게 "너 그러면 아빠한테 보낼 거야!"라고 얘기했다. 환자는 그런 얘기를 그동안 많이 들어서 대수롭지 않게 생각했다. 그리고 4년의 시간이 흘러 고등학교 졸업을 했는데 대학 진학을 못해 재수 학원을 다니기 시작했다. 환자는 학원에서 애들이 자신을 좀 이상하게 생각하는 거 같고 오해하는 것 같은 의심이 들다가 남들이 자신을 감시한다는 피해망상이 생겼다. 이것이 첫 번째 발병이다. 다행히 증상이 심하지 않아서 입원은 하지 않고 외래에서 약물치료로 회복되었다. 첫 발병 후 2년이 지난 시점에서 어머니는 집에서 하는 것 없이 빈둥빈둥 있는 환자에게 열심히 생활하라면서 교회 겨울 수련회를 가게 했다. 거기서 잘생긴 청년부 회장이 자기에게 말을 걸고 수련회 이후에도 청년부에 나오라고 연락도 해주니 환자는 회장이 자신을 좋아한다고 생각하기 시작했다. 그 후 밖에서 누가 서성이고 있으면 청년부 회장이 나를 감시하려고 보낸 것이 아닌가 하는 피해망상이 다시 생기게 됐다. 이것이 두 번째 발병, 즉 재발이다. 내담자는 재발 당시 스스로가 이상하다고 여기고 이 문제를 해결하기 위해 자의로 입원을 했다. 그리고 병실에서 치료자가 시키는 거라면 거의 빠짐없이 실행하는 열의를 보였다.

이 사례의 핵심 문제는 무엇일까요? 대표적인 증상은 피해망상이죠. 그런데 두 번째 발병에는 애정망상의 가능성이 섞여 있어요.

치료자는 이 내담자의 취약성을 2단계 대상상실에 대한 불안과 관련한 문제라는 가설을 세웠습니다. 그리고 그에 대한 증거로 다음과 같이 추정했습니다.

어머니가 자꾸 환자에게 아빠한테 보낸다고 말하는 것은 어머니가 환자를 버리겠다는 압박이다. 어머니가 환자를 수련회에 보낸 것도 마찬가지다. 환자는 엄마를 벗어난다고 해도 청년부 회장이 엄마의 사랑을 대신할 수는 없을 거라는 생각에 병이 생긴 것이다.

어때요, 적절한 가설과 증거라고 생각합니까? 가설을 세우고 나름대로 증거를 찾는다고 중요 정보를 거론했지만 이 가설은 잘못된 추론이라고 해야 합니다. 왜 잘못되었는지 사례 안에서 검증을 해 봅시다. 첫째 아빠에게 보낸다는 말은 자주 들어서 내담자가 대수롭지 않았다고 했으므로 내담자의 말이 거짓이 아니라면 이 부분이 대상상실 불안을 유발했다고 가정하기 어렵습니다. 이런 반론에 대해 "비록 이번 자극은 약하지만 그동안의 자극이 모아져서 큰 자극이 되었다."고 추가적인 추론이 제시되었다면 이것은 옳을까요? 결과적으로 큰 자극이 되었다고 한다면 아빠한테 보낸다는 그 말을 들은 후 긴 시간이 지나지 않아 발병을 해야 합니다. 그런데 발병은 그보다 4년이 지난 시점이므로 추가적인 추론도 옳지 않습니다. 아빠한테 보낸다는 말은 내담자의 취약성을 건드릴 만한 유발인자, 즉 자물쇠에 짝이 맞는 열쇠가 아닌 것입니다. 이 정도만 생각했어도 치료자가 "아빠한테 보낸다!"는 말에 그렇게 치중하지 않았을 텐데, 치료자가 그 말을 중요하다고 여긴 바람에 대상상실 불안으로 결론짓고 말았습니다. 사례를 검증할 때에는 선입견이 작용하지 않는지 조심하고, 내담자에게 직접 확인한 것들을 중심으로 가설을 세워야 합니다.

내담자의 유발인자는 뭘까요? 배운 대로 하자면 첫 발병 시점으로부터 3개월 전을 더 자세히 들여다 보아야겠죠? 첫 발병 즈음에 남들이 자신을 이상하게 생각하고 오해하는 것 같다고 했는데 구체적으로 무엇일까요? 치료자는 바로 이 부분을 내담자에게 질문하여 좀 더 자세히 검토해야 합니다. 이는 자신의 생각을 타인에게 투사하는 것으로, 실은 남들이 내담자를 그렇게 보는 것이 아니라 내담자 스스로 자신을 그렇게 보는 것입니다. 내담자는 스스로를 이상하다고 생각하며 혼란스러워하는데, 이러한 혼란이 남들에게도 알려질까봐 불안해하는 것입니다. 이런 불안은 어떤 불안이지요? 1단계의 붕괴 불안에 해당합니다. 재발 시의 유발인자는 무엇입니까? 두 번째 발병의 유발인자가 학원에서 있었던 일이라고 할 수 있나요? 기간적으로 2년 전 일이니 유발인자라 할 수 없지요. 그럼 두 번째 발병 시의 유발인자는 무엇인가요? 앞의 가설처럼 어머니가 수련회에 보낸 걸까요? 그럴 수도 있겠지만 내용의 흐름으로 봐서는 청년부 회장과의 관계가 유발인자에 보다 가깝다고 해야겠지요. 두 번째 발병의 유발인자에는 청년부 회장에 대한 애정의 느낌이 있고 이것이 투사돼서 "내가 회장을 좋아한다."가 아닌 "회장이 나를 좋아한다."가 되었습니다. 그 생각은 다시 피해망상으로 변환되어 회장이 나를 감시한다는 생각으로 발전합니다. 애정은 어떻게 해서 피해의식으로 바뀌었을까요? 아마도 자기 마음이 노출되면 결국 피해를 받는다는 내담자의 무의식적인 생각이 반영된 결과일 것입니다. 이는 1단계의 취약성을 반영하는 정신증적 불안입니다. 이러한 가설에 의하면 아마도 첫 발병 시 남들이 자신을 이상하게 여기고 오해하는 내용도 애정 및 성적인 것과 관련된 것일지 모르겠다는 추정을 하게 됩니다. 그렇기 때문에 내담자에게 반드시 "처음 병원에 가기 전에 학원에서 남들이 당신을 이상하게 여기고 당신에 대해 오해하는 것 같다고 하셨는데, 어떻게 생각하는 것 같았는지 좀 더 자세히 말씀해 주시겠어요?"라고 물어봐야 할 것입니다. 대답을 회피하거나 주저하면 좀 더 구체적으로 "혹시 누구를 좋아하거나 혹은 이성의 감정이 드는 것과 관련이 있는 건 아닌가요?"라고 질문할 수도 있습니다. 하지만 첫 번째 가설에서도 선입견이 사실을 왜곡했듯이, 질문에 대한 대답을 편견 없이 듣고 가설을 다시 검토해야지 피해의식의 원인을 분명 애정 및 성적인 주제라고 못 박아서는 안 됩니다. 가설은 항상 내담자를 통한 확인 작업을 거쳐 적절하지 않은 가설을 수정하거나 제외해야 합니다.

분명하게 환자의 역동을 이해시켜주는 정보는 내담자와 치료자와의 관계에서 얻어집니다.

내담자의 이러한 과거력과 현재 이력보다 더 분명하게 환자의 역동을 이해시켜 주는 정보는 바로 내담자와 치료자와의 관계에서 얻어집니다. 내담자의 관계역동 은 치료자와의 관계에서도 똑같이 반복할 것이므로 치료자에게 자신의 마음이 들 키지는 않을까 불안해할 것입니다. 그리고 두 번째 가설이 옳다면 그 내용은 애 정 및 성적인 측면일 가능성이 높습니다. 이러한 재현의 가능성을 고려하지 않고 입원 중에 그저 약 처방을 하고 불안이 가라앉기를 기다리기만 한다면 당장 시급 한 불안은 낮출지 모르지만 보다 세밀한 개인의 회복은 불가능할 것입니다. 정신 증 환자들은 자기 스스로 병이 있다는 것을 인지하지 못하는 편이어서 스스로 입 원하는 경우가 드물며 주로 가족들에 의해 억지로 입원됩니다. 그런데 이 환자는 자의로 입원했고 입원 중에 치료자가 당부하는 여러 생활지침을 열심히 준수했 습니다. 그저 모범적인 환자라고만 생각하고 그것이 어떤 재현을 반영하는지 고 려하지 못한다면 아쉽지요. 내담자가 원래 누구의 말이든 다 잘 듣는 것이 아니라 면, 치료자의 말을 잘 듣는 것에 대해서는 1단계의 의존 문제와 혹은 애정 및 성적 인 내용과 관련지어 생각해 보아야 합니다. 사실 왜 그럴 수밖에 없는지는 과거를 잘 들여다보면 이미 예견되는 점입니다. 환자는 단순히 불안을 이기기 위해서 병원에 입원한 것이 아니라 과거의 문제를 심리적으로 극복하기 위해 과거와 똑같은 상황, 즉 가족과 떨어지는 상황을 고의로 만들게 된 것입니다. 입원을 해서 그런 상황을 만들어 놓은 것이죠. 그리고 다른 치료자에게 순응함으로써 자기가 극복하려는 문제를 실은 계속 추구하고 있는 것입니다. 자기 스스로도 잘 모르는 어떤 것을요. 이런 이해가 없다면 "환자가 착하다." 내지는 "환자가 수동적이다."라고밖에 더 이상 설명을 못합니다. 이해가 될 때까지 알아보려는 노력을 안 하면 그만큼 부족한 것이죠. 내 앞에서 내담자가 어떤 언행을 보이면 그것을 쉽게 단정 짓지 말고 "왜 그럴까? 저것이 어떤 재현의 의미인가?"라고 생각하고, 탐구할 가치가 있다 싶으면 환자와 이야기하여 같이 치료 작업을 해야 합니다. 치료자는 건전한 의문으로 내담자의 중요한 측면을 이해하게 되고, 내담자는 그 이야기를 듣고 자기 이해가 커지며 그것이 치료의 힘이 됩니다. 그렇기 때문에 증상이나 어떤 난해한 언행을 무조건 해결하고 없애는 것이 급선무가 아니며 왜 그러한지를 이해하는 작업이 먼저 충분히 이루어져야 합니다.

나와 나 아닌 것을 분별하는 심리적 경계영역이
흐려지면 정신병적 증상이 나타나며,
이는 신체적 그리고 영적 경계영역과
상호작용을 나타냅니다.

조현병과 귀신들림

제 목 때문에 이 장에서는 조현병과 귀신들림을 구분할 수 있는 기준을 배운다고 생각하시면 오산입니다. 하나의 병을 다양한 각도에서 보고 전체적으로 통합하면 그 사람을 좀 더 확실히 이해할 수 있죠. 마찬가지로 귀신들림과 조현병은 복합적인 현상을 어떤 시각에서 보고 서술했는지의 차이이지 각각 다른 영역이 아닙니다. 조현병과 귀신들림은 도형으로 그리자면 공통분모가 많은 교집합입니다. 그러니 어떤 하나의 현상을 가지고 "이것이 조현병인가 아니면 귀신들림인가?"라고 질문하는 것은 적절치 않습니다. 그보다는 "이것에서 정신의학적 요소는 어떠하고 신앙적 요소는 어떠한가?"라고 질문하는 것이 바람직합니다. 이 시간은 병리 시간이니까 영적인 분별보다 병리 현상에 관해 좀 더 집중할 것입니다.

조현병 환자에 대한 인식의 변천

고대, 중세

귀신들림이라고 하면 성경에서는 거라사의 광인(마가복음 5:1-20)이 떠오르고 역사적으로는 마녀사냥이 흔히 떠오르죠. 굳이 조현병을 모르더라도 귀신에 들렸다는 사람을 만나면 무언가 이상하다는 생각을 바로 하게 됩니다. 마녀사냥은 약자를 보호하지 않고 위해를 가하는 것을 사회가 용인하는 대표적인 예입니다. 즉 이상한 사람을 마녀 취급하여 그를 핍박하거나 심지어 살인할지라도 마녀라서 그랬

다며 정당화하거나, 때로는 멀쩡한 사람을 종교적 또는 정치적 이유로 마녀로 몰 수 있지요.

피넬의 인도주의 치료

그런데 피넬Philippe Pinel이 정신질환자에 대한 인격적인 대우를 주장했습니다. 그 당시만 해도 조현병, 귀신들림 등 이상한 사람들은 쇠고랑을 채워서 격리수용을 했었는데, 피넬이 그 쇠사슬을 끊었어요. 그들의 인격을 존중하고 다른 치료 접근을 고려하자는 입장 때문에 그의 접근을 인도주의 치료의 시작으로 봅니다.

그런데 이상한 사람은 다 조현병일까요? 이상한 사람들이 꽤 많은데 그들 중 다수는 **사회적 철수**social withdrawal(사회적 철퇴), 즉 사회로부터 자신을 스스로 단절시킵니다. 그런데 이상하다고 일컬어지는 사람들을 가만히 보니 다 똑같은 양상은 아니라는 것을 알게 되었고 그때부터 과학적인 접근이 시작되어서 분류를 하기 시작했으며 그러면서 조현병이라는 어떤 특성을 규정하기 시작한 것입니다.

조현병 환자에 대한 크레펠린의 서술

이런 분류를 시작한 학자가 크레펠린Emil Kraepelin(1856~1926)입니다. 프로이트가 무의식의 존재를 언급한 꿈의 해석이라는 책을 낸 것이 1900년이니까, 비슷한 시대에 크레펠린이 활동한 것이죠. 제1강에서 이미 배운 대로 크레펠린은 외형이 같으면 같다고 분류하는, 즉 역동적이 아닌 현상학적 분류를 한 사람입니다. 그는 현대에 조현병이라고 명한 환자들을 **조발성 치매**dementia praecox라고 불렀습니다. dementia는 '치매', praecox는 '일찍 생긴다'라는 뜻이니까 일찍 생기는 치매라는 말이 되지요. 크레펠린은 병이 생긴 이후에 회복되는 경우와 그렇지 않은 경우를 나눠서 생각했는데 후자의 경우를 치매라고 불렀습니다. 그가 명한 치매는 나이 들어서 생기는 경우와 젊은 나이에 생기는 경우로 나뉘고, 후자를 조발성 치매라고 명명한 것이죠. 나이 들어서 생기는 치매는 현재도 치매라고 부르고, 조발성 치매는 현재 조현병으로 부릅니다. 크레펠린의 견해와 흡사하게 치매는 아직도 회복이 안 되는 병이지만 조현병은 약물치료로 증상 악화가 중단되거나 호전되는 경우도 있습니다. 크레펠린은 이 병의 환자를 처음 구분하고 명명했다는 점에서 역사적 의의가 있습니다.

브로일러의 4A

브로일러Eugen Bleuler는 크레펠린의 학술적인 부분을 조금 더 보강한 사람입니다. 그리고 조현병의 영문 표기인 schizophrenia를 처음 사용했습니다. 정신의 통합이 해체되었다는 말이고, 조현병의 과거 한글 명칭인 정신분열병이 이 말을 직역한 것입니다. 일본에서는 통합실조증이라고 번역하고 있습니다.

그는 이 병을 갖고 있는 환자들의 특성을 네 가지로 묘사했는데, 이 특성의 단어 첫 자가 모두 A라서 '4A'라고 부릅니다. 크레펠린은 조현병이 일찍 발병하고 점차 나빠진다는 특성을 중요시했는데, 브로일러는 자신이 기술한 네 가지 특성이 조현병 환자의 특성을 보다 잘 서술해 주고 있다고 본 것입니다. '4A'는 다음과 같습니다.

- Association(연상)의 장애
- Autism(자폐)
- Ambivalence(양가감정)
- Affect(정동)의 Blunting(무딤)

연상의 장애는 제2강에서 다룬 연상 이완을 생각하시면 됩니다. 사고 체계가 흐트러진 만큼 언어 표현이 흐트러집니다. 자폐는 혼자의 세계에서만 살아가는 것을 말하며 앞서 언급한 사회적 철수와 똑같은 말이죠. 다른 사람들과 공유하지 않고 자꾸 자기 세계로만 격리됩니다. 양가감정은 양극단, 즉 정반대의 감정이 한꺼번에 존재한다는 뜻입니다. 좋은 것과 나쁜 것이 통합되지 않고 동시에 존재합니다. 대표적인 예가 애증이죠. 양가감정을 가진 사람은 세상과 사람들을 향하는 감정 자체가 양극단이면서 이중적이기 때문에 본인 스스로도 매우 혼란스럽습니다. 마지막으로 무딘(밋밋한) 정동이란 겉으로 드러나는 감정 변동이 별로 없다는 말입니다. 그래서 슬퍼도, 기뻐도, 화나도 표정의 변화가 별로 없으며 감정 자체를 다양하게 느끼지도 못합니다. 이런 특성을 모두 가진 사람을 가리켜 조현병이라고 분류한 것입니다.

슈나이더의 1급, 2급 증상론

슈나이더Kurt Schneider는 브로일러의 이론을 조금 더 보강한 학자인데, 조현병의 증상을 1급 증상과 2급 증상으로 나누었습니다. 그의 판단으로는 2급은 조현병에만 있지 않고 다른 병에도 있는 반면, 1급은 유독 조현병에만 있다고 본 것입니다. DSM-III-R에서는 조현병을 슈나이더의 증상 설명을 기반으로 진단합니다. 2급 증상은 망상과 환각입니다. 이는 정신증의 좁은 의미와 똑같습니다. 정신증을 넓게 정의하면 현실 검증력에 문제가 있는 경우이며 좁게 정의하면 망상이나 환각이 있는 경우입니다. 조현병은 정신증에 속하는 여러 다양한 질환 중의 하나인 것이죠. 조현병 환자에게만 고유하게 있다고 슈나이더가 서술한 1급 증상은 후대 학자들이 현대 용어로 재해석하면서 나름대로 서술하다 보니 책마다 조금씩 다르게 적혀 있습니다. 저는 1급 증상들을 네 가지로 분류하여 나열하겠습니다. 그런데 이제는 1급 증상이 조현병의 고유 증상이라고 보지는 않습니다.

- 특정한 환청 : 자기 생각이 소리로 들림audible thoughts, 환청끼리 서로 실랑이를 벌임voices arguing, 행동을 간섭하는 환청commentary voices
- 신체에 작용하는 것 : 신체 수동성somatic passivity, 망상적 지각delusional perception
- 생각에 작용하는 것 : 사고 박탈thought withdrawal, 사고 주입thought insertion, 사고 전파thought broadcasting
- 외부 조종이라고 보는 것 : 만들어진 사고made thoughts, 만들어진 충동made impulses, 만들어진 행동made volitional acts

1급 증상들은 주로 "무언가가 외부에서 들어와서 간섭한다."고 감지하는 것들입니다. 실제로 병은 내부에서 일어나는 것인데 그것을 외부의 것으로 투사하여 지각합니다. 그런 특성을 갖고 있는 것이 조현병입니다.

조현병의 특징

조현병에 대해서는 우선 두 가지 특징을 기억해주시기 바랍니다. 첫째 조현병은 내부 요인을 중심으로 한 만성병이라는 것입니다. 조현병은 초기에 일부 의사들이 관심을 가지고 치료했고 나중에는 정신건강의학과라는 진료 분야가 생겨서 계속 치료하고 있습니다. 몇 세기가 되도록 조현병 환자는 계속 비슷한 비율로 우리 안에 존재합니다. 이 병에 대한 지금까지의 결론은 치매, 당뇨, 고혈압과 같은 만성병, 즉 계속 지속되는 병이라는 것입니다. 병의 원인이 주로 내부 요인이라 근본적으로 퇴치하는 것이 어렵다고 보고 있습니다. 근본적으로 퇴치할 수 있는 병의

조현병은 내부 요인을 중심으로 한 만성병이며, 복합적인 병입니다.

원인들은 대부분 외부 요인입니다. 대표적인 것이 감염 질환이지요. 파스퇴르가 미생물을 발견한 이후로 미생물을 없애는 항생제가 개발되고 그로 인해 여러 감염 질환의 해결책을 알게 되었고 덕분에 의학이 괄목할 만한 발전을 이루었습니다. 이와 달리 내부 요인은 여전히 해결이 어렵습니다. 왜 암이 무섭습니까? 암 조직이 정상 조직과 잘 구분되어 있으면 수술로 떼 내면 되죠. 대표적인 것으로 초기 위암의 경우는 위를 절제하여 암의 진행을 막을 수 있습니다. 하지만 대부분의 암은 몸에 쉽게 퍼지고 정상 조직과 같이 맞물려서 존재하므로 해결이 어렵습니다. 조현병도 특성이 비슷합니다.

조현병의 두 번째 특징은 복합적인 병이라는 것입니다. 내부 요인이 중심이 되지만 하나의 원인에 의해서만 생긴 것이 아니라 생물, 심리, 사회적 요인들이 복합적으로 작용하여 조현병 증상이 나타납니다. 그러므로 조현병을 이해하기 위해서는 뇌의 구조와 미세한 생물학적 변화에 관한 이해가 있어야 하며, 성장 과정에서 나타나는 심리 결핍, 가족과의 교류에서 나타나는 역기능, 안정적인 사회 체계의 결여 등 다양한 요소들을 모두 고려해야 합니다.

DSM 규정

DSM-III-R에서는 슈나이더의 증상 개념과 비슷해서 증상 항목이 꽤 많았습니다. DSM-IV에서는 좀 더 포괄적으로 기준을 조정하면서 진단 항목이 단순해졌습니다. DSM-5에서는 아형 분류를 제외하고 조현병을 스펙트럼장애로 보았습니다.

DSM-5 조현병 진단기준을 보면 내용이 많은 것 같지만 우선 A만 보면 됩니다. A, B, C, D, E, F가 나오는데 A가 먼저 나오죠. 이것을 A 기준criteria이라고 합니다. A 기준의 다섯 가지 항목, 즉 망상, 환각, 와해된 언어, 와해된 행동, 음성 증상, 이 다섯 가지 중 두 가지 이상이 있으면 A 기준을 만족한다고 말합니다. 예를 들어서 환청이 있고 음성 증상이 있거나, 망상이 있고 와해된 행동이 있거나, 이런 식으로 최소 두 가지 항목만 있으면 조현병 진단기준의 A 기준에 합당하게 되는 것이죠.

그런데 항목이 있다 혹은 없다는 것을 어떻게 판정하나요? DSM에서는 "한 달 동안 유의미하게 충분히 있어야 한다."고 되어 있습니다. 거의 매일 환청이 있으면서 한 달을 넘겨야 환각이 '있다'고 판정할 수 있습니다. 각 항목을 살펴봅시다.

1. 망상은 아무리 교정하려고 해도 달라지지 않는 잘못된 생각이죠.
2. 환각은 감각을 일으키는 외부 자극이 전혀 없는데도 느껴지는 것인데, 없는 소리를 듣는 것을 환청, 없는 것을 보는 것을 환시라고 합니다.
3. 와해된 언어란 무엇입니까? 용어 '와해된'은 영어로 disorganized이며, 말 그대로 구성organization이 깨졌다는 것을 의미합니다. 와해된 언어의 대표적인 예가 제2강에서 언급한 연상 이완입니다. 말의 논리가 안 맞아서 무슨 말인지 알아들을 수가 없습니다.
4. 와해된 행동은 행동이 와해되어 나타난다는 것이죠. 일반적인 행동은 사람들이 쉽게 공감할 수 있는 범위의 행동인 반면 와해된 행동은 기괴한 행동이거나 부적절한 정지 자세입니다. 후자를 가리켜 긴장증catatonia이라고 합니다.
5. 음성 증상은 '사라지는, 없어지는' 증상입니다. 인격체라면 당연히 가져야 하는 3요소는 생각, 감정, 의지인데 이것들이 하나하나 사라지는 증상입니다. 생각이 없어져서 언어 표현이 줄어들고(무언증alogia), 감정이 사라지니 표정이 없어지는 정서 둔마affective flattening를 보이며, 의지가 결여되면서 행동이 느려지고 게을러지는 무욕증avolition, anhedonia을 보입니다. 무욕증은 외견상 게으름으로 보이나 일반적인 게으름과는 격이 다릅니다. 일반적인 게으름은 하기 싫다는 능동적인 거부에서 나오는 생활의 나태함이지만, 조현병에서의 무욕증은 무엇을 하고자 하는 동기 자체가 사라지는 증상입니다. DSM-5에서는 음성증상의 설명에서 무언증 항목이 빠졌으나 개념이 바뀐 건 아니라서 여러분에게는 그대로 설명을 드렸습니다.

A 기준의 다섯 가지 항목은 크게 두 부류 혹은 세 부류로 나뉩니다. 두 부류는 양성 증상(1, 2, 3, 4)과 음성 증상(5)으로 나누는 것입니다. 양성 증상은 정상적으

로 있어서는 안 되는데 생긴 현상이란 뜻이고, 음성 증상은 정상적으로 있어야 하는데 상실된 현상이란 뜻입니다. 양성 증상에 비해 음성 증상은 호전이 잘 되지 않고 되더라도 매우 느리게 되기 때문에 양성 증상보다 음성 증상이 더 문제라고 말하기도 합니다. 세 부류로 나눌 때에는 양성 증상을 두 차원으로 더 나누어서 정신증(환각/망상) 차원(1, 2), 와해 차원(3, 4), 음성(결핍) 차원(5)으로 나눕니다.

🗨 사례 이해

다음 사례를 읽고 DSM-5 조현병 진단기준에 맞추어서 진단을 내릴 수 있는지 평가하시오.

28세의 여자 환자가 2개월간의 환청과 1개월간의 망상을 주된 문제로 입원하였다. 환자는 입원하기 8개월 전에 직장에서 근무 태만으로 권고 사직되었으며 이후 직장을 얻지 못한 채 영어 학원을 다니며 지냈다고 한다. 6개월 전부터 환자가 영어 학원을 자주 빠지고 집에서 실없이 웃거나 "TV에서 내 얘기를 한다."는 등의 엉뚱한 소리를 하기도 했지만 가족들은 직장 없이 집에서 지내다보니 풀이 죽어서 그런가보다 하고 그냥 지나쳤다고 한다. 환자는 자기가 혼자서 중얼거릴 때 TV에서 "쟤 좀 봐" 하는 소리를 듣고는 TV가 자신을 의식한다고 여기기 시작했다. 병원을 내원하기 2개월 전 길을 가던 중 환자는 자신의 이름을 부르며 "너는 이제 내 손아귀에 있어." 라고 말하는 남자 목소리의 환청을 들었으며 이후로는 거의 하루 종일 듣게 되었다. 이로 인해 환자는 누군가가 자신을 죽이려고 늘 자신의 행동을 감시하고 있다는 확신을 갖게 되었고, 이러한 확신과 동시에 집을 나가지 않은 지 1개월 정도 되었다. 밥도 안 먹으려 하던 환자가 "밥에 독을 탔다."며 고함을 질러 가족들은 치료가 필요하다는 생각을 하게 되었으며 이에 따라 환자는 외래 진료를 거쳐 병원에 입원하게 되었다.

A 진단기준을 배웠으니까 이제 조현병을 진단할 수 있겠죠? 이 사례를 가지고 진단을 내려 봅시다. 두 달 동안 환청이 있었고 한 달간 망상이 있었으니까 A 기준의 다섯 가지 항목에서 두 가지가 만족하네요. 그런가요? 각각 하나씩 만족하긴 하지만 A 기준의 두 가지라고 하는 것은 두 가지가 겹쳐야 합니다. 내용을 읽어 보

니 한 달은 두 가지가 겹치니까 A 항목을 만족합니다. 만약 환청이 끝나고 그 후에 망상이 생기고 했었다면 겹치는 부분이 없어서 A 기준에 맞지는 않습니다. A 기준에 만족하니까 그럼 조현병인가요? 조현병으로 진단이 가능하려면 A 기준만 만족하는 것이 아니라 이어서 나오는 다른 기준들에도 해당되어야 합니다. B 기준은 사회 직업적 기능이 떨어져야 한다는 것입니다. 증상으로 인해 대인관계나 사회 생활에 장애를 초래하고 있으므로 B 기준을 만족합니다. C 기준은 전체 기간을 제시합니다. 여기를 보니 증상 기간이 6개월 이상이어야 합니다. 발병한 지 6개월이 안 된 사람은 아직은 조현병이 아닙니다. 왜 6개월인가요? 6개월이라는 기간의 의미는 만성이라는 뜻입니다. 이 병으로 진단되면 병에서 벗어나는 것이 쉽지 않다는 것을 암시합니다. A 기준에 만족은 하지만 6개월 미만인 경우를 가리켜 **조현양상장애**schizophreniform disorder라고 부릅니다. 그러면 조현양상장애가 6개월만 넘으면 조현병이 되겠네요. 그렇죠? 그렇긴 하지만 조현양상장애가 모두 6개월 이상 증상이 지속되어 조현병이 되는 건 아니고 일부는 그 사이에 호전되거나 혹은 기분 장애 등의 다른 병으로 이환되는 것으로 알려져 있습니다. 앞의 사례의 경우는 6개월이 넘었나요? A 기준으로 보자면 앞의 사례는 많이 잡아도 2개월밖에 안 됩니다. 그럼 이 사례는 조현양상장애인가요? C 기준을 잘 읽어 보면 기간에는 전구기, 즉 A 기준에 들 정도는 아니지만 약화된 상태로 증상이 있는 것도 기간에 포함시킵니다. 전구기가 없는 경우도 있겠지만 많은 경우 초기 증상으로 전구기가 있습니다. 이 점을 고려하여 사례를 보니 6개월 전부터 실없이 웃고silly smile 관계사고 증상이 있었으므로 6개월 기간을 만족합니다. 그래서 이 사례는 조현병 진단이 가능합니다.

조현병의 전구 증상으로 흔히 나타나는 대표적인 증상은 **망상적 기분**delusional mood과 **관계사고**idea of reference와 **지각 왜곡**perceptual disturbance입니다. 이 증상들은 내담자의 심리 경계영역이 허물어져서 너와 나의 경계영역 의식이 약화되고 그러다 보니 투사projection라는 방어기제가 쉽게 나타나는 것입니다. 투사는 나의 것을 남의 것인 양 취급하는 방식입니다. 망상적 기분은 망상적 분위기에 사로잡힌 불안정을 의미합니다. 만약 누군가 밤중에 위험한 거리를 혼자 걸어간다고 생각해

보세요. 그는 특별한 일이 일어나지 않아도 주변 상황을 위협적으로 느끼고 별것 아닌 소리나 변화에도 움찔움찔 놀라며 예민해질 것입니다. 이것을 비정상적이라 말할 사람은 없습니다. 그런데 대낮에 사람 많은 안전한 곳에서 어떤 한 사람이 앞서 말씀드린 상황처럼 주변을 인식하고 혼자 긴장하고 있다고 생각해보세요. 그 사람의 불안정을 공감할 수 없고 비정상적이라고 느낄 것입니다. 이러한 상태를 가리켜 망상적 기분이라 합니다. 망상적 기분이 오래 지속되면서 관계사고나 지각 왜곡이 생기고 더 심해지면 망상과 환각이 생긴다고 말할 수도 있습니다. 관계 사고에 대해서는 제2강에서 설명했습니다. 자신의 마음이 투사되면 자신에 대해 남이 알고 있는 것 같은 느낌을 받습니다. 그러다 보니 남들의 말과 행동을 왜곡해서 자신과 관련 있는 것처럼 받아들이게 됩니다. 지각 왜곡은 오감으로 접하는 것이 왜곡되는 것입니다. 소리가 달리 들리고 보이는 것이 찌그러지거나 생소하게 느껴집니다. 지각 왜곡은 자기 주변에 어떤 이상한 일들이 일어나고 있다는 의심의 증거처럼 작용합니다.

정신건강교육을 통한 조현병의 이해

정신건강교육psychoeducation은 정신질환 당사자 혹은 가족에게 병에 대해서 알려드리고 치료에 자발적으로 참여하도록 하는 것입니다. 정신건강교육 시간에 조현병이 어떤 병인지를 설명할 때에 고혈압을 예를 들어서 설명하면 듣는 분들이 이해하기 좋습니다. 고혈압은 왜 생기죠? 혈관 문제가 아닌 정확히 판별되지 않은 원인으로 생기는 고혈압을 본태성 고혈압이라고 합니다. 이 경우는 원인이 분명치 않으며 복합적인 결과로 고혈압이 생긴다고 말합니다. 치료는 약을 먹어서 혈압을 정상 수치로 떨어뜨리죠. 혈관은 원래 견딜 수 있는 힘이 있는데 압력이 높은 채로 살아가면 마치 수압이 높아서 수도관이 견디지 못하고 결국 누수가 생기는 것과 비슷하게 뇌출혈 등의 혈관 이상이 생깁니다. 그래서 나중에 문제가 없도록 약에 의해 혈압을 정상 수준으로 맞추는 것입니다. 약은 복용하는 동안만 일시적으로 혈압을 정상화하기 때문에 약을 안 먹으면 다시 올라가죠. 근본적 치료가 안되는 고혈압은 평생 약을 먹어서 해결합니다. 고혈압 약도 약이기 때문에 부작용이 있습니다. 부작용을 최소화하는 약이 계속 개발되지만 완벽하지는 못합니다. 그래도 단점보다 장점이 많고 단점이 중대하지 않기 때문에 약은 계속 사용할 수 있습니다.

조현병은 수치가 정상보다 높다는 것이 고혈압과 비슷한데 어떤 수치가 높을까요? 도파민 수치입니다. 도파민이라는 뇌신경전달물질이 있는데 사람이 흥분하거나 기분이 좋으면 도파민이 올라갑니다. 마약을 해도 도파민이 올라갑니다. 그런데 조현병 환자들은 도파민 수치가 높아요. 이유가 분명치 않고 복합적인 것도 고혈압과 비슷하지요. 도파민이 계속 높으면 정상적인 사고 흐름이 유지되지 않아서 환각과 망상이 지속되므로 항정신병 약을 써서 도파민 수치를 정상화시키는 것이 필요합니다. 고혈압 약을 과도하게 쓰면 오히려 저혈압이 되듯이 조현병 치료제도 과도하게 쓰면 도파민이 정상보다 더 낮아지게 되어 다른 문제가 나타납니다. 이러한 부작용들은 약 용량을 잘 맞추거나 보조 약물을 사용하여 개선합니다. 최근 개발되는 약들은 부작용이 적은 편입니다. 조현병에 작용하는 신경전달물질은 도파민 외에도 세로토닌 등 많이 있으나 기본이 되는 도파민 이론만 설명했습니다.

심리발달단계에 기초하여 조현병을 설명하자면, 조현병은 1단계 취약성이 병적으로 발현한 것입니다. 이를 이해하기 위해 앞서 설명한 망상적 기분을 떠올려 보시기 바랍니다. 망상적 기분이 만들어지기 쉽진 않지만 본의 아니게 그러한 심리적 상황에 노출될 수는 있습니다. 문제는 그 상태에서 시간이 지속될 때 1단계 취약성이 있는 사람과 없는 사람의 반응이 다르다는 점입니다. 취약성이 없는 사람은 현실 감각이 있기 때문에 그러한 상태에 있는 자기 자신이 문제가 있다고 자각하고 심지어 스스로 "큰일 났어. 내가 미쳤나 봐."라고 말을 합니다. 이러한 태도는 망상적 기분의 상태를 이질적인 것으로 여기고 거기서 탈피하려는 자기 노력으로 이어집니다. 그런데 취약성이 있는 사람은 망상적 기분의 상태를 오히려 타당한 것으로 받아들이고 어째서 이런 상태가 벌어지는지를 자기 나름대로 설명해내려고 합니다. 그러다보면 가짜 뉴스를 진실인 양 믿는 것과 흡사하게 왜곡된 판단에 집착하게 되고 자기 판단에 부응하는 망상과 환각이 더해지면서 돌이킬 수 없는 정신증의 세계에 빠지게 되는 것입니다.

조현병과 귀신들림의 상호작용

조현병을 병으로 보지 않고 귀신들림으로 보는 견해가 있습니다. 감염 질환처럼 귀신이라는 외부 세력이 인간을 지배한 결과로 여기며, 세균을 항생제로 처치하듯 안수기도로 귀신을 내쫓아야만 나을 수 있다고 생각합니다. 귀신들림이면 약을 먹으면 안 된다고 주장하기도 합니다. 귀신들림은 영적인 문제인데 약을 주면 상태가 더 악화된다는 말입니다. 이는 영적인 접근과 신체·심리적인 접근을 조화롭게 보지 않고 서로 적대적인 것처럼 규정하는 흑백논리에 의한 것입니다. 실제로 귀신들림이라고 해서 약이 도움이 안 될 수는 있지만 영적 문제를 악화시킬 건 없지 않겠습니까? 약이 물론 귀신 자체를 해결하진 못하겠지만 이른바 귀신 들린 사람의 불안정한 신체적·심리적 상태에는 도움을 줄 수 있습니다. 그리고 반드시 안수기도로 내쫓아야만 해결된다는 말도 어폐가 있습니다. 감염질환의 경우도 항생제를 써야 하는 수준 이전 단계에서는 체력, 즉 면역력을 증강시킴으로써 문제를 해결합니다. 체력이 강화되면 몸은 자연스럽게 몸속의 나쁜 것을 밀어냅니다. 마찬가지로 많은 경우 축사를 하지 않아도 신앙을 강화하여 자연스럽게 악을 밀어내게 해줄 수 있습니다.

오래전에 방영된 한 프로그램은 특정 기도원에서 성병이 전염되고 있다고 지적했습니다. 이유인즉 기도원에서 안수기도를 한다면서 환부를 긁어서 상처를 내며 기도를 하는데 기도자의 손을 통해 성병균이 옮는다는 것입니다. 이러한 내용에 대해 기도원 측에서는 선과 악은 함께 있을 수 없다는 성경 내용을 인용하면서 "어떻게 성스러운 기도 중에 성병을 옮길 수 있느냐? 그런 일은 없다."고 해명을 했습니다. 이 프로그램 내용의 옳고 그름을 논하려는 것이 아닙니다. 다만 한 가지, 성스러운 활동에서도 언제든지 죄와 부정이 있을 수 있다는 생각을 가져야 한다는 것을 말씀드리고 싶습니다. 예수님도 마귀에게 시험을 받으신 것처럼 항상 선한 자리에 악이 공존할 수 있다는 사실을 유념해야 합니다. 안수기도의 거룩한 자리라도 기도자의 손이 비위생적이었다면 감염의 위험은 충분합니다. 이러한 시각은 조현병과 귀신들림을 통합적으로 이해하는 데에도 많은 통찰을 줍니다.

조현병 환자는 1단계 취약성이 있어서, 즉 심리 경계영역이 약해서 다른 사람보다 귀신들림이라는 이상 현상을 나타낼 가능성이 높습니다. 조현병은 너와 나의 경계영역이 흐려서 투사의 방어를 동원하기 쉽고 그래서 자기 소리가 남의 목소리로 들리고 자기 분노가 피해망상이 되는 식으로 발전됩니다. 일반적으로 경계영역이 튼튼하다는 것은 어떤 상태를 말합니까? 가령 두 문이 있는데 하나는 잘 열리지가 않으며 무리하게 열면 망가져 그 후로는 잘 닫히지 않습니다. 다른 한 문은 잘 열리고 잘 닫힙니다. 어느 문이 집의 경계영역을 잘 유지해 주는 문이겠습니까? 후자입니다. 사실 경계영역은 외부에서 전혀 못 들어오게 하는 것이 아닙니다. 필요할 때 적절하게 외부 것을 들여올 수도 있고 또 내보낼 수도 있어야 합니다.

세 종류의 경계영역을 살펴봅시다. 먼저 신체 경계영역을 생각해 보세요. 먹는 음식과 각종 세균은 신체 경계영역 밖에 있지만 늘 우리 몸 안으로 침투합니다. 하지만 우리 몸의 신체 경계영역은 자율신경과 면역기능으로 잘 보전됩니다. 심리 경계영역을 생각해 보세요. 우리는 다양한 생각으로 혼란에 빠지고 골치 아픈 문제로 마음고생을 합니다. 마음이 이런 문제들을 유연하게 받아들이고 대처할수록 고민은 더 빨리 해결되는데 이것이 바로 심리 경계영역의 건강함이라고 할 수 있습니다. 그렇다면 영적 경계영역은 어떨까요? 같은 원리에서 보자면 귀신이라는 외적 요인이 무조건 안 들어오게 막는 것이 아니라 외부의 유입에 잘 대처하는 유연하고 효율적인 경계영역이 더 건강한 것입니다.

조현병이 신체와 심리 경계영역에 이상이 있는 것이라고 한다면 귀신들림은 영적 경계영역에 이상이 있는 것입니다. 서로는 다른 축에 있는 문제이지만 상호작용을 합니다. 서두에 조현병과 귀신들림은 공통분모가 많은 교집합이라고 말씀을 드렸습니다. 통합적 이해를 위해서는 흑백논리를 지양해야 합니다. 귀신들림과 조현병은 대립되는 문제가 아니며 대개는 영적인 현상과 병적인 문제가 겹쳐서 함께 일어납니다. 어느 한 가지만 해결한다고 개운하게 해결되지 않는다는 말이 되지만, 어느 한 가지를 해결하면 다른 쪽에도 긍정적인 영향을 줄 수 있다는 말도 가능합니다.

귀신들림과 조현병에 대한 통합적 이해를 위한 한 가지 원리를 말씀드리겠습니다. 이 원리는 조현병과 귀신들림 모두에 있어서 약물치료가 도움이 될 수 있다는 점을 이해하는 데 도움이 될 것입니다. 이 원리를 한 문장으로 정리하면 다음과 같습니다.

사람 안에서 심리적으로 혹은 영적으로 어떤 현상이 나타나려면 먼저 신체의 변화가 있어야 한다.

이 원리는 세 가지(신체, 심리, 영적) 경계영역과 같은 개념입니다. 신체 변화의 원인은 예수님이 변화산상에서 변하신 것이나 모세가 산에서 내려올 때 후광이 있었던 식의 초자연적인 것, 나이가 들거나 운동 및 식사의 정도에 따른 자연적인 것, 감염이 되거나 상해를 입은 것과 같은 병리적인 것 등으로 다양합니다. 그런데 중요한 것은 원인이 초자연적인 것이든, 자연적인 것이든, 병리적인 것이든 간에 몸의 변화가 일어난 건 신체에 어떤 결과적인 변화를 일으켜서입니다. 조현병을 예로 들어 봅시다. 조현병의 환청, 망상, 기타 여러 증상은 신체의 현상입니다. 이 현상이 귀신들림에 의해 생길 수도 있겠지요. 그러나 귀신이든 조현병이든 결국 뇌 안에서 도파민이 높아진 것 때문에 환청, 망상과 같은 이상 현상이 일어나는 것입니다. 그러므로 영적인 문제로 생긴 망상과 환청이라 할지라도 약을 복용해서 도파민이 정상화되면 증상은 좋아집니다. 영적인 접근과 약물치료적인 접근, 이 두 가지는 서로 대립하는 문제가 아니며 병행할 수 있습니다. 귀신들림은 영적인 문제인데 왜 약을 쓰느냐고 말한다면 지금 이러한 원리 때문에 약물치료가 유용하다고 설명할 수 있습니다. 귀신들림이 도파민 수치를 변화시키지 않으면서 환청 혹은 망상을 일으킬 수 있느냐? 없습니다. 신체적 원인이 있기에 결과적인 증상이 있는 것입니다.

어떤 사람이 귀신들렸다고 하면 여러분은 그 사람이 조현병이 아닌지 우선 생각해보셔야 합니다. 그 사람을 만나 도움을 줄 상황이 된다면 최근의 이상한 현상과 증상에만 몰두하지 말고 구체적으로 언제부터 이런 증상이 생겼고 그 전에 어떤 기미가 있었는지 확인해야 합니다. 소위 귀신 들렸다고 하는 사람에게 이러한 망상적 기분이나 관계사고 혹은 지각왜곡이 초기에 있었고 시간이 지나 점점 악화되어 현재에 이르렀다고 확인이 된다면, 지금 문제가 귀신이라는 외부적 존재에 의해서 생긴 현상만이 아니라 오랜 과정을 거쳐 내담자의 자기 경계영역이 무너지면서 결국 조현병으로 나아간 것임을 보호자나 주변 사람들에게 설명해줄 수 있겠습니다.

기독 상담자가 조현병 환자를 만났을 때 그를 기도로 온전히 회복시키리라고 생각하는 것은 앉은뱅이를 일어나게 하고 눈먼 자를 눈뜨게 하리라고 생각하는 것과 같습니다. 주 안에서 그러한 기적은 일어날 수 있는 일이지만 늘 일어나는 것이 아니고 오히려 매우 희귀하게 일어납니다. 그러니 상담자로서 적절한 치료적 접근은 보다 현실적인 효율성을 바탕으로 하는 것이 당연합니다.

치료

조현병은 복합적인 원인에 의한 다양한 증상의 질환이기 때문에 치료 또한 다각도에서 통합적으로 해야 합니다. 이 병의 증상들을 접근하고 치료하는 데 도움이 되는 한 가지 방법은 이들 증상을 양성 증상, 음성 증상, 대인관계 손상의 세 가지 증상군으로 나누는 것입니다. 양성 증상 치료의 가장 중요한 방법은 약물치료입니다. 적절하게 약을 쓰면 많이 호전됩니다. 음성 증상이나 대인관계 손상의 치료는 낮병원, 지역보건센터, 상담실 등을 통한 사회 적응 훈련이며, 다른 재활치료와 비슷하게 취약성을 있는 그대로 인정하고 가능한 대안을 찾아 꾸준히 노력하면서 유지되는 작업입니다.

신체 돌봄 : 약물치료의 효율성

조현병의 치료에서 가장 일차적이면서 중요한 것은 약물치료입니다. 이 병을 심리 차원에서만 접근하는 것은 중대한 실수입니다. 부작용이 있더라도 약을 먹어서 재발을 막는 것이 약을 안 먹어서 재발하는 것보다 훨씬 낫습니다. 왜냐하면 재발을 할 때마다 신체와 심리가 피폐해지는 정도가 강력하고, 그때 손상되는 인지기능은 다시 복귀되기 어렵기 때문입니다. 그러니 약으로 고생하는 것과 재발하는 것을 비교할 때 더 나쁜 것은 재발하는 것입니다. 물론 부작용을 최소화하는 것이 중요하지만 그보다 더 중요한 것은 꾸준히 약을 잘 복용하는 것입니다. 약물 없이 지내는 환자와 약물 복용을 하며 지내는 환자의 삶의 질은 현격한 차이가 납니다. 약물치료의 한계가 있고 약을 복용한다고 멀쩡해지는 것은 아니지만 그래도 여전히 조현병의 가장 주된 치료는 약물치료입니다.

조현병의 약물치료 연구 결과에 따르면 조현병이 처음 발병한 환자는 회복 후 최소 1년간 약을 계속 복용하는 것이 재발 방지에 유효하다고 하였고, 재발한 경우는 회복 후 최소 3년간, 세 번 이상 재발하게 된 경우는 평생 약을 복용하는 것이 재발을 방지하는 데 유효하다고 하였습니다.

심리 돌봄 : 개인 심리치료와 팀 접근

개인 심리치료에 대한 원리를 먼저 살펴봅시다. 첫째, 치료자는 조현병 환자의 심리 경계영역의 취약성을 감안하여 적당한 심리 간격을 유지해야 합니다. 건강한 사람들은 타인이 말을 걸어오는 것에 응대하는 것은 물론이고 자신의 사생활을 공개하는 데에서도 상당 부분 가능합니다. 하지만 조현병 환자는 심리 경계영역이 잘 세워져 있지 않아서 너와 나의 경계영역 구분이 약하고 투사의 방어기제가 쉽게 동원됩니다. 이러한 환자에게 누군가가 다가서면 환자는 자신이 해체되고 분열될 것 같은 불안을 느끼게 되고 증상이 악화됩니다. 증상은 무조건 없애야 하는 대상이 아닙니다. 증상은 환자가 그 나름대로 사람 및 환경과 교류하는 방식인데 그 특성의 핵심은 심리적 간격을 만드는 데 있습니다. 환자가 자신의 안정감을 느끼고 조금씩 건강한 경계영역을 형성해 나가기 위해서는 치료자가 환자에게 천천히 다가서야 하며 심리 간격을 충분히 유지한 채로 접근해야 하는데, 심리 기법으로 말하자면 분석적 치료가 아니라 지지 치료적인 접근을 해야 합니다. 심리 간격을 유지한다는 뜻은 실제적으로 조금 무뚝뚝하게 대하고, 눈 맞춤을 애써 하지 않으며, 내담자가 쉽게 예상할 만한 언행을 해서 내담자에게 자극이 덜 가게 해 주는 것을 말합니다. 일반적인 사람들과 이런 관계를 유지하면 인간미가 없다거나 낯을 가린다는 평가를 할 수 있겠지만 조현병 환자들과는 이런 관계가 보다 안전하고 편안한 관계입니다. 교회에서 조현병 신자를 대할 때에도 이런 원칙이 적용되어야 합니다. 예를 들어 보통의 조현병 환자에게는 갑자기 손을 잡고 기도하거나 회중 앞에서 신상을 공개하며 인사시키는 것을 지양해야 합니다.

둘째, 내담자의 마음을 먼저 읽어 주어야 합니다. 내담자의 심리적 상태는 만 0~1세의 아이가 엄마에 대한 절대적인 의존 상태에서 세상과 교류하는 방식과 동일합니다. 아직 말을 하지 못하는 시기에 아이들이 엄마에게 자기 의사 표현을 어떻게 하는지 생각해 보세요. 엄마는 어떻게 알아듣습니까? 정확히 말하자면 아이가 의사를 분명히 전달해서가 아니라 엄마가 아이의 필요를 잘 알아채는 것입니다. 마찬가지로 조현병 환자는 자신의 필요를 표현하는 것에 서툴며 게다가 비현실적인 사고와 언어 및 감정으로 표출하기 때문에 그의 진정한 기대와 요구를 잘 전달하지 못합니다. 치료자는 환자의 언어적·비언어적 표현을 넘어서서 어떤 기대와 요구가 있는지를 알아챌 수 있도록 훈련해야 합니다. 환자와 꾸준히 교류하는 치료자라면 이에 대해서 경험적으로 알 수 있고 증상의 투사 특성을 역으로 생각하면 본래의 기대를 짐작할 수 있습니다.

셋째, 환자의 주변인과 환자 사이에 중재 역할을 해 주어야 합니다. 꾸준히 교류하는 사람이 내담자의 필요를 가장 잘 안다고 하면 아마도 가족이 내담자의 필요를 가장 잘 아는 사람이리라 짐작하겠지만 많은 경우 그렇지가 않습니다. 가족들은 환자를 그동안 계속 이해하지 못해 온 사람일 수 있습니다. 때로는 가족이 환자의 증상을 더 악화시키는 요인으로 작용하기도 합니다. 그러한 경우에 치료자는 자신이 이해한 환자의 기대와 필요를 가족들과 주변 사람들에게 대신 전해 주고, 더 나아가서 환자의 기대와 필요를 알아채는 요령을 전수해 주어야 합니다. 저는 "번역자가 되라."고 표현하고 싶습니다. 외국어를 쓰는 사람의 언어를 번역해 주고 더 나아가 외국어를 할 수 있는 요령을 전해 주는 것처럼 치료자는 내담자와 주변 사람 사이의 중재 역할을 할 뿐 아니라 환자 및 가족과 정신건강의학과 의사 사이의 교량 역할도 맡게 됩니다. 치료자는 환자의 약물 복용에 대해서도 도움을 주는 사람이 되어야 합니다. 약에 대한 편견을 극복하는 데에도 도움이 되겠지만 단순히 약을 꼭 먹어야 한다는 차원이 아니라 약이 주는 역동적 의미도 발견하여 환자에게 효과적인 치료가 가능하게 해 주어야 합니다.

넷째, 조현병 환자에게는 팀 접근을 해야 합니다. 조현병 환자는 한 사람과 좋은 사랑의 관계를 회복한다고 해서 전체적인 심리 상태가 나아지지 않습니다. 환자는 에릭슨이 0~1세의 심리 과제로 언급한 기본적인 신뢰에서 결함을 나타냅니다. 기본적인 신뢰란 세상과 사람이란 모름지기 믿을 만하다는, 안전의 기반이 되는 감정입니다. 안전감을 형성하려면 어느 한 사람의 깊은 사랑만으로는 안 되고 환자의 주변 전체가 안전한 환경이 되어야 합니다. 그러므로 다양한 대상이 팀으로 안전하게 다가가야 합니다. 교회와 사회가 그 역할을 해야 합니다.

사회 돌봄 : 환자에 대한 인식 개선

사회 돌봄으로는 우선 환자의 주변은 물론이고 모든 사람들에게 조현병에 대한 인식 개선을 가르쳐야 합니다. 조현병만큼 편견과 오해가 많은 병도 드물죠. 분명한 것은 조현병은 엄연한 의학적 질병이기 때문에 이에 대한 정확한 지식과 균형 잡힌 접근이 필요합니다. 조현병은 다양한 원인에 의한 다중적인 질환이므로 다양한 모델의 접근이 복합적으로 이루어져야 합니다. 어느 한 가지의 치료 접근이나 치료자 한 사람만으로는 안 됩니다. 사회 접근으로는 집단치료, 가족치료, 사회기술훈련, 입원치료, 낮병원 등의 다양한 치료 체계가 있습니다. 조현병의 경우 질병 초기에는 입원과 약물치료가 중요시되고 중기 및 후기에는 심리치료와 사회재활치료가 중요시됩니다. 담당 치료자는 환자의 지속적인 치료를 위해 여러 치료기관 사이에서 조율하고 가족을 참여시키는 사례관리자 역할을 하게 됩니다.

영적 돌봄 : 영 분별과 건전한 신앙관

귀신들림을 앞서 설명한 영적 경계영역의 이상으로 보시는 것이 좋겠습니다. 귀신은 영적 존재이지만 사람의 몸속에 들어가는 외부 대상이라는 면에서는 세균과 흡사합니다. 세균이 우리 면역체계를 능가할 때에야 감염질환으로 고생을 하게 되는 것처럼, 귀신이 우리 안에 들어온다고 해서 모두 문제가 생기는 것은 아니고 우리를 지배할 때에만 문제가 생깁니다. 경계영역이 튼튼하다는 것은 무조건 들여보내지 않는 것은 아니라는 점도 말씀드렸습니다. 오히려 유연한 대처를 할 수 있는 경계영역이 더 건강합니다. 축사는 귀신을 쫓아내는 행위이지 영적 경계영역을 세워 주는 행위가 아니기 때문에 충분히 다시 귀신이 들어올 수 있습니다. 항생제를 투여하듯 축사를 통해 귀신 들린 인격을 순간적으로 안정화시킬 수 있다고 해도 결국 본인의 영적 경계영역이 튼튼해지지 않으면 그 순간일 뿐입니다.

영적 경계영역을 튼튼히 하기 위해서 우리가 할 수 있는 것은 대단한 일이 아닙니다. 우리가 잘 아는 기본적인 신앙생활, 즉 말씀 읽기와 기도 생활, 성도 간의 교제와 복음 전도의 일을 충실히 하는 것으로 충분합니다. 이에 더하여 정확한 성경 지식이 필요한데, 이 지식은 영적 경계영역이 약할 것이라는 막연한 불안을 가라앉혀 줍니다. 첫째는 이미 귀신의 권세를 예수님이 누르셨다는 것입니다. 물론 우리는 중도적인 현실에 살고 있기 때문에 귀신의 권세에서 완전히 자유로울 수는 없습니다. 그렇다고 해도 최종적으로 귀신의 권세는 패배할, 결과가 정해진 싸움입니다. 둘째로 귀신은 하나님이 아니므로 하나님의 속성이 없습니다. 즉 귀신은 무소부재하지도 않고 전지전능하지도 않습니다. 귀신이 우리 마음을 다 알아챌 수 없으며 특성상 언제 어디서나 존재할 수도 없습니다. 흔히 귀신은 우리 마음을 다 알고 어디에나 있다고 생각하게 되는데 그것은 우리가 귀신에게 속아서 그렇게 생각하는 것이지 사실이 아닙니다. 귀신의 전공이 거짓으로 속이는 일이니까요.

영적 지도자들은 영의 분별에 자신이 없을 때 신비한 표현으로 상황을 은폐하려고 해서는 안 됩니다. 조현병과 같은 정신증 현상들은 얼핏 보기에 이해할 수 없으며 모르는 영역이기에 영적 지도자들도 혼동하기 쉽습니다. 잘 모를 때 모른다고 말하는 것은 솔직하고 용기 있는 일입니다. 그런데 일부 지도자는 자신이 잘 모르면서 자기를 속이고 귀신 때문이라고 하거나 영적으로만 해석하면서 치료 기회를 차단합니다. 축사를 할 때 꼭 큰 소리로 해야 귀신이 나가고 안 그러면 귀신이 안 나갈까요? 어떤 이는 귀신한테 하는 말이라면서 욕을 하는데 이를 성경적이라 할 수 있습니까? 이는 순전히 주관적인 경험을 그럴싸하게 포장한 것입니다. 귀신들린 사람이 축사를 받을 때 제정신이 전혀 없는 것이 아니며, 비록 귀신더러 나가라고 하는 것이지만 축사를 받는 당사자는 상당한 수치심을 느낀다고 합니다. 축사하는 이가 욕을 한다면 수치심은 더 하겠지요. 축사하는 이가 큰 소리로 축사를 하거나 욕을 하는 것에는 축사하는 이의 불안이 반영되어 있습니다. 자신이 불안하다는 점을 은연중에 은폐하다보니 그렇게 되는 것입니다.

결과적으로 어떤 치료 방향으로 나아가느냐로 볼 때, 귀신들림인지 정신병인지 분간을 못할 때에는 병으로 보는 것이 훨씬 낫습니다. 귀신들림으로 취급하면 십중팔구 치료를 못하게 합니다. 하지만 병으로 취급하면 치료는 하지만 주변 사람들이 열심히 기도를 합니다. 결국 귀신들림으로 보는 것보다 병으로 볼 때 오늘 강의에서 말씀드린 통합적 접근으로 나아갈 가능성이 높으므로 애매할 땐 병으로 취급하는 것이 훨씬 낫습니다.

영적인 주제를 이야기하면 대부분의 사람은 자신이 없어집니다. 잘 모르는 영역이라고 생각하기 때문입니다. 하지만 너무 걱정하지 마십시오. 경계영역은 신체, 심리, 영적 모두 비슷한 특성을 지니고 있어서 유연할 때 오히려 쉽게 무너지지 않으며, 경계영역의 애매함은 신체, 심리, 영적 순서로 심해지는데 애매할수록 손상도 잘 안 됩니다. 그래서 감염이 되는 것(신체)보다는 정신병이 생기는 것(심리)이 더 어렵고 귀신들리는 것(영적)이 훨씬 더 어렵습니다. 귀신들림, 즉 영적 방어막의 손상이 가능하려면 일반적으로는 먼저 신체 방어막과 심리 방어막이 약해지고 무너져야 하는데 웬만해서는 그런 허술한 경계영역의 손상은 일어나지 않습니다. 그러니 귀신들리지 않을까 너무 염려하지 마십시오.

나는 하나일까요?

나는 여럿일까요?

제6강

해리 현상은 한 사람 안에서
다양한 인격이 나타나는
증상입니다.

해리 현상과 트라우마

소설 지킬박사와 하이드, 영화 '사랑과 영혼', 성서에 언급된 바울의 신비 경험, 방언기도의 공통점은 모두 해리 현상이 담겨 있다는 것입니다. 해리 현상은 우리 일상에서도 쉽게 일어나지만 과도하고 병적인 해리 현상은 매우 드물게 일어납니다. 이번 강의에서는 해리 장애와 함께 해리 현상을 같이 다루겠습니다. 해리 현상에 관심을 가지게 되는 대표적인 두 영역으로 종교적 신비 경험과 트라우마 반응이 있습니다. 정신건강의학과 교과서에 해리 장애 분량이 많지 않으며 정신건강의학과 의사로서 해리 장애 환자를 만나는 예도 적은 편입니다. 그런데 트라우마에 따른 어려움을 겪는 사람들을 만나는 기회는 늘어나고 있으며 적절한 도움을 제공하기 위해서는 트라우마와 관련된 해리 반응을 반드시 이해해야 합니다.

해리 현상이라는 공통점 때문에 해리 장애를 통해 종교적 신비 체험을 이해하거나 종교적 신비 체험을 통해 해리 장애를 이해하는 통찰을 얻을 수 있습니다. "같은 해리 과정에서 하나는 병이 되고 하나는 숭고한 종교 체험이 된다니 말이 되는가?" 의아하게 여기시는 분이 있으실 텐데, 이는 같은 물질이 경우에 따라서 약이 되거나 독이 되는 것과 흡사합니다.

해리의 정의

마음을 둘로 나누는 방어기제

해리dissociation는 나누다divide는 뜻이죠. 분리된다는 것인데 어떻게 나뉘는 것일까요? 방어기제를 공부하다 보면 마음을 둘로 나누는 방어가 꽤 있습니다. 이들 방어기제가 무엇과 무엇으로 나뉘는지를 해리와 비교하면 그 뜻을 더욱 잘 알 수 있을 것입니다. 마음을 둘로 나누는 방어기제에는 몇 가지 원칙이 있습니다. 첫째는 두 마음이 서로 공존할 수 없다는 것이고, 둘째는 어느 한쪽은 가려진다는 것입니다. 한쪽이 가려지는 이유는 간단합니다. 심적 부담을 줄이기 위해서입니다. 내가 직면하고 해결해야 할 것을 반으로 줄이는 셈이라 하겠습니다. 하지만 방어는 문제를 실제로 줄이는 것이 아니라 임시방편으로 잠시 심적 부담을 줄이는 것뿐이기 때문에 하나의 방어에 오래 머물러 있으면, 즉 증상에 치우쳐 있으면 문제 해결이 안 되고 오히려 역효과를 낳게 됩니다.

억압repression은 무의식에 있는 어떤 생각이나 감정이 의식에 올라오지 못하도록 누르고 있는 경우를 지칭합니다. 그러므로 억압은 의식으로 느껴지지 않습니다. 가령 근친상간의 욕구는 일반적으로 억압되어 있어서 대부분의 사람들이 그러한 경우는 생각조차 해 보지 않았다고 말합니다. 어느 하나의 생각이나 감정이 의식에 있으면서 동시에 무의식에 있을 수는 없습니다. 마음을 의식과 무의식 둘로 나눈 이상 이쪽 아니면 저쪽에 속하는 것이지 양립할 수 없습니다. 억압을 도식화할 때 통상적으로 위아래를 나누는 식으로 그림을 그리는데, 무의식이 심층에 있다는 의미를 전달하기 위해 그렇습니다. 그리고 한쪽이 가려지는데 억압의 경우엔 무의식이 가려지지요. 그래서 우리가 발견할 수 없고 덮어지게 됩니다.

격리isolation(고립)라는 방어는 마음에서 기억과 감정을 나눕니다. 그리고는 감정 영역을 가립니다. 격리는 충격적인 감정을 배제하고 사실에 대한 묘사를 감정의 자극을 받지 않은 채 나오게 합니다. 그러므로 우리는 격리라는 방어를 통해 충격적인 개인 경험을 무덤덤하게 말할 수 있게 됩니다.

[그림 6] 마음을 둘로 나누는 방어기제

분열splitting이라는 방어는 좋음good(선)과 나쁨bad(악)을 나누고 번갈아 가며 어느 한쪽을 가립니다. 흑백논리가 그 예가 되는데 양쪽이 번갈아 가려져서 어느 땐 흑이 되었다가 어느 땐 백이 됩니다. 분열의 방어가 사람을 향하여 적용되면 어떤 사람은 무조건 좋고 어떤 사람은 무조건 싫게 됩니다. 심지어 하나의 상대를 두고 어제는 마냥 좋은 사람이었다가 오늘은 철천지원수로 취급합니다.

방어기제는 우리 마음에서 견딜 수 없는 자극에 따라 일어나는 불안을 줄이기 위해 동원되는 마음의 전략입니다. 그러므로 불안이 가중되면 방어기제도 더 많이 동원됩니다. 방어기제가 더 많이 동원된다는 것은 증상이 심해진다는 말이 됩니다. 만약 방어기제를 제대로 동원하지 못하면 불안이 점점 커지고 최종적으로는 불안의 실체인 자기 파괴의 실질적 고통을 경험하게 될 것입니다. 즉 상태가 악화되면서 실질적인 고통을 받을지 아니면 방어에 따라 증상이 심화될지를 정해야 하는데 대개는 후자가 보다 수월하다고 느끼기 때문에 방어와 증상이 강화됩니다.

해리의 특성

해리도 다른 방어기제들처럼 마음을 둘로 나누어서 그 짐을 덜려는 의도나 방식이 동일합니다. 다만 어떻게 나누는지가 다른 것이죠. 그렇다면 해리는 마음을 무엇과 무엇으로 나눌까요? 그림에는 둘 다 물음표를 해 놓았습니다. 정답은 "그냥 ~ 나눈다."입니다. 이 점에 있어서 다른 방어기제와 확실히 차별화됩니다. 해리는 양적인 분리입니다. 억압, 격리, 분열은 질적인 분리입니다. 그래서 나뉜 양쪽이 질적으로 다릅니다. 그런데 해리는 그냥 둘로 나눕니다. 그래서 나뉜 양쪽이 질적으로는 같습니다. 비유를 들어 보겠습니다. 여러 종류가 섞여 있는 콩을 두 바구니에 나누어 담으려고 합니다. 질적인 분리를 하게 되면 색깔에 따라 둘로 나누거나 크기에 따라 둘로 나누거나 할 것입니다. 그런데 양적인 분리를 하면 그냥 바구니에서 반은 한쪽 바구니에 덜고 나머지 반은 다른 바구니에 덜기만 하면 됩니다. 나누는 데 있어서 양적 분리는 질적인 분리에 비해 수고가 덜합니다. 나누는 시간도 빠르지요. 하지만 세련된 작업이라고 말할 수는 없겠지요. 마찬가지로 해리는 다른 방어기제에 비해 훨씬 단순하고 빠른 방어기제이며 그만큼 수준이 낮은 방어기제입니다. 다른 방어기제는 보다 정교하고 세련된 방어 양식이라 할 수 있습니다. 그렇다면 해리라는 방어를 쓰는 사람은 수준이 낮고 성숙하지 못한 사람인가요? 해리를 사용하는 경우는 두 가지로 설명할 수 있습니다. 첫째는 환자가 어린 시절부터 심리적 충격의 상황이 많아서 세련된 방어를 동원할 만큼의 여력이 없이 수준 낮은 방어를 동원해 왔던 경우입니다. 둘째는 현재 상황이 너무 급박하다 보니 세련된 방어를 쓸 경황이 없어서 일단 수준 낮은 방어를 동원하는 경우입니다. 전자의 경우는 여러 상황에서 해리가 동원될 가능성이 높겠지만, 후자의 경우는 상황이 좀 나아지면 해리는 다른 세련된 방어로 변경될 가능성이 높습니다. 해리 현상이 비록 수준 낮은 방어이긴 하지만 그렇다고 모두 병적인 것은 아닙니다. 정상적인 사람이라도 해리 방어가 동원될 수 있으며 이는 앞서 말한 두 가지 경우 중 후자에 해당하겠고 대표적인 것이 바로 종교적 신비 체험입니다.

해리가 마음을 무조건 둘로 뚝 자르긴 하지만 둘 중 아무거나 가리는 건 아니고 둘 중 가리고 싶은 부분이 많은 것을 가릴 것입니다. 가리고 싶은 부분이란 감당하기 힘든 충격적인 사건이거나 당장 코앞에 닥쳐오는 현실적인 부담일 가능성이 높습니다. 그런 부분을 해리를 통해 가리게 된다면 나머지 가려지지 않은 부분은 어떤 부분일까요? 충격과 부담의 반대가 되겠지요? 그런 부분은 우선 나에게 심리적 충격이 되지는 않을 만한 부분이죠. 동시에 현실의 반대 부분이니까 현실과 거리가 먼 부분이 될 것입니다. 그래서 해리가 일어나면 많은 경우 환상이나 신비 경험과 같은 비현실이 좀 더 높아지는 양상을 보입니다. 이러한 설명을 들으면

"해리를 통해 환상이나 신비 경험이 커진다고? 그 환상이나 신비 경험이 오히려 더 벅차고 부담이 되는 경우도 있지 않나?" 잠시 혼동을 느낄 수 있습니다. 해리를 통해 경험하는 현상들이 부담이 될 수 있지만 가려진 부분에 비해선 상대적으로 훨씬 덜 부담이 된다고 알아 두시면 좋겠습니다.

비현실은 조현병과 같은 정신증처럼 현실을 회피하고 자기를 보호하는 탈출구가 되긴 합니다. 문제는 오래 머무르면 오히려 주객이 전도되어 탈출구가 아니라 더 문제가 되지요. 해리도 방어기제니까 우선은 자신을 보호하기 위해 동원되는 것인데 그것이 비효율적으로 지속적으로 사용되면 오히려 해리 장애와 같은 병이 되는 것입니다. 해리 증상과 정신증 증상은 외적으로 흡사합니다. 명확한 구분의 기준을 설명하는 것이 더 복잡해질 수 있으므로 우선은 해리 증상이 어떤 것이 있고 어떤 특성을 보이는지 익히는 것이 좋겠네요. 그러면 특정 현상을 해리로 볼지 아니면 정신증으로 볼지 구별하는 요령이 늘어날 것입니다.

해리 증상

해리가 실제적으로 어떤 현상으로 나타나는지 살펴봅시다. 해리가 수준 낮은 방어이므로 해리 증상은 그만큼 극적입니다. 그래서 해리 증상은 문학 작품이나 영화의 소재로 자주 등장합니다. 해리 증상은 정체감 혼란 및 변형, 기억상실, 이인증, 비현실감이 있습니다.

정체성 혼란과 정체성 변형

정체성 혼란과 정체성 변형 두 용어는 세밀히 구분되지 않고 같은 의미로 취급되기도 하지요. **정체성 혼란**identity confusion은 자기 정체성이 헷갈리는 것입니다. 자신이 누구인지 정확하지 않다고 여기거나 여러 정체성 사이에서 갈등하며 자기가 어떤 사람이라고 특정하지 못합니다. "자신이 누구인지에 대해서 혼란을 느끼신 적이 있습니까?", "자기 내부에서 실제로 누가 자기인지를 놓고 싸워 보신 적이 있습니까?" 이렇게 질문하여 확인할 수 있습니다. 성장 과정 중에 특히 청소년 시기에는 정상적으로 정체성에 대해 혼동을 느끼게 되어 내가 누구인지 고민하지요. 이러한 정상적인 정체성 혼동diffusion은 해리성 정체성 혼란과 다릅니다. 혼동은 정상적이고 혼란은 비정상적이라는 말은 아닙니다. 혼동과 혼란은 혼용하는 단어입니다. 핵심은 혼동이냐 혼란이냐가 아니라 정상적이냐 비정상적이냐입니다. 해리성 정체성 혼란은 문제를 회피하고 자기를 보호하기 위해 어쩔 수 없는 방어 방식으로 나타납니다. 반면 정상적인 정체성 혼동은 안 풀리는 수학문제를 풀듯 어떤 목표를 달성하기 위해 고민하는 의도적인 고민과 노력입니다.

정체성 변형identity alteration은 정체성이 바뀌는 것입니다. 정체성 혼란은 애매함과 혼란을 특징으로 하는데 정체성 변형은 다른 존재가 되는 것입니다. 비유를 하자면 내가 순자인지 미애인지 혼란스러워한다면 정체성 혼란에 해당하는 것이고, 순자인 내가 돌연 미애라고 확고하게 여기면 정체성 변형에 해당하는 것입니다. 무당이 점을 친다면서 애기귀신이 들어왔다고 하고 애기귀신과 자신이 이야기를 나누는 식으로 두 목소리를 내고 있으면 이는 한 몸에 두 존재가 느껴지는 것이니까 정체성 혼란에 해당합니다. 그런데 애기귀신이 들어온 순간 무당 정체성은 전혀 나타나지 않고 애기 귀신의 정체성만 나타났다가 귀신이 나갔다면서 비로소 자기 자신으로 되돌아오는 양상은 비록 순간적이긴 하지만 정체성 변형에 해당합니다. 정체성 변형을 보이는 대표적인 질환은 해리성 정체성장애(다중인격)입니다. 지킬박사와 하이드처럼 자기 정체성이 바뀌는 것이죠. 정체성 변형과 정체성 혼란이 한 사람에게 같이 있을 수도 있습니다. 그런 경우에는 어느 때에는 정체성 혼란이 있다가 또 어느 순간에는 갑자기 정체성 변형이 나타납니다.

기억상실

모든 기억상실이 해리성은 아닙니다. 기억상실은 다양한 원인에 기인합니다. 우리 뇌의 용량은 한정되어 있어 모든 걸 다 기억하지 못하고 일부는 기억 저편으로 보내는 것이 정상입니다. 기억상실amnesia은 이처럼 자연스럽게 잊어버리는 부분이나 건망증처럼 단순히 기억 능률이 떨어지는 것을 의미하는 것이 아니며 상식적으로 기억을 할 만한데도 기억을 못하는 경우를 말하지요. 기억상실은 여러 기준에 따라 분류합니다. 우선 신체적인 문제인지 심리적인 문제인지에 따라 기억상실은 기질성organic과 심인성psychogenesis으로 나뉩니다. 그리고 기억의 단계인 저장-회상 중에서 어느 쪽에 더 큰 영향이 있는가에 따라 기억상실은 기억 저장에 문제가 있는 경우와 기억 회상에 문제가 있는 경우로 나뉩니다. 또 문제의 시점에서부터 기억상실이 어느 쪽으로 진행되느냐에 따라 기억상실은 전향성antero-grade과 후향성retro-grade으로 나뉩니다. 기억상실이 점차적으로 진행했는지 아니면 어느 순간 갑자기 생겼는지의 차이로 구분할 수도 있습니다. 일반적으로 기질성 기억상실은 기억 저장에 문제가 있는 경우로, **전향성 기억상실**이며 점차적으로 진행합니다. 반면 심인성 기억상실은 기억 회상에 문제가 있는 경우이고 **후향성 기억상실**이며 기억상실이 어느 순간 갑자기 생깁니다.

기질성은 신체 조직에 문제가 있다는 뜻이며 **기질성 기억상실**은 뇌의 생물학적인 요인에 의한 기억상실을 말합니다. 뇌에서는 측두엽 부분이 기억을 담당하고 있는데 염증, 종양, 교통사고 등으로 이 부분이 손상되면 기억을 상실하게 되죠. 이러한 기억상실은 기억 저장에 더 큰 장애를 보입니다. 뇌 조직은 컴퓨터 모니터와 흡사합니다. 화면 픽셀 일부가 손상되어도 대충 화면을 알아볼 수 있는 것처럼, 이미 기억으로 저장된 정보는 뇌가 심하게 파괴되지 않는 한 비교적 잘 남아 있습니다. 대신 새로운 정보의 저장에는 문제가 나타납니다. 문제가 시작된 시점부터 기억 저장에 이상이 있다 보니 시점 이후로의 기억이 제대로 나지 않게 됩니다. 시점 '이후'인데 '전향성' 기억상실이라고 말하니 혼동되지요? 여기서 전향성이란 시간의 흐름을 말합니다. 시간은 미래로 가니까 전향성이 문제 시점 이후, 즉 문제 시점부터 미래 방향이 됩니다. 문제가 시작된 시점을 기준으로 볼 때 기억상실의 문제는 점차적으로 진행됩니다. 대부분의 질환이 그러하든 어느 한 순간부터 갑자기 증상이 나타나는 것이 아니라 초기 증상으로 시작하여 서서히 심화되는 것이죠. 회복도 마찬가지로 천천히 이루어지는 편입니다.

해리성이 포함되는 **심인성 기억상실**은 뇌 조직에는 이상이 없으면서도 기억 기능이 장애를 나타내는 경우인데 그 요인은 심리적인 것으로 봅니다. 기억 저장에 문제가 없어도, 즉 기억이 지워지지 않았으면서도 어떤 심리적 요인에 의해서 기억 회상이 안 될 때가 있는데 이를 가리켜 심인성 기억상실이라고 부릅니다. 이러한 경우는 기억 저장과 밀접한 단기 기억 회상보다는 중장기 기억 회상에 더 큰 장애를 보입니다. 이 경우 후향성 기억상실이 더 흔히 나타납니다. 문제 시점이 일주일 전인데 그 후로 최근 일주일 동안 있었던 일이나 오늘 일어난 일에 대해 비교적 잘 기억하고 있다면 그의 기억 저장, 즉 단기 기억 기능은 장애가 없다는 것을 알 수 있습니다. 그런데 그 사람이 한 달 전 일이나 몇 년 전 일을 기억 못한다면 이는 기억 저장 문제라기보다는 기억 회상이 안 되고 있다고 짐작할 수 있는 것입니다. 이러한 후향성 기억상실은 대부분 심리적인 충격에 의합니다. 그리고 특징적으로 기억이 나고 안 나는 시점 구분이 비교적 분명합니다. 딱 일주일만 기억이 안 난다든지 어떤 충격을 기점으로 앞뒤 하루씩만 기억이 안 난다든지 하는 식입니다. 기억하지 않으려고 하는 시점이 무의식적으로 분명하기 때문입니다. 회복이 될 때에도 일반적으로 천천히 기억이 회복되기보다는 어느 순간 갑자기 기억이 나는 식으로 극적 전환이 됩니다.

해리성 기억상실이 해리에 의한 것이라는 점이 이해가 되십니까? 기억을 못하는 시점의 모든 것이 말 그대로 해리되어 가려진다는 것입니다. 어떤 경우엔 자기 이름, 나이, 주소 이런 것들을 기억 못하기도 합니다. 해리에 의한 것이니 해리가 해소되면 가려진 것이 원상복귀되겠지요? 실제로 해리성 기억상실의 상실된 기억은 치료를 통해 회상이 가능합니다.

이인증

이인증depersonalization은 자아 정체성 혹은 자의식이 자신과 분리되는 것입니다. 이인증은 스스로가 낯설게 느껴지거나 관찰자인 나와 경험자인 내가 둘로 분리되는 것 같거나 내가 갑자기 커지거나 작아지는, 감정적인 반응을 모두 잃어버린 느낌이 드는, 내가 무언가 이상하게 되는 것 같은 느낌 등등의 다양한 경험으로 묘사됩니다. 예를 들어서 내 영혼이 내 몸에서 분리되어 내가 천장에 올라가서 내가 누워 있는 나를 바라본다든지 하는 식입니다. 아주 특별한 경험이지요. 최면 상태나 황홀경trance, 종교적 무아지경ecstasy 상태에서 이인증이 일어납니다. 이인증은 영어로 depersonalization인데 personalization(인격화)에 de(벗어난)가 붙어서 만들어진 용어지요. 트라우마를 겪은 사람들의 30%가 이인증을 겪습니다. 이인증과 정체성 혼란은 어떤 차이가 있을까요? 이인증은 자신에 대해서 이상하게 느끼니까 정체성 혼란과 겹쳐서 일어날 수도 있을 것입니다. 하지만 정체성 혼란과 관련없는 이인증은 자신의 신체나 특정 부분에 대해 분리감이나 크기의 변환 등을 느끼기는 해도 자신이 누구인지 혼란스러워하지는 않는다고 봐야겠죠.

이인증을 확인하기 위해서는 "자기 몸 밖에서 자기를 바라보는 그런 느낌을 느낀 적이 있나요?", "자기 자신한테 자기가 이방인이 된 것 같은 느낌을 느낀 적이 있나요?", "자기 일부가 자기 자신에게 이질적이라고 느낀 적이 있나요?"와 같이 물어보면 됩니다. 이인증을 경험한 사람들의 표현은 다양합니다. "저는 제 몸에 소속된 것 같지 않아요. 다른 몸이 제 몸 안에 또 있는 것 같아요. 어떻게 설명해야 할지 모르겠어요. 느끼기에는 제 몸이 태어나지 말았어야 했다는 것이에요. 어떤 몸인지 모르겠지만 이건 아닌 것 같아요. 제 얼굴이 아닌 것처럼 종종 느껴져요." 다른 사람이 옆에서 볼 때 이 사람들은 마치 신들린 것 같은 표정을 짓고 자신도 모르는 어떤 행동을 하죠. 이인증은 꼭 심리적인 이유로만 생기는 것은 아닙니다. 심한 열병을 앓거나 오래 굶거나 하는 경우에도 이인증이 일어날 수 있습니다. 이 경우는 기질적인 이유 때문에 일시적인 이인증이 생기는 것이죠. 머리가 윙윙거리면서 신체 일부가 이질적으로 느껴지거나 원래보다 너무 크게 느껴지거나 너무 작게 느껴지거나 하는 경우가 있습니다. 이인증만 일어나는 경우도 있겠지만 비현실감이 흔히 동반됩니다.

비현실감

비현실감derealization은 자신을 둘러싼 현실, 사물, 사람이 이상하게 느껴지는 것입니다. 갑자기 낯선 곳에 있는 느낌이거나 혹은 이제까지 살아오던 환경이 이상하게 느껴지는 것들이죠. 집이나 직장, 가족이나 친구가 낯설게 느껴지거나 비현실적이라고 느껴집니다. 주위 사물의 크기가 변한 것 같거나 주위 환경이 멀리 혹은

비현실감은 자신을 둘러싼 현실, 사물, 다른 사람이 이상하게 느껴지는 것입니다.

가깝게 있는 것 같은 느낌이 들기도 합니다. 자다가 일어나서 거실에 나왔는데 왠지 이상하게 낯선 곳에 온 느낌을 경험하신 적이 있나요? 잠이 들려고 할 때나 어설프게 잠이 깬 경우는 기질적으로 뇌가 명료한 작동을 하고 있지 않아서 잠시 이상감각을 느낄 수 있습니다. 이런 경우는 일시적인 기질적 비현실감이라고 해야죠. 비현실감을 뜻하는 용어 중에 기시감과 미시감이 있습니다. 기시감deja vu은 생소한 것임에도 어디서 본 것 같은 혹은 옛날에도 비슷한 경험을 한 것 같은 느낌을 말합니다. 예를 들어 난생 처음 어디에 왔는데 전에 왔었던 것 같거나 꿈에서 본 것 같은 느낌이 드는 것을 말합니다. 미시감jamai vu은 친숙한 대상이나 환경이 마치 처음 접하는 것 같은 느낌이 드는 경우입니다. 매번 오는 장소나 모임이 어느 날 갑자기 무언가 색다르게 느껴지는데 다른 사람에게 물어보니 바뀐 것이 아무것도 없다고 말합니다. 주변이 바뀐 것이 아니라 내 마음에 어떤 변동이 있어서 주변을 비현실감의 방식으로 경험하고 있는 것입니다.

비현실감을 확인하려면 "친숙했던 사람이나 환경이 낯설고 비현실적으로 느껴지는 일이 자주 있습니까?", "어느 것이 현실이고 어느 것이 비현실인지 구분이 잘 안 될 때가 있습니까?"라고 물을 수 있지요. 어떤 내담자는 이렇게 얘기해요. "난 엄마를 보면서 가끔 이 사람이 누구더라 하면서 생소한 사람을 보는 것 같은 느낌을 가질 때가 있어요.", "한 달에 한두 번씩은 집을 향해 걷다가 사거리에 문득 서서 내가 왜 여기에 있지, 여기는 어디지 하는 식으로 멍하게 있을 때가 있어요."

해리 장애의 분류

지금까지 해리의 특성과 해리 증상들을 설명했습니다. 이제 이러한 증상들이 모여서 일어나는 해리 장애의 개별 질환들을 살펴봅시다.

해리성 정체성장애

해리성 정체성장애dissociative identity disorder의 예전 명칭은 **다중인격장애**multiple personality disorder인데 아마도 예전 명칭이 더 익숙하실 것입니다. "내 속엔 내가 너무도 많아…" 하덕규 작사, 작곡의 '가시나무'라는 노래 가사인데, 해리성 정체성장애야말로 한 사람 속에 여러 사람이 존재하는 병입니다. 다중인격은 문학적인 소재로 자주 등장하는데, 그만큼 극적이죠. 몇 명이나 있을까요? 평균 5~10명의 존재가 있는데 20명이 넘는 경우도 보고됩니다. 일반적으로는 2~3명의 주된 존재가 있고 나머지 부수적인 존재로 구성된다고 합니다. 정체성 변형이 나타나면 이름도 나이도 성별도 목소리도 바뀔 수 있습니다. 해리성 정체성장애는 경계성 성격장애와 흡사해서 서로 분간이 잘 안 되는 경우도 있습니다. 해리는 둘로 나누는 식의 방어라고 했는데 어떻게 완전히 다른 존재가 나올 수 있을까요? 비유를 들자면, 사과는 어떻게 쪼개도 같은 모양, 맛, 색이죠. 하지만 무지개떡을 색깔별로 나누어 쪼개면 각각은 전혀 다른 색이 될 것입니다. 개인의 인격은 통합된 하나의 성향이 아니고 각기 다른 성향의 조각들이 하나로 묶여 있는 다원적인 특성을 가진다고 주장하기도 합니다. 평소에 통합적인 특성이 적을수록 해리가 되어 나뉠 때 기존의 존재와 전혀 다른 존재로 될 가능성이 높아질 것입니다. 원인을 살펴보기 위해 환자들에게 어린 시절 성폭행이나 심리적, 신체적 학대abuse 경험이 있었는지 조사해보니 정상군보다 높긴 하지만 환자 중에 그런 경험자는 소수였습니다. 그러니 해리 장애 원인을 성폭행이나 학대와 같은 단일 원인으로 설명하는 것은 타당하지 않으며 다양한 요인의 결합으로 보아야 합니다. 물론 어린 시절 트라우마가 있던 사람이라면 자기 통합의 심리과제를 제대로 수행하지 못해 통합이 부족할 가능성은 충분히 있습니다. 그들 중 일부는 해리성 정체성장애 환자가 되겠고 경계성 성격장애와 같은 다른 환자가 될 수도 있겠지요.

치료는 어떻게 할까요? 간단히 말하면 한 명을 두고 집단치료를 합니다. 한 사람 안에 있는 다양한 정체성들을 하나하나 나오게 하여 각각의 신원을 확인한 다음에 그들 사이의 힘의 균형을 파악합니다. 그리고 서로 적당히 잘 지내는 균형을 갖게 하는 것입니다. "다 나와! 치료법"이라고 부르면 좋을 것 같습니다. 코미디 영화 '반칙 게임'의 마지막 장면에는 다중인격의 주인공이 장 속에 들어가서 환상 중에 자신의 분신들을 모두 모아 놓고 작별을 고하는 장면이 나옵니다. 어떤 분신은 "결국 이런 날이 오는구나."라며 서운해 합니다. 하지만 모두 주인공의 마음을 헤아리고 주인공과 작별 인사를 나눈 후 하나씩 사라집니다. 다중인격이 하나의 인격 안에 통합되는 것을 극화한 것인데 방금 말씀드린 치료원칙과 동일합니다.

해리성 기억상실과 해리성 둔주

해리성 기억상실dissociative amnesia은 해리성 기억상실 증상만 나타나는 경우를 말합니다. 해리성인지를 진단하기 위해선 항상 기질적인 요소를 충분히 평가하여 그런 문제들이 아니라는 점을 확인해야 합니다. 이를 위해서 기억검사, 뇌 검사를 포함한 제반 신체검사를 실시합니다. 검사가 여의치 않은 경우에는 앞서 설명한 기질성과 심인성의 양상 차이를 유념하여 환자의 기억상실이 어느 쪽에 가까운지 가늠합니다. 해리성 기억상실에서 상실된 기억의 시기와 그 내용은 대부분 역동적으로 의미가 있는 반면 기질성은 그렇지 않은 편입니다. 심인성은 특정 시기 및 내용에 한하여 그리고 역동적으로 의미 있는 부분만 없어진다고 해서 선택적 기억상실이라고 부르기도 합니다. 얼핏 보면 꾀병 같은데 진짜 기억을 못하는 것이죠.

해리성 기억상실의 치료 원칙은 "어떻게든 기억을 회상시킨다."입니다. 그냥 기억상실 부분을 기억하지 못하게 넘어가도 되지 않을까요? 해리성 기억상실 환자들을 보면 기억상실 때문에 아무런 문제가 없는 것이 아니라, 기억나지 않는 그 시점과 관련하여 현재 깜짝깜짝 놀라거나 예민하거나 수면 장애를 보이는 등 다양한 부수적 문제들을 표출하고 있습니다. 그러므로 비록 기억상실을 통해 내담자가 자기 방어를 했지만 그러한 방어가 계속되면 오히려 자신에게 해롭다는 것을 인식하고 해리 방어를 풀게 하는 것이 맞습니다. 기억 회상을 위해서는 기억을 떠올릴 만한 여러 단서를 제공하거나 최면을 통해 기억의 편린들을 확인한 뒤 의도적으로 이를 직면시키는 등의 방법을 씁니다. 영화 '버디'를 보면 주인공이 전쟁터에 나갔다가 해리성 기억상실 등의 여러 증상을 앓게 되고 친구는 그의 기억을 되찾도록 과거의 단서들을 가져와 보여 줍니다.

해리성 둔주dissociative fugue는 DSM-IV에서는 단일 질환이었다가 DSM-5에서는 해리성 기억상실의 한 형태로 귀속되었습니다. 해리성 둔주는 일정 기간 자기 이름, 신분이나 직업 등의 기억을 잊어버리고 아주 낯선 곳에서 방황하거나 여행하는 것입니다. 길게는 몇 년 동안 해리성 둔주의 상태에서 살아갑니다. 예를 들어 심리적인 압박 때문에 집을 나와서 헤매다가 행려자로 판단되어 병원이나 시설에서 지내다가 둔주의 상태에서 깨어나면 반대로 둔주가 있었던 기간은 기억을 못합니다. 일반적으로는 그러한데, 깨어날 때 둔주 기간의 기억을 잃어버린다는 특성이 진단기준에 들어가 있지는 않습니다. A라는 사람이 둔주의 기간에 A의 정체성과 기억을 잊어버리고 B로 살아가는 것도 신기하지만, 문득 둔주에서 깨어나면 또 B로 살아갔던 그 얼마 동안의 기억과 정체성이 사라진다는 것 또한 신기할 따름입니다. 해리성 둔주는 전쟁 직후에 많이 보고되었습니다. 전쟁의 트라우마와 어수선한 사회 환경이 해리성 둔주를 가능하게 했다고 봐야겠죠. 요즘 같은 정보화 시대에서는 금방 신분 조회가 가능해서 해리성 둔주 같은 병에 걸려 정체성을 잃어버리고 싶어도 좀처럼 잃어버릴 수 없을 겁니다. 주변에서 가만 두지 않을 테니까요.

이인성/비현실감장애

이인성/비현실감장애depersonalization/derealization disorder는 이인증이나 비현실감이 일어나는 장애입니다. 해리 장애이므로 뇌손상이나 기타 기질적 문제는 없어야 합니다. 가령 뇌전증 중에 소발작petit mal은 짧게 의식이 중단되었다가 다시 진행되며 몸에 경련이 있거나 쓰러지거나 하는 일은 없습니다. 제2강에서 배운 사고 중단과 비슷하게 나타나는 것이죠. 소발작은 뇌파에서 이상이 나타나는 기질적인 문제이지만 해리 장애는 기질적인 문제가 아니므로 뇌파 이상이 없습니다. 이인성/비현실감장애가 생겨서 수시로 내가 아닌 것 같아지거나 수시로 기시감 혹은 미시감을 느끼는 사람을 상상해 보세요. 그 사람은 남들 수준처럼 자신과 현실을 받아들이기 어렵겠죠? 사람들 중에는 자신의 독특함을 남들이 이해해 주지 못해서 어쩔 수 없이 남들과 동떨어지게 되는 경우가 있지요. 이인성/비현실감장애의 경우도 자신의 증상 경험을 공감하는 사람이 별로 없을 테니 이중의 고통을 받을 것입니다. 혹은 신비 경험이나 특이한 것을 좋아하는 사람들에게 이해를 받다 보니 그런 사람들과 주로 교류하게 될 수 있겠지요.

외상 및 스트레스 관련 장애

외상 및 스트레스 관련 장애는 영어로 trauma-and stressor-related disorders입니다. 관련related 앞에 연결부호가 있으며, 스트레스는 stressor(스트레스 요인)라고 되어 있습니다. 외상 및 스트레스 관련 장애를 해리와 같이 언급하는 이유는 서로 공통점이 많기 때문입니다. 해리 장애는 발병률이 높지 않고 실제 임상에서 해리 증상은 외상 및 스트레스 관련 장애에서 더 많이 접하게 됩니다. 우리가 트라우마라고 부르는 다양한 충격 경험이 있습니다. 때로는 집단 트라우마, 즉 재난의 피해자를 마주합니다. 직접 재난과 충격의 상황에 있지 않았어도 그 사건을 전해 듣는 것만으로 트라우마는 전염될 수 있습니다. 재난 피해자를 돕는 치료자와 자살 및 재난 유가족 중에서 그러한 간접 트라우마가 확인됩니다. DSM-5에서 트라우마의 공식 번역은 '외상'입니다만 매끄럽지는 않습니다. 저는 트라우마, 충격, 외상이란 단어를 혼용해서 쓰겠습니다. 외상 및 스트레스 관련 장애군에는 반응성 애착장애, 탈억제성 사회적 유대감장애, **외상후 스트레스장애**posttraumatic stress disorder, PTSD, 급성 스트레스장애, 적응장애 등이 포함됩니다. 여기서 스트레스라는 단어는 크게는 두 종류입니다. 하나는 트라우마와 관련된 스트레스입니다. 나머지는 트라우마 수준 이하의 스트레스입니다. 트라우마와 관련된 스트레스를 언급하는 질환은 외상후 스트레스장애와 급성 스트레스장애입니다. 이 두 질환에서는 해리 증상이 동반될 수 있습니다. 반면 나머지 세 질환은 트라우마 수준 이하의 스트레스이며 해리 증상이 고려되지 않습니다. 그래서 나머지 세 질환에 대해서는 여기서 더 설명을 드리지 않겠습니다.

　트라우마와 관련된 스트레스는 우리가 통상적으로 "스트레스 받는다."고 말하는 수준과 격이 다릅니다. 옆에서 누가 죽거나 심한 신체 손상을 입는 것을 목격하거나 본인이 비슷한 경우를 당하거나 직면하는 등의 극심한 충격을 의미합니다. 간단히 말하면, 누구든 그러한 경험이라면 제정신일 수 없는 그런 충격을 말합니다. 요즘 교통사고를 당한 후에 외상후 스트레스장애 진단을 내리는 경우가 있는데 사실 모든 교통사고가 이러한 스트레스 기준에 부합하지는 않으므로 진단이 남발되어서는 안 될 것입니다. 급성 스트레스장애는 충격 즉시 증상이 시작되어 최소 3일에서 1개월까지 증상이 지속됩니다. 증상은 침습intrusion 증상, 부정적 기분, 해리 증상, 회피 증상, 각성 증상, 총 5개의 범주로 나타납니다. 외상후 스트레스장애는 침습 증상, 지속적인 회피, 인지와 기분의 부정적 변화, 각성과 반응성의 변화가 트라우마 이후로 1개월 이상 지속됩니다. 해리 증상이 동반될 수 있고, 어떤 이는 초기에 증상이 다 등장하지는 않다가 6개월이 지난 후에야 모든 증상이 드러납니다. 참고로 DSM-IV에서는 외상후 스트레스장애의 진단기준으로 재경험, 회피와 둔화, 과각성, 총 3개의 범주로 설명하면서 회피와 둔화를 같은 범주에 두었다가 DSM-5에서는 둔화 부분을 인지와 기분의 부정적 변화 범주로 별도 구성하여 총 4개의 진단 범주로 설명하고 있습니다. 무엇이 트라우마인지 규정함에 있어서도 DSM-5판에서는 변화가 있었고 앞서 설명한 간접 트라우마도 새롭게 포함을 시켰습니다. 진단기준의 변화가 다분히 많은 진단인 것입니다. 그만큼 트라우마에 대한 이해는 최근 본격적으로 발전하고 있습니다.

치료

해리성 정체성장애에서는 다양한 정체감을 노출하고 이들 간에 균형을 맞추는 것이 치료이고, 해리성 기억상실에서는 어떻게든 기억을 회상시키는 것이 치료라고 말씀드렸습니다. 상황이 어려울 때 인간은 보다 어린 시절의 수준으로 퇴행하는 경향이 있습니다. 그러므로 심리적인 부담이 많아지면 단일체적인 인간은 보다 다원적인 인간이 됩니다. 해리 장애는 어린 시절 고통스러운 스트레스나 트라우마의 영향을 피하기 위해 자기 일부분을 다른 부분으로부터 분리하는 것이라고 설명합니다. 해리는 고통스러운 자기로부터 벗어나려는 방어이고 그것이 습관이 되어 다른 비슷한 경우에서도 반복됩니다. 상담 현장에서는 해리되어 가려진 부분이 무엇인지를 규명하는 데 우선 힘을 씁니다. 해리되어 가려진 부분은 마치 섬처럼 외부와 차단된 마음의 한 부분이며, 해리 방어를 해야 할 만큼 병적인 부분입니다. 상담을 통해 애써서 가린 부분을 노출시키는 것은 마음의 흐름을 역행하는 것이지만 해리가 지속되는 것은 효율적이지 않으므로 그대로 둘 수 없습니다. 내담자에게 가려진 부분을 드러내고 이를 표현하여 **환기**ventilation시키고 충분히 지지하여 더 이상 가리지 않아도 될 부분으로 만들어 주어야 합니다. 즉 분절되어 고립된 영역을 다시 전체 인격에 통합시키는 작업입니다.

이러한 상담 방식은 코헛Heinz Kohut이 주장하는 자기 심리학의 상담 원리와 비슷하지만 자세히 보면 차이가 있습니다. 코헛이 언급한 **분절된 자기**fragmented self라는 용어는 자기애성 성격장애 환자의 분석에서 작업되는 심리적인 부분을 가리키는 것인데, 이 분절된 자기는 세련된 방어를 통해 의식으로부터 차단되어 있습니다. 코헛은 치료 기법으로 공감을 강조하고 있는데 이는 정신분석적 기법을 말하는 것입니다. 반면 해리 장애에서 언급되는 분절된 자기라는 용어는 해리 현상을 갖는 개인을 가리키며 해리 같은 낮은 수준의 방어에 의한 다채로운 증상이 두드러집니다. 해리 장애의 치료 작업은 최면과 직면을 통한 보다 직관적인 방식입니다.

트라우마의 치료는 해리의 치료에 응용될 수 있습니다. EMDR 등 트라우마 치료로 소개되는 다양한 치료들이 있습니다. 각각의 치료들은 나름의 치료 원리를 강조하는데, 저는 그 다양한 내용을 크게 세 가지로 요약하겠습니다. 첫째는 안전safety으로, 트라우마 치료의 핵심입니다. 자신이 트라우마 상황을 벗어나 안전한 위치에 있음을 계속 반복하여 확인해줌으로써 건강한 자기 통제력을 발휘하게 해주는 것입니다. 예로 그라운딩grounding 기법이라는 것이 있습니다. '착지' 혹은 '바닥 다지기'라고 이해하시면 되겠습니다. 가장 기본적인 심리적 안전을 확보해 주는 것입니다. 어떻게 할 수 있을까요? 두 가지를 기억하세요. 첫째는 지남력을 세워주는 것입니다. 제2강에서 시간, 장소, 사람에 대한 지남력을 확인하는 법을 간단히 말했습니다. 누군가 재난 현장에서 구조되어 나왔습니다. 당신은 그를 돕는 자원봉사자입니다. 전문가가 아니라도 그라운딩은 응급처치처럼 누구나 제공할 수 있습니다. 그에게 시간, 장소를 분별하는지 묻거나 말을 걸고 있는 내가 누군지 물을 수 있습니다. 그다음에 분명하게 말해줍니다. "지금은 ○○일이고, 여기는 ○○이고, 당신은 지금 ○○ 재난 현장에서 구출되어 여기 있습니다. 저는 당신을 돕는 자원봉사자입니다." 이것이 지남력을 세워주는 작업입니다. 우리가 제정신 차린다는 게 결국 이것 아니겠습니까. 두 가지를 기억하라고 했는데 첫째가 지남력이고, 그다음은 지금 안전하다고 반복해서 말해주는 것입니다. 앞서 분명하게 말해주는 표현 뒤에 반드시 들어가는 아주 단순하고 분명한 표현은 "당신은 지금 안전합니다. 이곳은 재난 위험 상황에서 벗어나 있습니다. 여기는 안전합니다."라고 말해주는 것입니다. 심지어 아무 근거가 없어도 "너는 잘될 거야."에 의지하는 것이 인간의 속성이지요. 안전하다고 말할 때 상대는 그 말에 의지하여 자기 통제력을 찾아갈 수 있습니다. 트라우마 치료의 둘째와 셋째는 기억 재조정과 신체 통합입니다. 마음과 몸이라고 해도 되겠습니다. 이 또한 안전의 연장이라 할 수 있습니다. 환자의 기억은 트라우마를 끌어당겨 과거의 충격을 현재 고스란히 똑같이 경험하게 합니다. 그래서 기억이 환자를 괴롭히지 못하려면 어떻게 해야 하는지 다양한 기법이 동원됩니다. 기억을 지울 수는 없습니다. 트라우마는 평생 안고 살아가야 한다고도 합니다. 하지만 기억 재구성을 통해 고통스러운 기억을 동반하여도 보다 안전하게 지낼 수 있습니다. 셋째는 몸을 안정화하는 것입니다. 재난 피해자와 유가족들에게 실시한 한 설문조사에서 가장 도움이 되었다고 표시된 것이 심리상담도 약물치료도 아니고 마사지였습니다. 당연히 몸이 안정감을 느껴야 마음에 선순환을 일으킵니다. 각 치료의 특색은 차이가 나지만 대개는 이 세 가지의 목표를 어떻게 효과적으로 달성하는지에 집중되어 있습니다.

해리 장애를 통해 알 수 있는 인간의 특성과 종교 심리

해리 현상과 인간의 특성

해리성 정체성장애에서 설명한 조각내는 비유를 다시 생각해 보시기 바랍니다. 만약 인간의 내면이 통합되어 전체적으로 동질적homogeneous이라면 해리가 되어도 각각 나뉜 인격 요소들은 서로 비슷할 것입니다. 하지만 최면의 경우나 해리성 정체성장애, 여러 해리 현상에서 보는 바와 같이 해리가 이루어지면 전혀 새로운 어떤 측면을 만나게 됩니다. 의식과 무의식이 다른 것만큼이나 너무나 이질적인 내 안의 나인 셈이죠. 그러므로 인간은 비록 통합된 존재이지만 내적으로는 다양한 형질이 섞여 있는heterogeneous 존재라고 보아야 할 것입니다. 심리발달의 개념을 보면 출생 후 1년까지의 아이는 조각나 있는fragmented(분절된) 존재입니다. 인간의 보다 근원적인 원형은 사실 통일된 특성이라기보다는 서로 이질적인 여러 단위의 특성이라는 것이죠. 이러한 존재가 하나로 묶이되 완전히 동질적으로 섞이지 않은 상태가 바로 다형질적인 존재로서의 인간입니다. 인간은 성장하면서 자신을 동질적으로 보이려는 내적·외적 압력을 받습니다. 청소년 시기에 갖는 정체성 혼동이 대표적인 예인데, 이 시기를 거치면서 인간은 자기를 동질적인 존재로 포장합니다. 하지만 누구나 다형질적인 면을 다소간 갖고 있습니다. 지금까지의 개념을 단일 정신주의monopsychism와 다원 정신주의polypsychism라는 대비되는 용어로 설명하기도 합니다. 병리 환자에서도 본래의 다형질적인 인간 특성이 드러나는데, 해리 장애, 조현병, 경계성 성격장애, 양극성 및 관련 장애 등에서 비교적 잘 발견됩니다. 지금까지 말씀드린 정상적인 인간 발달이나 병리 현상들에서 볼 수 있듯이 각각의 인간은 다중과 단일의 양극단 사이 연속선 중 어느 한 지점에 위치합니다.

존재의 특성만큼이나 다양함을 보여 주는 것은 바로 사회에서 한 사람에게 요구하는 모양입니다. 융Carl Jung은 본래 개인의 특성과 상관없이 주변 사람들의 기대에 의해 만들어지는 개인의 형질을 페르소나persona(가면)라고 불렀습니다. 사회가 발달할수록 한 사람에게 기대하는 요소는 점점 더 많아지는데 이는 페르소나가 점점 많아지는 셈입니다. 단순히 여러 기능multitasking을 요구한다는 정도가 아니라 각각의 페르소나가 때로는 전혀 상반됩니다. 과장해서 말하면 현대를 살아가는 인간이라면 해리적인 요소를 잘 갖추어야 하며 그렇지 않으면 도태될 것입니다. 하나의 예를 들자면 부부 둘이서 일을 하는데 직원이 부부 둘뿐인데도 아내는 사장 역할을 남편은 사원 역할을 합니다. 그런데 집에서의 역할과 직장에서의 역할이 철저히 구분되어 있고 적당히 섞이는 법이 없으며, 집에서는 남편의 권위에 철저히 아내가 복종하는 반면 직장에서는 아내의 권위에 철저히 남편이 복종합니다. 우리들 중에는 이런 구분이 명확하지 않아서 만약 이런 식으로 살라고 하면 매우 힘들어할 사람이 있을 것입니다. 하지만 해리적인 사회는 이것들이 철저하게 분리됩니다. 대부분의 나라가 문명화로 나아가면서 이 흐름에 가깝게 나아가고 있습니다. 해리는 매우 수준 낮은 방어라고 말씀드렸는데 해리가 동원되지 않으면 살 수 없는 세상이 되고 있다니, 그것도 문명이 발달하기 때문에 그렇다고 하니 참으로 모순입니다. 확실히 사회문명의 발달은 많은 경우 정서적 성숙보다 정서적 퇴보를 초래하고 있습니다. 이에 대한 경각심을 갖고 보완책을 제시하는 것이 인간 심리를 다루고 개인의 병리를 해소하는 상담자의 중대한 사명일 것입니다.

해리 현상과 종교 심리

해리 장애는 해리가 정신병리의 특성을 가질 때입니다. DSM에서 정신병리의 가장 중요한 원칙은 "증상이 사회적·직업적·기타 중요한 영역에서 중대한 고통혹은 기능 손상을 초래한다."는 점입니다. 하지만 일부 해리들은 이러한 고통 및기능 손상이 일어나지 않으므로 장애라고 부를 수 없습니다. 특히 종교적 영역에는 해리 현상이 많이 등장합니다. 무당이 굿을 하거나 신접하는 행위들, 기독교에서 방언기도나 바울이 다메섹으로 가는 중에 경험한 신비 경험, 기타 다양한 종교적 신비 체험은 해리의 일종입니다. 종교 측면에서는 신비 경험의 본질인 신에게더 초점이 맞추어지지만 심리학의 입장에서는 해리를 통해 정상인이 현실 경험의범주를 넘어섰다는 것에 더 초점을 맞추게 됩니다. 해리 장애에서는 해리가 비효율적인 방어가 되어 오히려 정신 건강을 해치기 때문에 치료의 대상이 됩니다. 반대로 종교적 신비 경험이나 자아초월로 일컬어지는 해리는 인간 영혼의 문제를해결하는 치유의 주체로 나타납니다.

때로는 병리적으로, 때로는 사회적으로 수용되는 다양한 종교적 해리 현상의예로는 영적 황홀경possession trance, 최면hypnosis, 명상meditation(영적 몰입), 전환반응conversion reaction, 방언pentecostal glossolalia, 영매channeling, 성령치유charismatic healing, 강신술spiritual seance(신내림), 무의식 몽유automatic somnambulism, 귀신들림demonic possession 등이 있습니다.

어떤 해리가 건전한지 병적인지는 결과에 따라 해석하는 것이 가장 쉽습니다. 결과적으로 건강한 결과를 이끌어 내면 건전한 해리이고, 개인의 기능 손상을 초래한다면 병적인 해리입니다. 해리가 두 종류라서 긴진한 해리와 병적인 해리가따로 있는 것일까요? 만약 그렇다면 어떤 해리인지에 따라서 결과도 예측할 수 있겠죠. 결론을 미리 말씀드리면, 해리는 그 자체로 '건전하다' 또는 '병적이다'라고말할 수 없습니다. 그보다 아래의 원칙이 중요합니다.

건전성의 근거는 경험된 현상보다 그 경험을 처리하는 개인에게서 온다.

해리 경험은 현실의 범주를 넘어선 경험이므로 신비 경험이라고 말하기도 하지만 적나라하게는 있을 수 없는 경험이라고 해야 할 것입니다. 이런 종류의 경험은 사실 외부적인 조작을 통해서도 만들어 낼 수 있습니다. 뇌에 전기 충격을 가하거나 혈액의 전해질 불균형을 일으키거나 마약을 투여하거나 고문 등의 극도의 스트레스를 가하면 신체는 정상의 범주에서 벗어나면서 남들은 한 번도 경험해 보지 못한 경험을 할 수 있습니다. 보다 고상한 외부적인 조작은 종교적 수련을 통해 이루어집니다. 요가, 명상, 관상기도 등을 통해서도 초월 경험을 가질 수 있습니다. 신앙적으로는 신비 경험을 할수록 이것이 하나님에게서 왔는지 마귀에게서 왔는지 구분하기가 힘듭니다. 설령 어디에서 왔는지 분명하다고 해도 받아들이는 순간 그것을 선하게 해석할지 악하게 해석할지에 대해서 다시 혼란에 빠질 수 있습니다. 가령 어떤 사람이 부흥회에서 소위 은혜를 받았습니다. 방언기도도 하게 되었습니다. 이후로 어떻게 될까요? 결과가 항상 좋은 것만은 아닙니다. 세 경우를 예로 들어 보겠습니다.

1. 가장 흔한 경우는 충만한 신앙 경험을 가지고 다른 사람을 비판하는 것입니다. 자신은 이렇게 은혜를 받았는데 왜 남들은 저렇게 비신앙적인 태도에 연연하며 살까 비판하게 되고 분노가 올라옵니다. 어느새 기쁨도 사라집니다. 이럴 때 흔히 "시험 들었다."고 말합니다. 이는 심리적 갈등 수준입니다.

2. 어떤 사람은 충만한 은혜의 경험이 어느 한순간 갑자기 공포로 변합니다. 자다가 갑자기 벌떡 일어나 심장이 두근거리고 심판의 두려움이 가득 밀려옵니다. 그리고 벌벌 떨게 됩니다. 며칠 동안 경험한 은혜의 평안은 온데간데없고 마음속은 죽음과 형벌과 과거의 죄책감으로 뒤범벅이 됩니다. 이 경우는 강박증 진단이 고려됩니다.

3. 더 심한 경우도 있습니다. 어떤 사람은 환각 등의 비현실적인 현상이 동반됩니다. 부흥회 후 은혜가 충만한 상황에서 "내가 너를 사랑한다."는 어떤 음성이 들리기 시작했습니다. 그래서 하나님의 음성이라고 생각했습니다. 그런데 시간이 지나면서 음성이 바뀌어 그의 행동을 간섭하고 지시하고 안 따르면 욕을 하고 협박을 합니다. 음성은 그를 괴롭히는 존재가 되었는데도 하나님의 음성이라는 생각을 바꾸지 못합니다. 여전히 그 음성에 귀 기울이고 음성에 상당한

영향을 받습니다. 그것이 환청이라고 인정하지 못합니다. 이 경우는 정신증에 해당합니다.

언급한 세 경우 모두 하나님의 선하신 은혜를 경험하였으며 하나님이 주신 은 사인 방언기도를 경험한 것인데 중도에 그 특성이 바뀌었습니다. 그렇다면 왜 바뀌었나요? 그것은 나의 어떤 요소, 즉 나의 취약성이 결부되었기 때문입니다. 취약성이 큰 사람들에게는 좋은 의미의 신비 경험이 오히려 걸림돌이 되기도 합니다. 이미 말씀드린 대로 신비 경험은 일종의 해리 현상입니다. 설령 그것이 하나님 으로부터 온 좋은 의미로서의 해리 현상이라고 하더라도 그것이 부정적인 것으로 전환될 수 있다는 점을 충분히 유의하는 것이 좋겠습니다.

바울의 다메섹 사건을 예를 들어 봅시다. 그는 상상도 못할 빛 앞에서 무릎을 꿇었고, 예수님의 음성을 들었습니다. 그리고 3일간 식음을 전폐한 채 앞을 못 보는 상태로 새로운 출발을 알리는 분기점을 보냈는데, 신앙 용어로는 이를 회심 conversion이라고 하지요. 그가 정통 유대교인에서 기독교인이 되는 것은 기적에 가까운 일이지요. 그것이 어떻게 가능했습니까? 바로 해리를 통해 가능했습니다. 그에게 해리는 기존의 자기 질서가 와르르 무너지는 인지부조화의 경험이었습니다. 그에게는 세 갈래 길이 주어집니다. 기존의 유대교 질서를 고수하느냐, 완전히 새로운 기독교 영역으로 자신의 축을 옮기느냐, 아니면 두 질서의 중간에서 적당한 타협을 이루느냐. 바울은 기독교인이 되기로 용단을 내립니다. 해리가 아니었다면 그렇게 고지식하고 강박적인 바울이 지금까지 고수한 유대교 교리를 내려놓을 수가 없을 것입니다. 그런 면에서 해리는 완고한 그리고 아집에 똘똘 뭉친 인간을 한순간에 흩어 놓고 새로운 인간이 될 가능성을 열어 줍니다. 이것이 종교적 해리 현상의 가장 큰 매력이요 장점입니다. 바울처럼 우리도 해리를 통해 그동안 자기가 추구한 세상의 논리에서 발견하지 못했던 하나님의 진정한 모습을 발견하면 좋겠습니다. 하지만 다른 가정을 해 봅시다. 다메섹 사건에 바울이 아닌 다른 사람이 있었다면 그는 바울과 같이 되었을까요? 또한 만약 바울에게 심리적 취약성이 있었다면 다메섹의 경험은 3일만이 아니라 계속적인 혼란과 병리를 나타낼 수도 있는 것입니다. 해리는 기회를 주는 순간의 놀라운 경험이며 그 후에 더 중요한 것은 건전한 해석입니다. 종교적 해리 경험자는 비현실 경험을 현실과 잘 통합하여 그 경험을 정신이상이 아닌 신비 경험으로 의미 부여할 수 있어야 합니다. 꿈보다 해몽이 좋다는 표현처럼 경험 자체보다 경험을 바람직한 의미로 설명해내는 자아 역량이 좋아야 하는 것입니다.

신앙 성숙을 위해서 누구나 다 해리, 즉 신비 경험이 필요할까요? 동의하는 사람도 동의하지 않는 사람도 있습니다. 어떤 신앙인들은 구원을 받은 사람이라면 반드시 방언기도를 할 줄 알아야 한다고 말합니다. 그들에게는 방언기도가 구원의 증표이기 때문에 하나님의 선택적인 은사 이상의 의미를 갖습니다. 방언기도가 해리 현상이라고 말씀드렸으니까 결국 이 사람들은 신앙 성숙을 위해 누구나 다 해리 현상이 필요하다고 말하는 것과 같습니다. 하지만 신앙 회심을 연구하는 사람들은 급진적 회심과 함께 점진적 회심도 인정하며 신비 경험이 반드시 있을 필요는 없다고 말합니다. 해리를 경험한 신앙인이 그렇지 않은 신앙인보다 자아 역량이 더 좋다는 연구가 있기도 하지만 이러한 연구 결과를 신앙인 모두에게 일반화할 수 있을지 의문이 갑니다. 가장 쉽게 가질 수 있는 의문은 "해리가 이른바 수준이 낮은 방어기제라고 했는데 어떻게 자아 역량이 더 좋은 사람이 사용할 수 있겠는가?"라는 의문이지요. 아무리 역량이 좋은 사람이라고 해도 갑작스러운 순간에 자기를 보호하기 위해서 낮은 수준의 방어기제를 동원하는 것은 충분히 가능한 일입니다. 이러한 논리를 확대하면 자아 역량이 좋은 사람이 드물게 경험하는 해리 현상은 건전한 해리 현상으로 귀결될 가능성이 높으며, 자아 역량이 부족한 사람이 자주 경험하는 해리 현상은 병적으로 귀결될 가능성이 높을 것입니다. 하지만 자주 신비 체험을 하면서 심리적으로 건강한 사람들이 있다는 점을 고려하면 앞의 논리도 항상 옳지는 않다는 것을 생각하게 됩니다. 팔은 안으로 굽듯 종교적 해리 현상의 경험자는 이를 긍정적으로 평가하고 비경험자는 이를 중립적 혹은 부정적으로 평가하는 편입니다. 굳이 하나의 정답을 말하라고 한다면 신앙 성숙에 해리 경험이 반드시 필요한 것은 아닙니다. 어떤 이에게는 해리가 신앙의 출발 또는 성장에 중대한 계기가 될 수 있지만 또 어떤 이에게는 도움이 되기는커

녕 오히려 병이 될 수 있다는 것을 감안할 때 분별없이 억지로 종교적 해리 현상을 경험시키려는 방식은 바람직하지 않습니다. 일반적으로 바울과 같이 인지-정서 중 인지 경향이 강한 사람들일수록 종교적 해리 현상은 신선한 자극과 새로운 계기가 될 것입니다.

100킬로그램이 10킬로그램의
열 배지만 중압감으로 따지면 그렇게
산술적으로만 말할 수 없습니다. 우울증과
우울한 기분도 마찬가지입니다.

기분 장애

주변에 우울증 환자가 많다는 것을 구체적으로 알게 된다면 적잖이 놀라실 것입니다. 우리 주변에 정말 많은 사람들이 우울증으로 괴로워하고 있습니다. 게다가 우울증은 의지가 약해서 생기는 것으로 치부해 버리기 쉬운 병 중 하나입니다. 기독교인들은 우울증을 신앙이 약해서 생기는 병으로 생각하기 쉽습니다. 이 장을 통해 질병으로서의 우울증과 기타 다양한 기분 장애에 대해 올바른 식견을 갖게 되시기 바랍니다.

감정, 기분, 정동의 차이

국어로는 모두 기분이라고 번역되는 영어 단어로 emotion, mood, affect가 있습니다. emotion은 '감정', mood는 '기분', affect는 '정동'으로 번역하는 것이 일반적입니다. '정동'은 흔히 쓰이지 않지만 일상생활에서 우리가 '감정'과 '기분'을 혼용해서 쓰듯이 영어도 emotion, mood, affect라는 단어를 혼용해서 씁니다. 하지만 전문용어로서 이 용어를 쓸 때는 개념에 분명한 차이가 있습니다.

■ 감정은 내적 · 외적 사건에 의한 비교적 짧은 기간의 신체적 · 심리적 반응을 특정한 개념, 즉 분노, 슬픔, 두려움, 기쁨, 사랑 등으로 지칭한 것입니다. 감정이 기본 단위unit인 셈입니다.

- 기분은 비교적 오랜 기간 혹은 특정 기간 지속되는 주관적 느낌의 흐름으로서 종종 특별한 이유 없이 생기기도 하며, 즐거움, 불쾌감, 우울함 등을 말합니다. 예를 들어 오늘 하루 기쁨, 슬픔, 분노, 우울 등 여러 감정이 있었지만 그중 전반적으로 지속된 느낌이 기쁨이라면 오늘 하루의 기분은 기쁨으로 정의되는 것입니다.

- 정동은 남들에게 관찰되는 감정 표현을 말합니다. 예를 들어 슬프다고 하면서 어떤 사람이 마냥 웃고 있다면 그 사람은 슬픈 감정을 갖고 있지만 웃는 것으로 관찰되어 정동은 '웃고 있다'로 인식되며, 이는 그 사람의 주관적 감정과 일치하지 않으므로 부적절한inappropriate 정동이라는 말이 추가됩니다. 다른 예로서, 사랑하는 어머니가 돌아가셨는데 생각보다 아주 조금만 슬퍼한다면 그 사람의 감정은 슬픔이고 그 사람의 정동 또한 슬픔이지만 정도가 맞지 않으므로 불충분한inadequate 정동이라는 말이 추가됩니다.

기분의 정상 범위와 비정상 '삽화'

정신의학에서 모든 우울과 기분 고양 상태를 병으로 몰아세우는 것은 아닙니다. 기분의 정상 범위range 내에서 우울감이나 들뜬 상태는 누구에게나 있을 수 있습니다. 하지만 이 범위를 벗어나는 정도가 있는데 이를 '삽화episode'라고 부릅니다. 흔히 비정상 기분 삽화는 정상 감정이 양적으로 많은 정도로 생각하기 쉬우나 정상 기분과 비정상 기분 삽화는 연장선에 있지 않습니다. 주요우울삽화는 정상 우울감이 심해진 것이 아니고, 조증삽화는 기분 좋은 것이 심해진 것이 아닙니다. 서로 모양은 비슷하지만 본질적으로 다릅니다. 감기와 폐렴 모두 발열 증상이 있고 단지 폐렴이 감기보다는 고열이 발생한다고 해서 폐렴을 심한 감기로 보지 않는 것과 같습니다. 이제 배우게 될 삽화 기준들을 한번 억지로 만들어보려고 해보세요. 정상 범위의 기분은 억지로 만들어 낼 수가 있지만 삽화 기준을 만족하는 상태는 억지로 만들어 낼 수가 없습니다. 삽화 기준에 맞추어 흉내 내다가 정말로 병

걸리겠다 싶을 정도로 삽화 조건은 매우 까다롭습니다. 삽화의 특징은 몸과 마음이 함께 현상을 보인다는 점입니다. 삽화를 설명할 때 "기분 문제가 몸까지 번졌다."고 말합니다. 삽화는 느끼는 감정 상태만 아니라 몸에 구체적인 병세를 드러냅니다. 자율신경계와 뇌의 활성도가 정상 범위를 벗어납니다. 삽화의 또 한 가지 특징은 정상적인 노력으로 기분이 정상화되지 않는다는 점입니다. 정상 범위의 감정은 자극에 따라 변합니다. 슬프다가도 우스운 이야기를 들으면 나도 모르게 웃음이 나옵니다. 즐겁다가도 어떤 자극에 의해 마음이 무거워집니다. 개인은 각자 기분이 가라앉거나 들뜰 때에 이를 중화하는 나름의 방식을 갖고 있습니다. 정상 범주의 감정은 그렇게 스스로 조절이 가능합니다. 그러나 삽화는 그렇지 않습니다. 삽화의 조건을 채운다는 건 "건널 수 없는 강을 건넜다."는 의미입니다. 그정도가 되면 다시 정상적인 기분 범위로 돌아서는 것이 웬만한 지금까지의 노하우로는 불가능하다는 것을 뜻합니다.

삽화란 일련의 기분 관련 증상군이 시작되었다가 없어지는 때까지의 경과를 말합니다. 만성 질환의 경우엔 증상이 늘 있으니까 삽화라는 말을 할 수 없지만 조증이나 우울증은 감기처럼 증상의 시작 지점과 회복 지점이 나오며 이 사이 동안을 한 번의 삽화라고 합니다. 그러므로 삽화의 조건에는 증상과 기간이 포함됩니다.

주요우울삽화

주요우울삽화를 만족하는 증상으로는 아홉 가지, 즉 (1) 슬프고 우울한 기분, (2) 통상적 활동에서 흥미와 즐거움의 상실, (3) 식욕 감퇴와 체중 감소 또는 식욕 증가와 체중 증가, (4) 불면증 혹은 수면 과다, (5) 정신운동 초조agitation 혹은 지체 retardation, (6) 피로감, (7) 무가치감 혹은 부적절하고 과도한 죄책감, (8) 사고 및 집중 능력의 감퇴 혹은 결정 곤란, (9) 자살이나 죽음에 대한 반복적 사고가 있습니다. 이 중 다섯 가지 이상을 만족하고 기간이 2주일, 즉 14일 이상 되면 주요우울삽화라고 합니다. 이 아홉 가지 항목은 꼭 기억하시기 바랍니다. 2개씩 묶어서 말을 만들어 외우면 됩니다. "우울하고 흥미 없는 ○○씨가, 밥도 안 먹고 잠도 못자고, 하루 종일 안절부절못하면서 피곤해하고, 그런 자기가 한심하고 생각도 잘

안 되니, 죽고만 싶단다." 이런 식으로 외우면 아홉 가지 증상을 모두 쉽게 외울
수 있습니다.

조증삽화, 경조증삽화

조증삽화와 경조증삽화의 증상 항목은 동일합니다. 다만 정도와 기간에서 조증
과 경조증이 나뉘는 것입니다. 조증삽화를 만족하는 증상들은 (1) 자존심이 고양
되어 있거나 과대성을 가지고, (2) 보통 요구되는 것보다 잠을 적게 자며, (3) 유난
히 수다스럽고 말이 빠르고, (4) 사고 비약flight of idea(관념분일) 혹은 사고가 대단
히 빠르다는 주관적 인상, (5) 주의 산만함, (6) 목표 지향적 활동이 급격히 증가하
거나 정신운동 초조agitation를 보이고, (7) 무절제하게 시간이나 돈을 쓰는 것처럼
바람직하지 못한 결과들을 가져오기 쉬운 쾌락 활동에 몰입하는 것 이렇게 일곱
가지를 말합니다. "기분이 좋아 잠을 안 자는 ○○씨가, 말도 빠르고 생각도 빠르
고, 산만하니, 할 일도 많고 놀 일도 많더라." 이렇게 문장을 만들면 쉽게 외울 수
있겠죠? 이 중 세 가지 이상의 증상이 일주일 이상 지속되면 조증삽화라고 부릅니
다. 증상 일곱 가지 중 세 가지 이상의 증상을 만족하는 것은 같지만 조증삽화처럼
분명한 사회 직업적 기능 손실이 없으며 기간도 4~6일로 끝나는 경우에는 경조증
삽화라고 부릅니다.

경조증삽화는 진단기준만 보면 경미한 조증삽화처럼 생각하기 쉽습니다. 그런

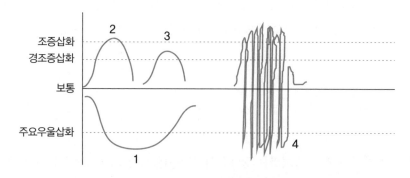

[그림 7] 삽화 기준과 세 종류의 삽화 그리고 혼재성 양상

데 경조증삽화는 정상 범위의 기분일까요 아니면 비정상적인 상태일까요? 이미 말씀드린 대로라면 삽화라는 용어가 들어갔으니 비정상적인 상태겠죠? 하지만 경조증삽화는 이중적입니다. 뒤에서 다시 나오지만 오로지 경조증삽화만 있다면 그 사람은 정상으로 취급합니다. 즉 경조증삽화만으로는 그게 여러 번이라도 비정상이 아닙니다. 하지만 경조증삽화 경력과 주요우울삽화 경력이 둘 다 있게 되면 경조증삽화는 비정상으로 인정됩니다. 즉 경조증삽화가 다른 삽화와 공존하게 되면 병적으로 취급하는 것입니다.

혼재성 양상

진단기준을 그림으로 도식화해 봅시다. 보통의 기분을 가운데로 잡고 그 위를 경조증삽화 기준, 그 위를 조증삽화 기준이라고 합시다. 맨 아래는 주요우울삽화라고 봅시다. 삽화의 기준을 만족하면 기준선을 넘어서는 것으로 그릴 수 있습니다.

　1은 주요우울삽화입니다. 기간은 14일을 넘어야지요. 2는 조증삽화입니다. 7일을 넘어야지요. 3은 경조증삽화입니다. 4~6일이 돼야지요. 그럼 4는 뭘까요? 그림으로 보기엔 주요우울삽화와 조증삽화를 동시에 만족시키는 것처럼 보입니다. 예전엔 **혼재성 삽화**mixed episode(혼합 삽화)라고 불렀습니다. DSM-5에서는 더 이상 삽화라고 부르진 않고 **혼재성 양상 동반**with mixed features이라고 합니다. 즉 4의 형태가 나타나면 주된 삽화 특성을 확인해 그것이 1, 2, 3 중의 하나라고 부릅니다. 그런데 반대 극성의 증상도 동반되므로 혼재성 양상 동반이라고 표시하는 것입니다. 두 극성의 증상이 함께 있으니 증상히 상당히 복잡하고 다채로울 것입니다. 자세한 기준은 DSM-5를 참조하시기 바랍니다.

기분 장애의 분류

DSM-IV에서는 기분 장애라는 장애군이 언급되었으나 DSM-5에서는 이것을 두 장애군, 즉 우울 장애와 양극성 및 관련 장애로 나누었습니다. 그냥 편의상 나눈

[표 8] DSM-5의 기분 장애 진단 분류

우울 장애
- ✓ 파괴적 기분조절부전장애
- ✓ 주요우울장애
- ✓ 지속성 우울장애
- ✓ 월경전불쾌감장애
- ✓ 물질/약물치료로 유발된 우울장애
- ✓ 다른 의학적 상태로 인한 우울장애
- ✓ 달리 명시된 우울장애
- ✓ 명시되지 않는 우울장애

양극성 및 관련 장애
- ✓ 제1형 양극성장애
- ✓ 제2형 양극성장애
- ✓ 순환성장애
- ✓ 물질/약물치료로 유발된 양극성 및 관련장애
- ✓ 다른 의학적 상태로 인한 양극성 및 관련장애
- ✓ 달리 명시된 양극성 및 관련장애
- ✓ 명시되지 않는 양극성 및 관련장애

것으로 생각하기 쉬우나 DSM에서 장애군을 나누었다는 것은 서로의 병태생리 특성상 같은 집단으로 부르지 않는 것이 더 좋다는 현재의 결론을 반영하는 것입니다. 물론 학문의 발전에 따라 미래에 또 바뀔 수도 있습니다. 저는 기분 장애라는 기존의 익숙한 틀 안에서 두 장애군을 같이 다루겠습니다.

주요우울장애major depressive disorder는 양극성 장애와 비교해 볼 때 하나의 극을 갖고 있는 셈이므로 단극성 우울증monopolar depression이라고 부르기도 합니다. 지속성 우울장애persistent depressive disorder는 과거 dysthymia라고 불렀는데 기분부전장애 혹은 기분저하증으로 번역했습니다. 병명만 바뀌었지 내용은 같습니다. DSM-5에서 새로 등장한 질환이 있는데 우울 장애에서는 파괴적 기분조절부전장애, 월경전불쾌감장애가 추가되었습니다. 파괴적 기분조절부전장애disruptive mood dysregulation disorder는 분노발작temper을 특징으로 하는 질환입니다. 청소년의 경우 주요우울장애는 우울감보다 과민성irritability(이자극성)으로 나타날 수 있다고 되어 있는데, 이러한 특성을 보다 구체적인 진단으로 구현한 것으로 보입니다. **월경전불쾌감장애**premenstrual dysphoric disorder는 우리가 흔히 월경전증후군PMS으로 부르던 현상이 구체적인 진단으로 인정된 것입니다.

양극성 장애는 극이 2개이므로 양극성bipolar이라고 부릅니다. 옛날에는 양극인 조증의 '조'와 우울증의 '울'을 따서 조울증manic-depressive disorder이라고 했습니다. 아직도 조울증이라는 이름이 더 일반적으로 통용되고 있지만 DSM-IV부터 이름이 양극성 장애로 바뀌었습니다. 양극성 장애는 **제1형 양극성장애**bipolar I disorder와 **제2형 양극성장애**bipolar II disorder가 있습니다. 제1형 양극성장애의 경우에는 우울증 없이 조증만 있는 경우도 해당됩니다. 양극성이라고 하면 조증과 우울증이 모두 있어야 할 것 같은데 실제로는 우울증이 없는 경우도 있습니다. 조증만 있는 경우와 조증과 우울증이 같이 있는 경우가 병의 치료와 경과에서 차이가 없기 때문에 분류상에서는 같다고 취급하는 것입니다. 조증만 있는 환자는 마치 그 속에 숨겨진 우울증이 담겨 있다고 보는 것입니다.

삽화에 따른 진단

삽화는 우울 장애와 양극성 및 관련 장애의 진단 구성 요소들입니다. 지금까지 어떤 삽화가 있었고 현재 어떤 삽화가 있느냐에 따라 진단명이 결정되지요.

그러면 삽화를 어떻게 만족하면 어떤 진단이 내려지는지 사례별로 그려 보겠습니다. 그림 8을 보시기 바랍니다. A는 어떤 사람인가요? 네, 정상입니다. 평소 밝

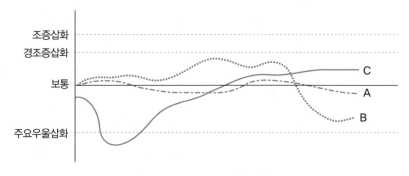

[그림 8] 삽화에 따른 진단 고려 (1)

은 편이었다가 부부싸움을 해서 기분이 저조해진 B는 어떤 사람인가요? 비록 A보다 기분의 들뜸이나 저조함이 심했지만 여전히 정상이죠. C는 한 번의 주요우울삽화를 만족했습니다. 이러면 주요우울장애인가요? 네, 이런 걸 주요우울장애라고 합니다. 삽화가 한 번만 있어도 주요우울장애지요. 한 번 있으면 첫 발병이 되는 것이며 **단일 삽화**single episode라고 하고 다시 삽화가 생기면 **재발성 삽화**recurrent episode라고 합니다. 재발성의 경우 삽화와 삽화 사이 병이 나아진 상태는 2개월 이상이 되어야 합니다.

진단은 객관적 연구대상을 선정할 때에는 아주 정확하게 지켜집니다. 하지만 임상에서는 기준에 미치지 못한 상태라도 치료를 시작합니다. 예를 들어 주요우울장애 100명을 대상으로 어떤 연구를 하려면 그 100명은 주요우울장애 진단기준에 철저하게 맞아야 합니다. 우울한 기간이 2주가 안 되고 12일이었다면 주요우울삽화를 만족 못하며 당연히 주요우울장애 진단을 내릴 수 없습니다. 하지만 연구가 아니라 병원이나 상담실로 찾아온 경우라면 "진단기준이 되는 삽화가 되려면 2일이 모자라네요. 2일 후에 다시 오세요."라고 하지는 않을 겁니다. 진단기준을 철저히 확인해야 하는 경우와 유연하게 고려하는 경우를 둘 다 염두에 두시기 바랍니다. 진단기준에 속해 주요우울장애 진단을 내릴 정도면 십중팔구 약물치료를 해야 할 정도의 취약한 상태임을 반영합니다.

자, 그러면 또 다른 사람을 볼까요? 그림 9를 봅시다. D는 두 번 발병한 사람인데, 경조증까지는 올라가지 않았는데 그 근처까지 기분이 들뜨긴 했어요. 그러면

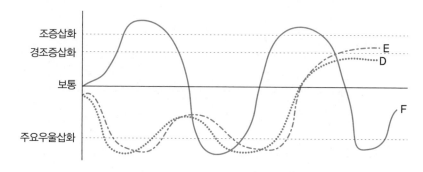

[그림 9] 삽화에 따른 진단 고려 (2)

이 경우 진단은 뭘까요? 진단은 여전히 주요우울증입니다. 왜냐하면 조증 및 경조증과는 관련이 없으니까요. 그런데 E는 경조증삽화를 만족했습니다. 그러면 진단은 제2형 양극성장애입니다. D와 E가 거의 같아 보이지만 경조증삽화 기준을 넘어섰다는 이유로 진단명이 바뀌었습니다. F는 어떻죠? 조증삽화와 주요우울삽화를 모두 만족했습니다. 이것이 과거 조울증이라 부르던 제1형 양극성장애입니다.

조금 더 살펴볼까요. 그림 10을 봅시다. G의 진단은 무엇인가요? 삽화는 무엇이 있나요? 네, 주요우울삽화와 경조증삽화가 있습니다. 두 번째와 네 번째는 삽화까지는 아니죠? 그러니 진단은 제2형 양극성장애가 되지요. H는 진단이 무엇인가요? 조증삽화가 한 번, 경조증삽화가 한 번이네요. 이는 제1형 양극성장애입니다. 주요우울삽화가 없이 조증삽화만 있어도 제1형 양극성장애입니다. I는 어때요? 제2형 양극성장애일까요? 아닙니다. 이 사람은 그냥 정상입니다. 경조증삽화만 있으면 진단 붙일 것이 없어요. 경조증삽화는 반드시 주요우울삽화가 같이 있어야만 제2형 양극성장애가 됩니다.

그림11에서 J와 같이 주요우울삽화의 기준에는 만족하지 않지만 지속적인 우울감이 쭉 2년 이상 가는 경우엔 지속성 우울장애라고 합니다. 참고로, DSM-IV에는 주요우울삽화 기준을 만족하면서 기간이 2년 이상 지속되는 경우를 '만성'으로 명시하였는데 개념상으로는 존재하겠지만 임상에서 거의 없기 때문에 DSM-5에서는 주요우울장애에서 만성 명시자가 제외되었습니다. K는 2년 이상 주요우울삽화에 미치지 못하는 우울 상태와 경조증삽화에 미치지 못하는 경조증 상태가 수

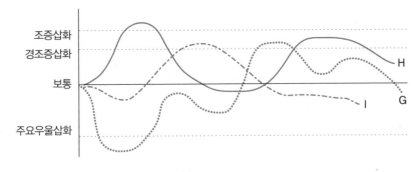

[그림 10] 삽화에 따른 진단 고려 (3)

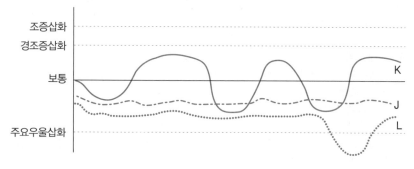

[그림 11] 삽화에 따른 진단 고려 (4)

차례 반복되는 경우를 그린 것인데, 이를 **순환성장애**cyclothymic disorder라고 합니다. 지속성 우울장애와 순환성장애는 2년 이상 지속되기 때문에 이러한 증상이 성격이나 기질 자체인 것으로 오해하기 쉽습니다. 하지만 현대 정신의학에서 기분은 성격이나 기질로 인정되지 않습니다. 기분은 성향trait이 아니라 상태state이기 때문에 이 두 질환은 기간이 길 뿐이지 충분히 바뀔 수 있는 것으로 봐야 합니다. L은 지속성 우울장애가 지속되는 중에 주요우울삽화를 만족한 경우를 보여줍니다. 진단상으로는 처음엔 지속성 우울장애였다가 주요우울장애로 바뀐 것입니다. 지속성 우울장애 혹은 그 정도는 아니어도 전반적으로 저조한 기분 상태를 오래 유지하다가 본격적으로 주요우울삽화를 경험하면 1차 우울에 2차 우울이 온 것으로 보고 이를 가리켜 이중우울증double depression이라고 하는데, DSM의 정식 용어는 아닙니다.

삽화가 일어나는 것에 따라 병명을 어떻게 붙이는지 이해되시나요? 자세한 기준들은 DSM-5를 직접 참고하세요.

명시자 기록

진단명에는 **명시자**specifiers(세부사항)를 함께 적습니다. 명시자가 있다는 것은 하나의 질환 안에 다양한 형태가 있어서 이를 표시하려는 것이라고 알아 두시면 됩니다.

불안증 동반은 흔히 있습니다. 신경이 날카로워지거나 긴장되는 느낌, 매우 안

[표 9] 기분 장애의 명시자

우울 장애의 명시자
- ✓ 불안증 동반(경도, 중등도, 중등도-고도, 고도)
- ✓ 혼재성 양상 동반
- ✓ 멜랑콜리아 양상 동반
- ✓ 비전형적 양상 동반
- ✓ 정신병적 양상 동반(기분과 일치하는, 기분과 일치하지 않는)
- ✓ 긴장증 동반
- ✓ 주산기 발병 동반
- ✓ 계절성 동반
- ✓ 부분 관해 상태, 완전 관해 상태
- ✓ 심각도(경도, 중등도, 고도)

양극성 및 관련 장애의 명시자
- ✓ 불안증 동반(경도, 중등도, 중등도-고도, 고도)
- ✓ 혼재성 양상 동반(조증 또는 경조증 삽화, 우울삽화)
- ✓ 급속 순환성 동반
- ✓ 멜랑콜리아 양상 동반
- ✓ 비전형적 양상 동반
- ✓ 정신병적 양상 동반(기분과 일치하는, 기분과 일치하지 않는)
- ✓ 긴장증 동반
- ✓ 주산기 발병 동반
- ✓ 계절성 동반
- ✓ 부분 관해 상태, 완전 관해 상태
- ✓ 심각도(경도, 중등도, 고도)

절부절못함, 염려로 인해 집중하기 어려움, 무언가 끔찍한 일이 벌어질 것이라는 두려움, 자신에 대한 통제력을 잃을 것 같은 느낌 이상 다섯 가지 증상 중 두 가지 이상이 있으면 불안증 동반을 표시하며 몇 가지 증상이 있느냐에 따라 심각도를 네 단계로 표시하게 됩니다. 혼재성 양상은 앞서 그림으로 설명드렸습니다. 급속 순환성 동반with rapid cycling이란 삽화가 자주 반복되는 양상으로서 1년을 기준으로 하여 삽화가 네 번 이상 있어야 합니다. 그야말로 병을 자주 드나드는 경우라 병의 조절이 어렵습니다. 순환이란 용어가 들어가서 순환성장애와 혼동할 수 있는데 서로 다른 개념입니다. 급속 순환성은 1년 기준이고 모두 삽화 조건을 충족해야 하는 반면, 순환성장애는 2년 기준이고 어느 한 번도 제대로 삽화 조건을 충족하지 못합니다.

멜랑콜리아 양상과 비전형적 양상은 주요우울삽화 증상 특성에서 서로 반대의 개념으로 익혀 두시면 편합니다. 증상 항목을 보면 양극단이 모두 진단기준인 경우로 식사 및 체중(감소/증가), 수면(감소/증가), 정신운동(지체/초조)을 들 수 있습니다. 멜랑콜리아와 비전형은 이러한 증상들의 조합이 반대인 것입니다. 멜랑콜리아(전형적) 양상은 식욕과 수면이 감소하고 정신운동이 지체됩니다. 전체적으로 늘어지고 무력합니다. 비전형적 양상은 그와 반대이므로 먹는 양이 늘어 체중도 늘고 잠을 많이 자며 정신운동 초조를 보여 안절부절못합니다. 대인관계에 예민하고 짜증도 잘 내게 됩니다. 멜랑콜리아 양상과 비전형적 양상이라는 용어는 우울증에 대한 이해의 변화를 반영합니다. 처음에는 멜랑콜리아 양상의 우울증만 우울증이라고 본 것이죠. 그런데 양상이 다르면서도 우울증이라고 부를 만한 경우를 고려하게 되고, 이를 비전형적 양상이라고 부르게 된 것입니다. 전통적인 이해에 의하면 멜랑콜리아 양상은 기질적, 즉 뇌 자체의 생물학적 요소가 더 많이 작용하고 비전형적 양상은 심리적인 요소가 더 많이 작용한다고 하였으나 사실 꼭 그런 것은 아닙니다. 멜랑콜리아 양상에서는 뇌 자체가 활성을 잃어서 기분이 우울하고 신체적으로 가라앉고 아침에 증상이 훨씬 더 심하고 저녁으로 갈수록 조금은 나아집니다. 비전형적 양상은 잠을 과도하게 자고 과식하기도 하며 자신의 우울감을 초조감과 함께 표출하는데, 이는 심리 불안정과 더 관련이 있어 보입니다. 일반적으로 주요우울삽화는 이 둘 중 어느 한쪽에 속하기보다는 그 중간 즈음에 있는데 만약 한쪽으로 치우치면 명시자를 표시하는 것입니다.

정신병적 양상과 긴장증catatonia은 주로 정신증에서 나타나므로 이러한 증상이 나타나면 우울증이 아니라 정신증이라고 생각할 수 있습니다. 하지만 여기서 언급한 것처럼 우울증과 조증이 심하면 망상이나 환청이 생길 수 있으며 다른 정신증 질환과 감별할 수 있어야 합니다. 주된 증상이 기분 증상인지 정신증 증상인지로 판별을 하게 됩니다. 정신병적 양상이 동반되는 경우엔 그 양상이 당시 기분과 일치하는지 안 하는지로 세분합니다. 즉 환자가 주요우울삽화에 있으면서 허무망상을 동반하면 기분과 일치하는 정신병적 양상 동반with mood-congruent psychotic features이라고 부르지만 주요우울삽화에서 피해망상을 갖는 경우에는 기분과 일치하지 않는 정신병적 양상 동반with mood-incongruent psychotic features이라고 표시합니다. 긴장증 동반with catatonia(강경증)은 꼬집어도 움직이지 않고 뻣뻣해서 가만히 있는 상태를 말합니다.

주산기 발병 동반이라는 명시자가 있다는 것은 임신과 출산이 기분 장애에 영향을 미칠 수 있음을 인정하는 것입니다. 임신과 출산에 따른 호르몬의 급격한 변동은 정신건강의 불안정과 연결될 수 있지요. 산후우울증이 심하면 정신증이 생기기도 합니다. 예를 들어 산후우울증이 심하면서 내 아이가 아니라는 망상 때문에 아이를 해치려고 하는 경우도 있습니다. 특정 계절에 맞추어 주요우울삽화가 재발을 하면, 즉 가을이나 겨울에만 생기면 계절성 동반이라고 표시합니다. 계절성 동반은 계절에 따른 일조량의 변화와 관계있다는 이야기도 있습니다. 그래서 광선치료를 하거나 멜라토닌 보조요법을 쓰기도 하지요. 하지만 매뉴얼에서는 특정 계절을 지목하고 있지는 않으며 전적으로 개인에게서 어떤 계절에 특징적으로 재발하는지를 고려할 뿐입니다.

병이 호전remission(관해)된 상태는 증상이 조금 남아 있는 부분 관해 상태in partial remission와 증상이 없는 완전 관해 상태in full remission로 구분하여 씁니다. 질환의 심각도는 사회 직업적 기능의 손상이 어느 정도냐에 따라 경도mild(약함), 중등도 moderate(보통), 고도severe(심함)로 나눕니다.

기분 장애의 발생 및 경과

발생 빈도(평생 유병율) 통계를 살펴보면 주요우울장애는 5~17%, 지속성 우울장애는 3~6%, 제1형 양극성장애는 0~2.4%, 제2형 양극성장애는 0.3~4.8%, 순환성 장애는 0.5~6.3%입니다(Synopsis of Psychiatry, 2014).

주요우울장애는 여성에서 빈도가 높은 것으로 알려져 있는데 생리와 출산에 의한 신체 및 호르몬의 많은 변화, 성차별의 사회적 압박, 여성 특유의 정서성 등으로 설명을 합니다. 주요우울장애는 지속적 우울장애나 삽화를 충족하지 않은 우울감과 동반하는 경우가 많습니다. 이는 주요우울장애가 깨끗하게 나았다는 느낌이 적다는 것이죠. 제1형과 제2형 양극성장애의 발생 빈도는 주요우울장애에 비해 상대적으로 적으며, 제2형이 제1형보다 더 자주 발생합니다.

질환의 경과, 즉 시간에 따른 질환의 양상을 알아 두세요. 우울 장애와 양극성 장애는 단일삽화로 재발 없이 끝날 수도 있고 재발이 되더라도 삽화 중간에는 회복이 됩니다. 하지만 재발이 많고 삽화 사이에 완전 관해도 드물어서 만성 질환처럼 취급합니다. 어떤 환자는 평생 재발을 반복하는데 발병 초기에는 좀 더 자주 반복하다가 시간이 지나 나이가 들면 발병 주기가 1년에 한 번 정도로 안정이 되는 편입니다. 시간 간격이 안정된 만큼 증상도 약화되면 좋겠지만 꼭 그렇지는 않습니다. 시간이 지나면 재발 주기와 시기는 예상이 되는 반면 재발 증상의 심한 정도는 여전히 예상이 어렵습니다.

기분 장애의 원인과 특성

병의 원인은 여러 가지가 있는데 생물학적인 원인은 약물치료와 병의 경과에 대한 이해를 위해 필요합니다. 그리고 역동적인 원인은 환자를 상담으로 치료할 때에 도움이 됩니다.

생물학적 원인과 특성

조현병에서처럼 우울 장애와 양극성 장애도 뇌의 신경전달물질과 관련이 됩니다. 우울증의 경우는 세로토닌, 노르에피네프린이라는 신경전달물질이 평균치보다 부족합니다. 세로토닌과 노르에피네프린이 활성물질이므로 이러한 요소가 없으면 의욕이 떨어지고 행동이 느려지며 뇌의 처리 속도도 느려지는 것입니다. 주요우울삽화 증상 중 정신운동 지체와 사고 및 집중 능력의 감퇴 혹은 결정 곤란은 뇌의 처리 속도가 느려진 결과를 잘 보여줍니다. 이러한 사실은 컴퓨터로 비유할 수 있습니다. 구형 컴퓨터와 신형 컴퓨터를 비교하면 중앙연산장치CPU의 처리 속도에서 월등한 차이를 보입니다. 처리 속도가 느린 컴퓨터에서 여러 프로그램을 같이 실행하면 느려서 답답합니다. 단순히 느릴 뿐 아니라 가끔은 프로그램이 엉켜서 오류가 나기도 합니다. 사람과 비교할 때 컴퓨터의 CPU에 해당하는 것이 바로 뇌입니다. 뇌 기능이 떨어진다는 것은 CPU가 느린 것과 흡사합니다. 그래서 연산의 진행이 느릴 뿐 아니라 가끔은 판단도 엉켜서 우유부단해집니다. 약물치료가 필요한 이유는 이러한 신경전달물질 이상을 수정하는 데 약이 가장 효과적이기 때문입니다.

다행스러운 것은 우울 장애와 양극성 장애를 일으키는 신경전달물질의 이상은 조현병의 신경전달물질 이상에 비해 개선 가능성이 많다는 점입니다. 우울증삽화와 조증삽화는 별다른 치료를 하지 않아도 수개월 이내에 좋아지는 특성이 있습니다. 이는 우울증과 관련된 신경전달물질 이상이 어느 기간을 넘어서면 정상적 상태로 다시 조정된다는 것을 반영합니다. 이는 감기와 비슷합니다. 감기 바이러스가 몸에 들어와 이상을 일으키면 한동안은 고생을 하지만 우리 면역기능이 감기 바이러스를 인식하고 해결할 준비를 마쳐 면역력으로 바이러스를 몰아내게 되면 병은 낫게 되고 몸이 정상화됩니다. 정상화까지의 기간은 바이러스와 면역체계와의 힘겨루기를 통해 짧을 수도 있고 길 수도 있습니다. 감기약은 왜 먹나요? 감기 바이러스를 직접 공략하는 것은 아니고 다만 감기 바이러스로 인한 몸의 이상 현상들을 감소시켜서 덜 고생하려고 먹는 것입니다. 우울증 치료제도 감기약과 비슷하게 우울증의 증상과 기간을 줄이기 위해 사용합니다. 그런데 감기와 달리 우울증에서는 약물치료를 반드시 해야 한다고 말합니다. 그 이유에 관해서는 치료 부분에서 말씀드리겠습니다. 우울증 환자를 만나면 진단에 합당한지 확인하여 필요시 약물치료를 받도록 권유해야 합니다.

다른 내·외과 질환이나 약물로 인해 우울증이 생긴 경우에는 실제 원인을 우선 해결해야 합니다. 갑상선 질환은 우울증을 유발할 수 있는 대표적인 질환이며 일부 고혈압 치료제와 같이 부작용으로 우울과 무기력을 유발할 수 있는 약물이 있습니다.

심리적 원인

우울증과 조증의 심리적 원인을 잘 알면 상담 현장에서 내담자를 효과적으로 도울 수 있습니다. 먼저 우울증의 심리적 원인에 대해서 말한 학자들의 주장을 살펴봅시다.

- 프로이트는 분노의 방향이 외부에서 내부로 바뀔 때 우울감이 생긴다고 했습니다. 이 설명이 가장 고전적이고 전통적인 우울증 기전의 설명입니다. 원래 이 분노는 미워하는 중요한 타인을 향한 것이었는데 그 방향이 180도 바뀌어서 자기에게로 향했다는 것입니다. 타인 살해 충동은 이 기전을 통해 자살 충동이 됩니다.

- 클라인Melanie Klein은 자신의 이론에서 **우울 위상**depressive position이란 개념을 통해 자책 및 자학의 특성을 가진 우울증 기전을 언급했습니다. 어린아이가 엄마를 나쁜 사람인 줄 알고 미워했다가 나중에 그 엄마가 좋음과 나쁨을 동시에 가진 엄마인 것을 깨닫고 나서, 그동안 그래도 전체적으로 좋은 엄마를 나쁜 사람인 양 대한 것에 대한 죄책감과 뉘우침을 통해 우울감에 빠진다는 것입니다. 프로이트와 클라인 모두 우울증의 출발이 타인을 향한 미움에서 온다고 보는 것인데, 차이점은 프로이트의 경우엔 분노의 방향만 바뀐 것으로 말하고 클라인의 경우엔 분노 자체가 잘못되었다는 반성에서 우울증이 생긴다고 말합니다.

- 비브링Edward Bibring은 자신의 과도한 이상과 현실 상황이 어긋나는 것을 느낄 때 자아 내부에서 긴장이 형성되는 것을 우울증으로 보았습니다. 아마도 가장 쉽게 공감할 수 있는 설명일 것입니다. 경제적인 어려움이나 불평등이 심한 사회 경험을 할 때 이러한 기전의 우울증을 흔히 접하게 됩니다.

- 제이콥슨Edith Jacobson은 부모의 괴롭힘에 눌려서 기를 못 펴는 아이의 상태를 우울증의 원형으로 보았습니다. 자신을 부모의 부정적인 면과 동일하게 느끼

고 부모의 가혹한 측면은 가혹한 초자아가 됩니다.

■ 아리에티Silvano Arieti도 부모의 영향에 의해 우울증이 생긴다고 설명했습니다. 그런데 그가 언급한 부모, 즉 **지배적인 타인**dominant other에 대한 설명은 제이콥슨과 차이가 있습니다. 그가 말한 부모는 제이콥슨이 말한 경우처럼 대놓고 아이를 학대하는 것은 아닐 수 있으나 방법이 어떻든 간에 결론은 항상 자신들의 뜻에 따라야 한다는 압박을 줍니다. 이에 따라 아이는 판단력을 갖지 못하고 항상 지배적인 타인의 판단에 따라 인생을 살아가게 됩니다. 진정한 자기가 없다는 점이 만들어 낸 우울증입니다.

■ 코헛은 삶의 활력을 심리적 산소가 있는 상태로 가정하였으며, 심리적 산소라 칭하는 **자기대상**selfobject이라는 독특한 전문용어를 만들어 냈습니다. 자기대상의 원형은 자기 잘난 멋에 빠진 아이를 떠받드는 부모와 그 부모를 최고라고 여기는 아이가 서로 결합되어 있는 상태입니다. 자기대상이 철수되면 사람은 시들해지는데 그것을 우울증이라고 봅니다. 이러한 설명은 환자에게 딱 맞는 교류적인 요소, 즉 공감적 요소가 들어가면 환자는 물 만난 고기처럼 살아난다는 개념을 내포하고 있습니다.

■ 벡Aaron Beck은 인지치료의 창시자입니다. 그는 우울증의 경우 자기, 세상, 미래에 대해 부정적으로 생각하는 세 가지 인지 왜곡cognitive distortion이 있다고 했습니다. 어떤 자극이 들어와도 이러한 부정적 인지 왜곡을 통해 허무주의적인 결론으로 이끕니다. 즉 환경이 어떠하든 그것을 우울 쪽으로 몰고 가는 잘못된 인지가 있으며 그것을 고쳐야 한다고 주장했습니다.

■ 행동주의 이론에서 우울증을 설명하는 대표적인 개념은 **학습된 무기력**learned helplessness입니다. 동물을 우리에 가두고 바닥에 전기 자극을 계속해서 주면 동물이 처음에는 도망가려고 발버둥을 치지만 우리를 벗어날 수 없다는 것을 알게 되면서 더 이상 탈출하려는 노력을 보이지 않고 기간이 더 길어지면 우리를 벗어날 기회를 주어도 탈출하려는 의지를 발휘하지 못합니다. 이는 희망 없는 환경의 지속에 의해 우울증이 학습될 수 있음을 보여 주는 실험이라 할 수 있지요.

조증을 일으키는 원인으로 두 가지를 말씀드리겠습니다. 첫째는 우울증에 대한 반동형성으로 일어난다는 설명입니다. **반동형성**reaction formation은 본래 마음과 정반대의 감정 및 행동을 나타냄으로써 자신의 진정한 마음을 회피하는 방어기제입니다. 이에 따르자면 본래 우울증이 반동형성 심리기전으로 인해 우울증의 정반대인 조증이 나타난다는 것입니다. 실제 사례에서 조증은 많은 경우 우울증에서 벗어나면서 생깁니다. 즉 우울증을 해결하기 위해 방어기제 중에서 반동형성을 사용하다 보니 그것이 평정심 정도로 회복하는 도를 넘어서서 조증상태로까지 전환되었다는 것이죠. 둘째는 **발화 효과**라는 개념입니다. 이에 대해선 제3강에서 리튬의 약물치료 기전을 설명하면서 이미 말씀드린 바 있습니다. 그런데 이 개념은 생물학적인 것만 아니라 심리적인 면으로도 적용됩니다. 사소한 심리적 자극이 계속 있으면 어느 한 번은 원래의 자극에 상응하는 반응보다 훨씬 과도한 반응이 일어난다는 것입니다. 한번 옆 사람을 살며시 톡 쳐 보세요. 그러면 "왜 그래?" 하면서 웃어넘기겠죠? 아랑곳 않고 계속 비슷한 강도로 톡톡 쳐 보세요. 그러면 조금씩 기분이 나빠지다가 어느 순간 "아니 도대체 왜 그러는 거야!" 하면서 뻥 터지겠죠? 이렇게 뻥 터지는 식이 조증이라는 것입니다.

치료

우울증과 조증 치료의 큰 틀은 약물치료와 심리치료 두 가지입니다. 심리치료는 질환의 역동적인 이해를 통해서 가능합니다. 대인관계 심리치료는 우울증에서 독특하게 인정되고 있는 심리치료법입니다. 조증의 치료접근에서는 특별히 입원치료를 기억하시기 바랍니다. 조증의 경우는 효과적인 입원치료가 반드시 있어야 합니다.

약물치료
삽화가 나타나는 경우에는 반드시 약물치료를 해야 한다는 점과 생물학적으로 삽화는 치료를 하지 않아도 때가 지나면 정상화된다는 점을 이미 언급했습니다. 치료 안 해도 낫는다는데 약물치료를 꼭 해야 한다니 앞뒤가 안 맞는 말 같지요? 감기약은 후유증이 없을 경우를 전제하여 약을 안 먹어도 된다고 말씀드렸지요. 그런데 만약 대부분의 감기가 후유증을 남긴다면 감기약을 안 먹고 지낼 사람이 있을까요? 당연히 없겠지요. 우울증은 스스로 좋아질 때까지 기다리기엔 부차적인 문제가 워낙 많이 생기기 때문에 반드시 치료를 해야 하는 것입니다. 어떤 부차적인 문제가 있을까요? 첫째는 증상으로 사회 직업적 기능 손상을 보이는 기간이 길어지다 보면 병이 낫기 전에 여파가 너무 커집니다. 일례로 주부가 우울증이 걸리면 일주일도 못 되어 식사, 빨래, 청소, 여러 집안 살림에서 풍비박산이 나는 경우가 있습니다. 조증삽화가 생기면 평소보다 열 배, 백 배가 넘는 돈을 쓰기도 하고 성적인 방탕에 빠지기도 하여 그대로 두고 볼 수가 없습니다. 둘째는 삽화 중에 자살충동이 나타나 자살을 시도할 확률이 높아집니다. 결과적으로 우울증으로 죽게 될 가능성은 암 환자의 사망률에 비견할 수 있습니다.

약물치료에서 알아 두어야 할 중요한 한 가지는 항우울제의 약물치료 반응이 더디다는 점입니다. 매일 항우울제를 사용해서 우울감이 회복되는 시간 경과를 살펴보니 약을 복용한 후 바로 좋아지는 느낌을 갖기 어렵고 보통은 2주 이상을 기다려야 합니다. 항불안제나 항정신병약을 같이 투여해서 항우울제의 효과가 나타나기 전 단계에서도 증상 완화에 도움이 되도록 하지만 그래도 본격적인 치료 효과는 더디 나타납니다. 게다가 여러 증상이 한꺼번에 좋아지는 게 아니라 보통 식욕, 수면과 같은 생리적인 규칙성이 먼저 회복되고 우울감이나 흥미 저하 등의 증상은 나중에 좋아지는 편입니다. 이러한 점을 고려하지 않으면 환자는 약물치료를 시작한 지 얼마 되지 않아 약 효과가 없다면서 치료할 필요가 없다고 여길 수 있습니다. 그러므로 치료자는 환자가 약을 복용한 후의 불편한 점이나 기대에 못 미치는 부분을 점검한 후 효과가 나타나기까지 좀 더 기다릴 수 있도록 자세히 설명해 주어야 합니다. 항우울제의 효과는 신경전달물질의 변화에 따른 일차 효과가 아니라 그것이 생활 리듬을 개선해서 나타나는 이차 효과입니다. 항우울제와 운동은 그런 면에서 흡사한데 오늘의 효과가 내일 바로 나타나는 것이 아니라 매일 꾸준히 유지하면 시간이 지나면서 틀을 잡아가며 서서히 나타나는 것입니다. 그러므로 약을 매일 꾸준히 복용할 것을 당부해야 합니다.

조증의 치료제는 대표적인 것이 리튬인데 최근에는 리튬 대신 발프로산valproic acid 제재의 약물을 사용하는 편입니다. 이 약은 원래 뇌전증의 치료제로 개발된 것입니다. 리튬과 동일하게 발화 효과를 줄이려는 의도에서 이러한 약물을 사용합니다. 조증 상태에서의 과대성이나 수면 감소 등의 증상은 항정신병약물로 효과적으로 감소시킬 수 있기 때문에 조증에서 항정신병약물이 흔히 병행 투여됩니다.

심리치료

우울증에서 약물치료는 필수적이라고 말씀을 드렸는데 약물치료가 주는 효과를 심리치료를 통해서도 일부 제공할 수 있습니다. 우울증 연구를 보면 경도의 주요 우울장애는 심리치료만으로도 약물치료에 준하는 효과를 보았던 경우가 보고되고 있습니다. 약물치료를 받은 환자들의 이야기를 들어 보면 약을 먹은 경우 대표적으로 두 가지 부분에서 유익을 절감합니다. 첫째는 적절한 수면을 취하게 되었다는 것입니다. 약을 먹기 전에는 잠들기 어렵고 잠에 들어도 일찍 깼는데 약을 먹은 후로는 숙면을 취하게 되었다는 것이죠. 수면과 식욕이 포함된 신경생장증상 neurovegetative symptom(자율신경 증상)이 안정화되는 것입니다. 둘째는 약을 먹으면 잡생각이 줄어든다는 것입니다. 약을 먹기 전에는 부정적인 생각과 쓸데없는 생각이 머리에 가득했는데 약을 먹고서는 머리가 깨끗해지는 느낌을 받게 됩니다. 어떻게 하면 이를 심리치료에서 구현할 수 있을까요? 가장 쉬운 표현은 규칙적인 생활을 하게 하는 것입니다. 약이 회복을 돕는 것도 결국 생활의 규칙성이 되돌아오다 보니 이에 따라 가능한 것입니다. 그러므로 약으로든 심리치료로든 생활의 규칙성을 되돌아오게 하는 것이 급선무인 셈입니다. 만약 상담으로 생활의 규칙성을 마련하지 못한다면 약물치료를 병행해야 할 것입니다.

생활의 규칙성은 시간표를 짜서 생활하는 것과 흡사합니다. 삽화 수준이 아닌 정상적인 범주의 우울은 새로운 환경을 조성하거나 기분 좋은 일을 하거나 맛있는 음식을 먹는 것 등의 자극으로 좋아집니다. 하지만 삽화 수준의 우울감은 이러

삽화 수준의 우울감이 가장 빨리 회복되는 방법은 새로운 자극이나 즐거운 활동이 아니라 생활의 규칙성이라는 점을 명심하시기 바랍니다.

한 자극으로 좋아지지 않으며 그래서 더 실망합니다. 우울삽화에 있는 사람은 결정 곤란과 같은 증세를 동반하므로 환경의 변화와 새로움이 좋은 자극이 되기보다는 오히려 혼란을 초래하는 편입니다. 우울삽화에 때마침 중대한 결정이 겹칠 때가 많은데 일단 우울증을 회복하기까지는 가급적 새로운 결정을 뒤로 미루고 기존 결정에서 변동이 없어야 합니다. 삽화 수준의 우울이 가장 빨리 회복되는 방법은 새로운 자극이나 즐거운 활동이 아니라 생활의 규칙성이라는 점을 명심하시기 바랍니다.

우울 장애의 경우는 우울증에 자주 빠지게 되는 개인의 취약성을 다루는 것이 중요합니다. 그런데 그러한 취약성은 한창 우울증에 빠져 있을 때는 다루기 어렵습니다. 취약성의 이해와 재발방지의 작업은 일단 증상이 어느 정도 호전된 이후에 이루어지는 작업입니다. 취약성에 대한 작업은 앞서 다룬 우울증의 심리적 원인을 규명하는 작업입니다. 이는 역동상담 기법을 통해 이루어지지만 전통적인 분석 방식이 아닌 적극적이고 지지적인 방식으로 진행됩니다. 우울증 환자를 위한 다른 상담기법으로는 대표적으로 인지치료와 대인관계 심리치료가 있습니다. 인지치료는 환자의 부정적인 인지 왜곡을 규명하고 이를 수정하는 작업을 하는 것입니다. 우울증은 세 가지 대표적인 인지 왜곡, 즉 자신과 세상과 미래에 대한 부정적인 생각이 있어서 긍정적인 생각으로 감정을 중화시키지 못합니다. 자기에 대한 부정적인 인지 왜곡으로 자신은 전적으로 못났다고 보고 좋은 면이 있다는 것을 전혀 생각하지 못하죠. 이런 사람들에게 자신의 좋은 점, 장점을 찾아보게 하고 객관적으로 비교하게 해서 인지 왜곡을 해결하는 것입니다. 세상에 대한 부정적인 인지 왜곡으로 인해 사람들은 늘 자기를 못살게 굴고 자신의 모든 것을 철저하게 차단한다고 여길 때에는 사회가 늘 그렇지 않다는 것을 이해시켜야겠죠. 미래에 대한 부정적인 인지 왜곡으로 인해 자신의 미래는 항상 어둡고 잘 풀릴 리가 전혀 없다고 생각할 때에도 마찬가지로 사고의 전환을 위한 치료 중재를 하게 됩니다. 대인관계 심리치료는 우울증의 원인을 심리 취약성에서 찾기보다는 인간관계에서 찾습니다. 가장 유념하게 되는 것은 발병 당시의 환경의 변화 혹은 사건입니다. 대인관계 심리치료는 이러한 요인을 크게 네 가지 영역으로 정리합니다. 첫째는 중요한 인물이 죽어서 애도과정을 거치게 되는 경우, 둘째는 대인관계 분쟁이 있는 경우, 셋째는 관계 역할의 변동이 생긴 경우, 넷째는 대인관계가 결핍된 경우입니다. 이러한 상황 변화를 대인관계 관점에서 다루면 우울증의 심리적인 부분도 같이 좋아진다고 보는 것이 이 치료의 원리입니다.

조증 증상은 주변에 방해와 피해를 주는 편이라 보호자가 사태의 심각성을 비교적 쉽게 느끼고 입원치료의 필요성도 쉽게 동의합니다. 조증 증상을 완화하기 위해 치료자가 노력하는 것은 대표적으로 두 가지입니다. 첫째는 자극을 줄이도록 당부합니다. 증상은 우울증과 정반대로 뇌의 CPU가 무리하게 빨리 돌아간다고 생각하시면 됩니다. 그렇다 보니 오감을 통해 환경의 자극이 환자에게 들어오면 과활성된 뇌를 거쳐 뻥튀기처럼 과도하고 다양한 반응을 초래합니다. 그래서 어떤 이는 사물을 보고 예술적인 감성이 과도하게 일어나고, 어떤 이는 하루에도 몇십 개의 발명 아이디어가 생깁니다. 환자의 시청각 자극을 줄이기 위해서는 새로운 일을 벌이지 말고 새로운 장소에 가지 말고 어디에 있든지 보고 듣는 자극을 줄여야 합니다. 어떤 환자는 그 무수한 반응들을 놓치기 아까워서 계속 메모를 하는데 적은 메모가 또 다른 자극원이 되기 때문에 이 경우에도 메모를 제한하고 생각을 그냥 흘려보내게 해야 합니다. 둘째는 충동적인 행동을 예방해야 합니다. 자해나 타해의 위험이 있는지를 잘 확인하여 큰일이 없게 해야 합니다. 약물치료와 입원치료는 이러한 두 가지 지침에 모두 도움이 됩니다.

조증삽화 상태에서의 심리상담은 짧은 시간에 지지적인 상담 방식을 취하며 환자의 취약성을 이해하는 작업은 우울증과 마찬가지로 일단 삽화 증상이 완화된 이후에야 가능합니다. 병의 주기가 안정이 되어 1년에 한 번 삽화가 생기는 것을 본인이 예상할 수 있을 정도라면 어떻게 하면 좋을까요? 삽화를 없애지 못한다면 다가올 삽화를 대비하면 되겠죠? 자신의 생활 일정을 삽화 기간에 문제가 되지 않도록 조정하거나 혹은 재발 초기에 미리 약물치료를 조정하거나 입원하거나 할수 있겠지요. 주기가 안정이 되지 않은 상태라 언제 재발할지 모르는 경우에는 과거 발병의 초기를 검토해서 발병을 일찍 알아낼 수 있는 현상들을 정리해 봅니다. 이런 현상을 보통 경고 신호라고 부릅니다. 일반적으로 흔한 경고 신호warning sign는 생활의 규칙성이 변동되어 수면이나 식욕이 달라지는 것입니다. 경미한 우울감이 있다가 반동형성으로 조증삽화가 이어지는 경우엔 경미한 우울감이 조증 재발의 경고 신호가 됩니다. 이러한 경고 신호는 개인마다 차이가 있으므로 내담자 특유의 경고 신호를 살펴서 정리해야 합니다. 이 점을 잘 알게 되면 재발에 대한 대처능력이 배가됩니다.

😕 사례 이해

다음 45세 여성의 호소를 DSM-5 진단기준에 맞추어 주요우울삽화에 해당되는지 평가하시오. 그리고 내담자를 어떻게 도와야 할지 의견을 제시하시오.

"저는 약 한 달 전부터 무기력증이 와서 직장은 물론이고 아이들이나 같이 사는 친정아버지 챙기는 것이 너무 힘들어요. 아침에 자꾸 늦게 일어나서 직장에 지각하게되네요. 제가 보험 업무로 많은 고객들을 만나야 하는데 지금은 힘도 열정도 바닥이 났어요. 전엔 잘한다는 소리 들으며 즐겁게 일했는데 지금은 뭐 잘못되면 어쩌나 초조하고 불안하기만 하고 내가 이 정도밖에 안 되나 싶어요. 몸은 무거운데 저녁엔 잠이 안 오고 자도 잔 것 같지가 않아요. 남편은 걱정하며 이제 직장 그만두고 쉬라고 하는데, 가족들이 걱정하면 미안해서 죄책감만 늘어납니다. 어제는 그냥 이대로 잠들어버려서 그대로 하늘나라에 가면 좋겠다는 생각이 들었어요."

위 사례는 한 달 전부터 있었던 여러 증상을 호소하고 있습니다. 주요우울삽화 아홉 가지 진단기준과 비교하면 분명하게 묘사된 증상들은 (4) 불면증, (5) 정신운동 초조, (6) 피로감 세 가지이고, 분명하지는 않으나 어느 정도 묘사된 증상들은 (2) 통상적 활동에서 흥미와 즐거움의 상실, (7) 무가치감 혹은 부적절하고 과도한 죄책감, (8) 사고 및 집중 능력의 감퇴 혹은 결정 곤란, (9) 자살이나 죽음에 대한 반복적 사고 네 가지이며, 호소가 없어 확인 안 되는 증상들은 (1) 슬프고 우울한 기분, (3) 식욕 감퇴 또는 증가 두 가지입니다. 내담자가 호소하지 않은 항목들은 구체적으로 질문하고 분명하지 않은 항목들도 다시 질문하여 진단기준에 해당하는지 확인해야 합니다. 기간도 2주 이상에 합당한지 정확히 따져봐야죠.

　내담자를 돕기 위해서는 해결책 제시보다 우선 정확한 문제 파악에 집중해야 합니다. 내담자는 한 달 전부터 문제 증상을 자각하기 시작했습니다. 유발인자는 이 시기 전후에 있을 것입니다. 이 시기에 어떤 고민이나 환경 변동이 있었는지를 질문해야 합니다. 과거에도 비슷한 문제가 있었는지 그리고 어떻게 해결했는지도 확인하여 과거의 시행착오를 반복하지 말아야 합니다. 사례에서 내담자의 호소는 표면적인 증상에 몰두되어 있습니다. 보고된 이야기만으로는 왜 문제가 나타났는지를 짐작할 수 없습니다. 그러므로 좀 더 정황을 파악하는 것이 필요하고 섣부르게 낙관적인 격려나 생활 개선 권고를 하지 말아야 합니다. 남편은 직장이 힘드니 그만두라고 하지만 우울증이 생겨서 결정 곤란이 있는 시점에 직장을 그만두는 등의 환경 변화는 오히려 병을 악화시킬 수 있습니다. 이 시기에는 변화가 좋든 나쁘든 간에 변화 자체가 하나의 적응 스트레스로 작용하기 때문입니다. 직장을 정리하려는 마음이 있었다고 해도 일단 지금의 우울증 문제가 해소되는 시점으로 결정을 지연하는 것이 좋습니다.

（⊃﹏⊂） **사례 이해**

다음 사례를 읽고 DSM-5 진단기준에 맞추어 조증삽화에 해당되는지 평가하시오. 그리고 내담자를 어떻게 도와야 할지 의견을 제시하시오.

38세 H는 심각한 각성 상태가 며칠간 지속되어 잠을 거의 자지 않고 끊임없이 중얼거리며 생각들을 쏟아내더니 아버지와 크게 싸우고 집을 나가 친척집을 전전하여 돈을 요구했다. 평소 말이 없고 내성적이며 사려 깊은 감성적인 사람이었지만 지금은 완전히 다른 사람이 된 것처럼 상처 주는 말들을 서슴없이 하여 만나는 사람들을 공포에 떨게 했다. 그는 구한 돈으로 노점상의 꽃을 모두 사서 행인들에게 마구잡이로 나누어 주다가 그것을 버려두고 주변 서점에서 책을 사기 시작했다. 그는 가족들이 정지시킨 신용카드로 결제를 하려다 직원과 시비가 붙어 몸싸움으로 이어져 경찰서에 연행되었다. 그는 경찰서에서도 소리를 지르며 욕을 해댔고 보호자가 와서 훈방되어 집으로 왔지만 곧 다시 가출을 하였다.

다음의 사례에서는 (2) 보통 요구되는 것보다 잠을 적게 자며, (3) 유난히 수다스럽고 말이 빠르며, (5) 주의 산만함, (7) 무절제하게 시간이나 돈을 쓰는 것처럼 바람직하지 못한 결과들을 가져오기 쉬운 쾌락 활동에 몰입하는 것 네 가지의 조증삽화 기준을 만족할 가능성이 높습니다. 물론 일주일 내내 증상이 있었는지 확인해야 합니다. (1) 자존심이 고양되어 있거나 과대성을 가지고 (4) 사고 비약 혹은 사고가 대단히 빠르다는 주관적 인상과 (6) 목표 지향적 활동이 급격히 증가하거나 정신운동 초조를 보이는 것 세 가지는 보다 구체적인 질문으로 다시 점검해야 할 부분입니다. 이 사례와 흡사하게 조증삽화는 흔히 잠이 오지 않는 것에서부터 출발합니다. 증상이 분명히 드러나면 환자들은 자신이 하는 행동이 자기 충동을 위한 것이 아니라 대의를 위하거나 정의를 위하는 것이라는 생각에 사로잡히게 됩니다. 그래서 노점상의 꽃을 모두 사고 나눠 주는 것을 어떤 중요한 예식을 행하는 느낌으로 몰두합니다. 하지만 냉정히 보면 이는 논리적인 판단에서 출발한 행동이 아니라 고양된 기분에 따른 조절되지 못하는 충동적인 행동입니다. 어떤 환자는 입원치료 중에 병원의 부당한 환자 처우에 대한 대변인이 되어 환자들을 선동하기도 합니다. 얼핏 보면 바른 일을 하고 있는 것처럼 보이지만 이 또한 자기 조절을 못하고 현실성을 무시하는 것이 핵심입니다. 환자의 조증 상태를 입원치료 없이 안정시킬 수 있는 방법은 거의 없습니다. 조증 상태의 환자가 스스로의 행동에 문제가 없다고 주장하면 보호자의 동의를 얻어서라도 입원치료를 해야 합니다. 이 사례의 경우에서도 해결책보다 평가가 우선되어야 하는데 증상의 시작이 언제부터인지 분명하지 않으므로 현재 이력을 자세히 들어 증상의 시작과 진행을 추적해야 합니다. 만약 그가 과거 우울증의 반동형성으로 조증이 시작된 경우였다면 이번에도 조증 삽화 바로 전에 우울감이 얼마나 작용했는지 확인해야 합니다. 그런데 한창 조증 상태일 때에는 이러한 정보를 얻어 내기가 어렵습니다. 그래서 약물치료로 어느 정도 행동 조절이 된 이후에 현재 이력의 정보를 자세히 묻게 됩니다.

기분 장애를 다루는 기독 상담자의 자세

지금까지 기분 장애를 배웠는데 기독 상담자는 이런 분들을 어떻게 도울까요? 이는 꼭 기분 장애만 아니라 모든 정신병리 환자를 대하는 기독 상담자의 자세일 것입니다.

■ 내담자가 자신의 병에 대한 의학 지식과 함께 치료의 한계 또한 충분히 알 수 있게 도와야 합니다. 기독상담자가 신체의 질병을 무시하는 것은 있을 수 없는 일입니다. 뇌 질환으로서 기분 장애에 대해서 충분히 알고 있어야 하며 환자와 보호자에게 병의 특성과 병을 다루는 지침을 잘 알려 주어야 합니다.

■ 인간의 나약함과 환자의 취약성을 충분히 공유해야 합니다. 현대의학은 물론이고 인간 자체도 한계가 있습니다. 우리 모두는 우울에 빠질 수 있으며 일부는 우울증의 취약성을 가지고 있습니다. 이것은 실존입니다. 취약성을 부정하기보다 인정하고 정확하게 이해하면 오히려 병을 잘 대처할 수 있습니다. 삽화의 초기에는 경고 신호가 있습니다. 개인의 역동과 고유한 경고 신호를 잘 알면 재발을 막거나 약화시킬 수 있습니다. 병을 떨치지 못하고 짊어져야 한다는 사실을 용납하기는 어렵지만 그 사실을 충분히 공유할 수 있어야 합니다. 증상을 해결하기보다 그저 참아 내는 경우를 풍랑을 만난 배로 설명하기도 합니다. 풍랑이 너무 세게 몰아칠 때는 저항하는 것이 아니라 오히려 돛을 다 내리고 풍랑이 멎기까지 가만히 기다리는 것처럼 인생과 질환도 비슷한 시점이 있습니다.

■ 증상 안에 있는 의미에 대해서 기독교 관점의 해석을 제공해야 합니다. 하나님

은 왜 나에게 이런 질환들을 주셨는가에 대해서 일반적인 답변과 함께 신앙적인 답변도 제공할 수 있어야 합니다. 신앙 안에서 고통은 뜻이 있고 하나의 예표이기도 합니다. 앞서 풍랑 만난 배를 말씀드렸는데 그러한 시점에서는 신앙이 주는 위로와 지금의 상황이 주는 신앙적인 의미를 통해 보다 수월하게 그 시기를 넘어갈 수 있습니다.

■ 신앙생활이 병에 미치는 영향을 파악하여 적절한 방향을 제시하는 것이 필요합니다. 신앙생활 및 교회 문화의 차이에 따라 환자의 심리에 도움이 되기도 하고 방해가 되기도 합니다. 교회에서 기분 장애를 신앙이 부족해서 그렇다는 식으로 말하는 편견에 대해서는 계속적인 계몽이 필요합니다. 우울감은 타인의 동정을 얻어서 차라리 나은 반면 조증 상태에서 내담자가 교회 목회자나 교인과 충돌이 생기면 그것이 내담자의 인격이나 신앙 수준으로 낙인이 되어 증상이 나아져도 교회에서 배척될 수 있습니다. 이 경우에 기독상담자는 내담자의 변호인이 되어 목회자와 교인들을 설득할 수 있어야 합니다.

적당한 불안은 개인을 위험으로부터
보호하지만 불안 장애 수준의 불안은 오히려
마음을 위축시켜 일을 망치게 합니다.

불안 장애

인생을 살면서 불안을 한 번도 경험하지 않은 분은 없을 것입니다. 모든 사람이 불안을 느끼고 사는데 그러면 불안 장애는 또 뭔가 싶지요? 모든 정신병리에 불안이라는 요소가 들어 있다고 해도 과언이 아닙니다. 그런데 불안 장애라고 부를 때에는 불안을 1차적인 병리로 보는 경우를 말합니다. 이 강의를 통해 불안 장애에 속하는 각 질환의 진단기준을 익히는 것도 중요하지만 이와 함께 실제 상담에서 본 내용이 활용되기를 기대합니다. 즉 내담자가 호소하는 내용을 들으면서 어떤 질환이라고 가정할 수 있고 병원 치료가 필요한지 그리고 상담으로는 어떤 도움을 줄 수 있는지도 잘 알게 되기 바랍니다.

불안이란?

불안은 마음이 놓이지 않고 조마조마한 상태, 긴장이 고조되고 안정이 되지 못한 상태라고 정의됩니다.

생리적인 면, 행동적인 면, 인지적인 면
불안은 세 가지 측면으로 설명됩니다. 하나는 생리적인 면인데 근육이 긴장되고 호흡도 빨라지고 식은땀도 나고 잠도 제대로 못 자고 어지러움도 나타나며 그 외에도 소화불량, 두통 등이 따릅니다. 행동적인 면으로는 집중력이 떨어지고 꼭 해야 할 일을 하지 못하고 행동이나 판단이 느려집니다. 인지적인 면으로는 자신의 생각 이면에 아주 부정적인 가정을 하는 경향이 있습니다. 예를 들어 시험을 앞두고 있을 때 불안한 이유 중 하나는 부정적인 예상, 즉 시험 볼 때 실수를 해서 점수가 형편없이 나오고 이후로 연쇄적으로 벌어질 안 좋은 일들을 상상하기 때문입니다. 불안은 적당한 양이라면 정상적으로 꼭 필요합니다. 정상적인 혹은 적응적인 불안은 문제를 대처하는 데 도움을 줍니다. 시험을 앞두고 적당한 불안은 필요합니다. 전혀 불안하지 않다면 시험 준비가 미흡해지겠지요. 그런데 이런 정상적인 수준을 넘어서서 불안이 과도하게 나타나면 오히려 문제 해결을 방해합니다. 그렇다면 어느 정도가 정상적인 것이고 어느 정도가 과도한 걸까요? 이 판단의 기준은 불안이 그 사람의 기능에 어느 정도의 영향을 주며, 그로 인해서 그의 적응 능력이 어느 정도 저하되는지의 여부에 따릅니다.

신호불안

정신분석에서 언급하는 불안으로 **신호불안**signal anxiety이 있습니다. 프로이트의 심리구조 이론에 따르면 인간의 심리에는 원본능, 자아, 초자아의 영역이 있으며 원본능에는 성 충동과 공격 충동이 있는데 이는 우리가 가지고 있는 가장 원초적인 욕구의 덩어리라 할 수 있습니다. 거기에는 논리적이거나 이성적인 원칙이 없고 쾌락원칙, 즉 어떻게 해서든지 욕구가 충족되기만을 원하지요. 반면 초자아는 이러한 원본능과 대치되는 요구를 합니다. 원본능이 초자아의 반대에도 불구하고 의식 위로 올라오려 할 때 불안이라는 반응이 나타납니다. 이 경우 불안은 자아 기능이 작동하도록 하는 일종의 신호이기 때문에 신호불안이라고 하며 이때 작동하는 자아기능을 가리켜 방어기제라고 합니다. 신호불안이 방어기제를 작동시킨다는 점을 잘 기억해 두시기 바랍니다. 방어기제에는 여러 종류가 있는데 한 상황에 한 가지 방어기제만 사용하는 것이 아니라 여러 가지를 함께 동원하여 충동을 누르는 역할을 합니다. 예를 들어 충동이 있으면 한편으로는 이를 억압하고 동시에 전치를 통해 일부를 다른 대상에게로 향하게도 하는 등 여러 가지 방법을 씁니다. 방어기제가 활성화되면 원본능에서 올라오는 충동들이 억압되거나 가라앉아서 결과적으로 불안이 감소하게 됩니다. 하지만 방어기제로 충분히 조절되지 못할 경우에는 불안이 의식으로 올라오게 되며 이에 따라 결과적으로 병리적인 상태로 빠져 들수 있는 거지요. 정리하면, 불안은 신경증적인 갈등을 피하려는 적응적인 신호와 신경증적인 갈등에 따른 증상이라는 두 가지 의미를 동시에 갖고 있습니다.

두 가지 형태의 불안

프로이트는 불안의 특성으로 두 가지 형태의 불안, 즉 현실신경증(실제 신경증)과 정신신경증을 언급하였습니다. 현실신경증actual neuroses은 분출되지 못한 리비도에 의해 긴장이 증가해서 불안이 생긴 경우라고 말하는데, 요즘 식으로 말하자면 몸의 생리 현상에 따른 생물학적 상태를 말하며 자율신경계 증상이 뚜렷한 편입니다. 대표적으로 공황장애가 있습니다. 정신신경증psychoneuroses은 무의식 속에 억압되어 있었던 생각과 소망이 의식으로 올라오려고 할 때 일어나는 불안을 말하는데, 신체적 요인보다 심리적 요인이 더 많은 경우로서 히스테리, 공포증, 강박증 등이 해당됩니다. 이러한 불안 특성 분류는 현대에 와서는 의미가 퇴색했습니다. 두 가지 형태 모두에 생물학적인 요인과 심리적인 요인이 같이 있기 때문입니다. 과거에 이런 이름이 있었다는 정도로만 기억하시면 됩니다.

발달단계에 따른 불안 수준

사람은 성장함에 따라 느끼는 불안 수준이 다릅니다. 랑크Otto Rank는 출생 충격birth trauma, 즉 출생 시에 아이가 갖는 경험이 아이에게 이미 불안을 나타내기 시작한다고 했습니다. 여러 학자들이 발달단계에 따른 불안에 대해 나름대로 의견을 피력했습니다. 출생 이후로 아기가 원할 때 엄마가 젖을 안 주면 식욕이 충족되지 않아 불쾌한 감정이 지속되는 것이 인생 초기의 불안 경험으로 남게 됩니다. 아이가 조금 더 크면 양육자인 어머니와 분리되는 것에 대한 불안이 나타나며, 거기서 좀 더 크면 어머니가 "이건 안 돼, 저건 안 돼" 하는 기준을 제시하는데 이와 관련된 외부의 처벌이 불안을 발달시키는 요인이 됩니다. 표 10은 발달단계에 따른 불안 수준을 나열하고 있는데, 맨 위가 생애 초기에 경험하는 불안이고 아래로 내려갈수록 시간이 지나면서 나타나는 불안입니다.

[표 10] 발달단계에 따른 불안 수준

✓ 원본능 불안 : 피해 불안, 붕괴 불안
✓ 대상상실 불안
✓ 애정상실 불안, 거세 불안
✓ 초자아 불안

■ **원본능 불안** : 아기가 태어나면 어떤 상태입니까? 네, 무력한 상태죠. 그런 상태에서 자기가 감당할 수 없는 자극에 의해서 압도당하는 수준이 원본능 불안id anxiety입니다. **피해 불안**persecutory anxiety은 무언가 나에게 침입해서 나를 파괴시킬 것 같은 불안입니다. **붕괴 불안**disintegration anxiety은 자기 스스로를 유지하는 **자기감**sense of self 혹은 자기의 경계영역이 없어질 것 같은 불안감입니다. 둘 다 매우 원초적입니다. 사실 정확히 말하면 불안은 자아가 느끼는 것이지 원본능이 느끼는 것은 아닙니다. 불안과 정서에 관한 프로이트의 이론은 수정되었습니다. 초기 지형학적 이론에서는 정서의 원천이 무의식에 있다고 하였고, 후에는 구조적 이론을 제시하면서 정서는 자아에서 나타나는 것으로 보았습니다. 하지만 초기 이론에 근거하여 혹은 워낙 원초적이면서 강력하다는 뜻으로 원본능 불안이란 용어가 여전히 사용되기도 합니다.

■ **대상상실 불안** : 아이가 조금 커서 만 1~3세로 들어가면 그때 생기는 불안이 **대상상실 불안**fear of loss of object이며 **분리 불안**separation anxiety이라고도 합니다. 대상상실 불안은 어머니의 부재 시에 어머니를 영영 잃어버릴 것 같은 불안입니다. 대상상실 불안은 어머니의 불안이 전염된 결과일 때도 있습니다. 즉 어머니가 아이와 떨어지지 못하는 불안을 나타내고 아이가 그 불안을 배우게 되는 것입니다. 이후로도 성장하면서 대상상실 불안 양상이 반복되는데, 대표적인 시기는 아이가 유치원이나 초등학교에 들어갈 때이며 어머니와 떨어지지 않으려는 모습을 보입니다.

■ **애정상실 불안** : 아이가 대상상실 불안을 극복하여 어머니가 옆에 있고 없고에 따라 불안이 일어나는 것은 아니지만 그 어머니의 인정과 사랑을 잃어버릴까

봐 느끼는 불안을 가리켜 **애정상실 불안**fear of loss of love이라고 합니다. 다른 말로 **거절 불안**rejection anxiety이라고도 합니다. 애정상실 불안과 거세 불안은 같은 시기인 만 3~5세의 아동이 사람들과의 교류, 특히 부모와의 교류 안에서 인식하고 경험하는 불안입니다. 비록 같은 시기의 불안이지만 불안의 특성과 설명하는 방식에 약간의 차이가 있습니다.

- **거세 불안** : 거세 불안castration anxiety은 프로이트가 오이디푸스 갈등 시기를 지칭한 불안 용어입니다. 문자적으로 보자면 남자 아이가 자기 성기의 손실을 두려워하는 것입니다. 프로이트는 남자 아이가 이 불안을 극복하기 위해 아버지를 동일시하고 그래서 초자아가 형성되는 것이라고 했습니다. 어떤 이는 "직장에서 잘릴 것 같다."라는 식으로 무언가 자른다는 용어가 사용될 때 거세 불안의 흔적을 볼 수 있다고 설명합니다. 신체가 다치거나 손상되거나 불구가 될 것 같은 불안이 거세 불안의 흔적이라고 말하기도 합니다. 이처럼 거세 불안을 손실 혹은 잘린다는 뜻으로 생각할 수 있긴 하지만 그보다는 오이디푸스 삼각관계 갈등을 핵심으로 하는 불안이라고 이해하는 것이 좋겠습니다. 즉 거세 불안은 한 대상을 향한 만족을 위해 다른 대상에 대항하려 할 때 그에 상응하는 보복에 대한 불안이며, 이 불안을 해소하기 위해 대항하려 했던 대상을 오히려 동일시하게 됩니다.

- **초자아 불안** : 오이디푸스 시기를 지나 초자아가 제대로 형성된 다음에 나타나는 것이 **초자아 불안**superego anxiety이지요. 이는 내면의 도덕적 기준에 따라 살지 못한 것에 대해서 죄의식과 양심의 가책을 느끼는 것을 말합니다. 신앙생활을 열심히 하시는 분들은 종교적인 기준에 따른 초자아 불안이 많은 편입니다.

불안의 생물학적 측면

불안은 뇌에 따른 자율신경계의 생물학적 반응입니다. 예를 들어 공황장애와 관련된 뇌 부위가 **청반**locus ceruleus이라는 것을 신경생물학자들이 알아냈습니다. 내담자를 파악할 때 생물 요인, 심리 요인, 사회 요인을 모두 고려할 수 있어야겠죠. 생물학적으로 불안의 취약성이 있고 그것을 자극할 만한 가정과 사회 환경이 맞아 떨어져서 불안이 일어난다고 설명합니다. 공황발작의 생물학적 취약성이 있는 환자에게 불안 요소가 작용하면 그는 공황발작이나 그에 준하는 증상이 생기지만 이런 취약성이 없는 사람에게 불안 요소가 작용하면 그는 다른 형태의 불안이 일어납니다. 같은 심리 갈등이나 자극 환경에서 어떤 사람은 병리 현상을 일으키고 어떤 사람은 문제없이 넘어가는 것을 보면 결국 증상의 발생은 환경 요인 때문만이 아니라 생물학적 취약성이 결부되어야 한다는 것을 알 수 있습니다.

불안에 대한 인지행동이론

불안에 대한 인지행동이론을 살펴보겠습니다. 이 이론에서는 불안의 생성과 악화가 고전적 조건화, 조작적 조건화, 인지 왜곡에 의해서 생긴다고 설명합니다.

- **고전적 조건화** : 고전적 조건화의 동물 실험은 중고등학교 시절에 배우신 기억이 있을 것입니다. 개에게 밥을 줄 때마다 종을 울리면 나중에 밥을 안 주고 종만 울려도 침샘에서 침이 나오지요. 행동주의자들은 불안을 이런 식의 학습이라고 봅니다. 예를 들면 어떤 상황이 불안을 일으키기에 충분한 상황이었다고 합시다. 그런 상황에 계속 반복적으로 노출되면 나중에는 불안을 일으킬 상황이 아니어도, 즉 단지 불안을 연상시키는 자극만으로도 불안이 올라오게 됩니다. 우리 속담에 자라 보고 놀란 가슴 솥뚜껑 보고 놀란다는 말이 바로 고전적 조건화 개념이 잘 담겨 있는 속담입니다.
- **조작적 조건화** : 조작적 조건화 실험은 쥐를 여러 갈래 길이 있는 실험대에 놓습니다. 그리고 길마다 쥐가 싫어하는 전기 자극을 계속 줍니다. 그리고 단 한 길만 전기 자극이 없습니다. 쥐는 이리 갔다 저리 갔다 하다가 우연히 전기 자극이 없는 길로 들어간 후로는 피할 때 항상 그 길로 피하게 됩니다. 이를 조작적 조건화라고 합니다. 불안이 생기는 경우 불안을 감소하기 위해서 다양한 회피 행동을 하는데 어떤 행동으로 불안이 감소하게 되면 나중에는 불안할 때마다 그 행동을 반복하게 되지요.
- **인지 왜곡** : 인지 왜곡은 부적절한 돌파구를 반복하게 합니다. 우리가 불안에

놓이면 우리의 인지 체제는 상당히 비적응적인 체제로 변합니다. 예를 들어 상대는 과대평가를 하고 자신은 과소평가를 하여 불안을 감소시키는 경우가 있습니다. 상황과 자신에 대해 극도의 부정적인 평가만 내리는 경우도 있습니다. 또는 가능성 중에 가장 안 좋은 가능성과 최대의 나쁜 결과만 예상하는 경우도 있습니다. 이러한 인지 왜곡은 당장의 불안을 줄여 주는 것처럼 보이나 실상은 불안을 가중시키는 결과를 낳습니다.

불안 장애와 강박 및 관련 장애의 분류

DSM-IV에서 불안 장애군에 속한 질환들은 DSM-5에서 불안 장애, 강박 및 관련 장애, 외상 및 스트레스 관련 장애로 나뉘어 재배치되었고, 다른 장애군에 속한 질환 중 일부가 불안 장애군으로 이동하였으며, 새로 인정된 질환도 있습니다.

이번 강의에서는 공황장애, 광장공포증, 강박장애를 주로 살펴보겠습니다. 먼저 나머지 질환들을 간단히 살펴보겠습니다.

분리불안장애와 선택적 함구증은 아동기에 나타나는 불안 장애들입니다.

특정공포증specific phobia(예전 명칭은 단순공포증simple phobia)은 어떤 특정한 대상에 대한 공포가 나타나는 경우로서 공포의 대상이 되는 것이라면 모두 거명할 수 있는데 동물(예 : 거미, 벌레), 자연환경(예 : 번개, 물), 혈액-주사-손상, 상황(예 : 엘리베이터, 교량), 기타(예 : 구토, 낙하)로 크게 분류됩니다. 공포증은 전치, 투사의 방어기제를 주로 사용합니다. **전치**displacement는 특정 감정의 대상을 다른 대상으로 바꾸는 것을 말합니다. 대상을 바꾸는 방어기제로는 **대치**substitution도 있는데, 이는 꿩 대신 닭이라는 속담처럼, 소유와 만족의 대상을 얻지 못할 때 그와 비슷한 대상으로 바꾸는 것을 말합니다. 이에 비해 전치는 흔히 부정적인 감정과 충동의 대상을 바꿀 때 사용하는 방어입니다. 그러다 보니 바뀐 대상은 일반적으로 겉보기에는 원래의 대상과 연관성이 없어 보이는 대상입니다. 그렇게 되면 공포는 있지만 실제 공포의 대상까지 연상되지는 않으므로 전체적으로 공포의

[표 11] DSM-5 불안 장애와 강박 및 관련 장애의 분류

불안 장애
- ✓ 분리불안장애*
- ✓ 선택적 함구증*
- ✓ 특정공포증
- ✓ 사회불안장애(사회공포증)
- ✓ 공황장애
- ✓ 광장공포증
- ✓ 범불안장애
- ✓ 물질/약물치료로 유발된 불안장애
- ✓ 다른 의학적 상태로 인한 불안장애
- ✓ 달리 명시된 불안장애
- ✓ 명시되지 않는 불안장애

강박 및 관련 장애
- ✓ 강박장애
- ✓ 신체이형장애*
- ✓ 저장장애*
- ✓ 발모광(털뽑기장애)*
- ✓ 피부뜯기장애*
- ✓ 물질/약물치료로 유발된 강박 및 관련장애
- ✓ 다른 의학적 상태로 인한 강박 및 관련장애
- ✓ 달리 명시된 강박 및 관련장애
- ✓ 명시되지 않는 강박 및 관련장애

(*는 DSM-IV에서 불안 장애에 속하지 않았던 다른 장애군의 질환 혹은 신생 질환임)

강도가 줄어들기 때문입니다. 하지만 이러한 방어가 순기능을 하지 못하고 악순환을 보이게 되어 질병 수준에 이른 것이지요. 심리치료는 이러한 방어의 사용을 해제하여 진정한 공포의 대상을 직면케 하는 통찰치료 방식과 다른 방어의 동원을 활성화하여 보다 효율적인 방어 체계를 구성할 수 있도록 돕는 지지치료 방식이 있습니다.

사회불안장애는 사회공포증의 새로운 진단명이며 사회적 교류가 공포의 대상입니다. 사회불안장애는 낯선 사람 앞에 서는 혹은 남들에게 세밀히 관찰되는 사회적 상황에서 창피를 당하거나 난처하게 될 만한 어떤 것을 할지 모른다는 현저하

고 지속적인 두려움이며, 비슷한 상황에서 예외 없이 즉각적인 불안과 공포 반응을 일으키며 상황을 회피합니다. 환자는 이러한 공포가 너무 지나치거나 비합리적인 것임을 인식합니다. 증상이 최소한 6개월은 유지되어야 진단을 내릴 수 있습니다. 사회불안장애의 형성을 살펴보면 환경적으로는 형제의 모욕과 비판, 부모의 싸움, 사망, 헤어짐, 불안이 심한 부모가 소아들에게 세상은 위험한 곳이라는 생각을 주입하며 행동을 제한한 것 등의 요인이 작용합니다. 역동적으로는 어린 시절 환자에게 중요한 인물이 환자에게 창피를 주고, 비판하고, 놀리고, 모욕을 하고, 버림으로써 환자를 당황하게 만드는 일이 이루어질 때 환자는 이 인물을 하나의 표상(이미지)으로 내면화하게 됩니다. 이러한 내적 표상이 후에 주변 인물에게 투영되면 환자를 지켜보는 사람들에 대해 객관적이 되지 못하고 그들이 모두 자신을 질타하거나 비웃을 것이라는 잘못된 가정에 사로잡혀 공포를 촉발하게 됩니다.

범불안장애는 매사가 불안으로 가득한 양상을 나타냅니다. 증상은 6개월을 넘어야 합니다. 우리가 공부한 바로는 불안은 일종의 경고신호이기 때문에 불안은 우리로 하여금 다가올 어려움을 미리 염두에 두고 준비시키는 기능이 있습니다. 그런데 범불안장애는 주객이 전도되어 불안이 개인의 마음을 송두리째 잡고 있어서 그에게는 어떤 여유도 발견할 수 없고 불안을 벗어나서 생각하거나 행동할 수가 없습니다.

신체이형장애는 신체추형장애로 번역하기도 합니다. DSM-IV에서는 신체형 장애군에 속하는 진단이었으나 강박 및 관련 장애 소속 질환으로 분류가 바뀌었습니다. 자신의 신체에 지나치게 몰두하고 타인의 객관적인 평가보다 훨씬 결함이 더 심하다고 취급합니다. 예를 들어 코가 비뚤어졌다고 생각해서 성형외과에 갑니다. 성형외과 의사는 이상 없다고 말하는데 그래도 수술해 달라고 우깁니다. 설령 수술을 한다고 해도 외모가 문제가 아니라 생각에 문제가 있는 거니까 마음에 들 리가 없죠. 몰두하는 신체는 주로 얼굴이며 물론 그 외의 부분도 될 수 있습니다.

저장장애hoarding disorder는 수집광으로 번역하기도 합니다. 저장 강박이라는 표현이 과거부터 있었는데 DSM-5에서 정식 진단으로 분류되었습니다. 나이가 들면 사소한 물건이라도 애착을 느껴 잘 버리지 못하는 경우를 보는데 저장장애는 그런 수준을 넘어섭니다. 저장장애 환자의 80~90%에서 '과도한 습득 동반with excessive acquisition'이 명시됩니다. 이는 더 이상 물건을 저장할 공간이 없음에도 불구하고 과도하게 소지품을 습득하는 경우입니다. 집안 한가득 쓰레기나 고물로 채운 것을 뉴스나 TV 프로그램에서 보신 적이 있을 것입니다.

강박 및 관련 장애에 저장장애, 발모광(털뽑기장애), 피부뜯기장애가 새로 배치된 점이 인상적입니다. 이는 강박적인 사람의 특이한 습관을 짐작할 수 있는 질환들입니다. 강박적으로 쓸 데 없는 것들을 모으고 불안해서 털을 뽑고 피부를 뜯는 사람을 떠올려보세요.

공황장애와 광장공포증

공황장애

공황장애 증상으로는 예기치 못한 반복적인 **공황발작**panic attack이 있습니다. 발작의 빈도와 정도는 경우마다 매우 다양합니다. 공황장애를 앓는 사람이 겪는 공황 증상은 구체적으로 어떤 것일지 한번 상상해봅시다. 당신은 평범한 직장인입니다. 어느 날 회사 건물로 들어가는데 갑자기 심장이 멎는 것 같고 눈앞이 아찔해지면서 그만 주저앉고 맙니다. 곧 심장마비로 죽을 것 같지만 손을 쓸 수가 없습니다. 온몸의 피와 힘이 한순간에 다 빠져나가는 느낌입니다. 극심한 공포와 불안의 정도가 이루 말로 표현할 수 없는 정도라서 "사람이 이러다 죽는구나."라는 생각이 듭니다.

그리고 아래 세 가지 증상 중 하나 이상이 1개월 이상 나타납니다. 첫째는 예기불안이라고 하는데 추가 발작에 대한 지속적인 걱정, 즉 "앞으로 또 이런 발작이 일어날 거야."라는 생각이 지속되며 불안을 느낍니다. 신체 감각에 대한 예민성이 증가되어서 사소한 자극에도 쉽게 공황발작이 다시 온다는 불안에 휩싸이는 악순환을 겪게 됩니다. 둘째는 발작과 관련된 여러 가능성에 대한 근심 걱정이 늘어납니다. 발작은 마치 심장발작처럼 오기 때문에 심장에 문제가 있는 것은 아닌가, 미친 것은 아닌가, 심각한 신체 질환이 있는 것은 아닌가 등등 많은 걱정을 하게 되죠. 공황발작이 워낙 급작스럽고 강렬하게 오다 보니 환자들은 "내가 죽는 게 아닐까?" 등의 잘못된 생각과 공포에 휩싸입니다. 흔하게 나타나는 또 다른 잘못된 생각은 자기 통제력을 잃어버릴 것 같은 불안입니다. 셋째는 발작과 관련된 뚜렷한 행동 변화인데 발작과 직접적인 관련성은 부정하면서 직장을 그만두는 등의 행동이 나타납니다.

처음 겪는 공황발작은 대개 전조 증상이 없이 어느 날 갑자기 옵니다. 하지만 취약인자는 이전부터 있었다고 봐야 합니다. 공황발작을 경험하는 사람은 처음에는 이것이 무슨 문제인지를 몰라서 심장내과, 신경과 등 병원의 여러 과를 전전하지요. 이후에 정신건강의학과에 가서 공황장애의 증상을 들으면 딱 자기 얘기라고 맞장구를 칩니다. 치료자는 "지금 죽을 것 같은 불안이 있지만 이 병으로는 절대 죽지 않습니다."라고 환자를 안심시킵니다. 환자는 그런 증상이 특정 질환으로 설명이 된다는 것으로 인해 안심을 하고 치료의 희망을 갖게 됩니다. 그동안 다른 과에서 아무리 검사해도 이상이 나오지 않아서 자기 증상을 믿어 주지 않으니까 답답했다고 하소연을 합니다.

어떤 분이 공황발작을 경험하고서 응급실에 갔습니다. 여러 검사를 했지만 특별한 이상은 없었습니다. 의사는 환자가 호흡이 빨라지고 숨을 많이 쉬어서 그렇게 되는 것이라고 설명을 했습니다. 여러분도 한번 급하게 숨을 쉬어 보세요. 그러면 산소 흡입이 훨씬 높아지고 핏속에 산소 함유량이 더 많아지게 되죠. 그러면 심장박동수가 더 빨라지고 심장이 빨리 뛰니까 더 불안해집니다. 이에 대한 해결책으로 의사는 환자가 호흡이 빨라질 때 종이 봉지를 입에 대고 숨을 쉬라고 했습니다. 그러면 내뱉은 숨을 다시 들이마시기 때문에 체내 이산화탄소가 높아지면 심박동수가 내려가서 호흡이 안정됩니다. 이것이 공황발작의 현상과 치료일까요? 아닙니다. 이것은 **과호흡 증후군**hyperventilation syndrome의 특성과 치료입니다. 공황발작이 과호흡을 일으켜 과호흡 증후군이 일어날 수 있겠지만 공황발작 증상이 모두 과호흡 증후군에 의해서 생기는 것은 아닙니다. 그래도 교감신경의 과도한 항진으로 증상이 나타나는 점에 있어서는 두 질환이 동일하며, 교감신경 항진을 안정화하는 다양한 치료 방법을 익히는 것이 두 질환 모두에 중요합니다.

광장공포증

광장공포증agoraphobia이란 명칭은 본래 넓은 곳, 즉 광장에서 매우 불안해지는 것에서 유래된 말입니다. 하지만 넓다는 것이 핵심은 아니며 사람이 운집된 혹은 오히려 좁거나 폐쇄된 공간에서 주로 일어나기 때문에 특정 장소에 임할 때 느끼는 공포라는 의미의 임소공포증이라고 번역하는 이들도 있습니다. 직역이냐 의역이냐의 차이라고 보시면 됩니다. 과거엔 광장공포증이 없는 공황장애, 광장공포증이 있는 공황장애, 공황장애 과거력이 없는 광장공포증을 모두 공황장애에 속한 여러 형태로 보고 세부항목으로 명시했는데 DSM-5에서는 광장공포증이 개별화된 정식 진단으로 분리되었습니다. 광장공포증이 공황발작이 아닌 다른 불안 경험에 의해서도 생길 수 있다고 보는 것입니다. 물론 광장공포증은 여전히 공황장애와 긴밀한 관계에 있으므로 흔히 동반됩니다. 공포를 느껴 피하게 되는 장소는 과거 불안 발작이 일어났던 장소, 사람이 많이 모여 있거나 좁은 공간, 대중교통 수단이 대표적인데 여기에는 두 가지 특성이 담겨 있습니다. 첫째는 자기에게 할당된 공간이 협소하고 답답하다는 점입니다. 그래서 덥고 공기가 오염되고 산소가 부족하다고 느끼기도 합니다. 둘째는 이 공간에서 문제가 생기면 피하거나 도움을 받기 어렵다는 점입니다. 버스, 지하철, 기차, 비행기나 고속도로의 경우 중간에 내릴 수가 없다는 생각을 하게 됩니다. 경기장, 극장, 교회 등의 비좁은 자리 특히 중간 자리에서는 금방 벗어날 수 없고 문제가 생기면 여러 사람의 지목을 받게 된다는 부담을 느낍니다. 그래서 그런 공포가 예상될 만한 곳을 피하다 보면 피하는 영역은 늘어나고 활동 반경은 점점 축소됩니다. 어떤 이는 대중교통을 피해 택시만 타고 다니다 이후로는 보행 이동만 하다가 나중엔 아예 집 밖을 잘 나가지 못하게 됩니다.

질환의 형성

공황장애는 청소년 후기를 시작으로 해서 30대 중반에 가장 많이 발생하며 남성보다는 여성에서 두 배 내지 세 배 정도 더 많이 나타난다고 합니다. 경과를 보면 좋아졌다 나빠졌다를 반복하며 만성적으로 진행됩니다.

공황장애의 생물학적인 취약성으로는 신경전달물질인 노르에피네프린 수치가 정상과 다르다고 합니다. 심리적으로는 대상항상성이 덜 발달된 사람이 공황 장애에 취약하다고 합니다. 대상항상성이란 어린 시절 어머니와의 충분한 교감을 통해 어머니의 좋은 면과 나쁜 면을 그대로 수용하여 두 요소를 다 가진 통합된 하나의 어머니로서 받아들이는 것이죠. 대상항상성 개념은 어머니와 아이와의 분리 separation 주제로 연결되는데, 부모에게 의존적인 문제가 성인이 되어서도 계속되는 경우 공황장애의 취약성이 높습니다. 초기 양육 경험과 관련하여 스트레스를 처리하는 자기 조절감이나 자기 효율성을 개발하지 못한 경우도 공황장애의 취약성이 됩니다. 생애 초기에 부모를 상실하게 된 경험을 한 경우에서 결과적으로 우울증으로 가는 것보다 공황장애로 가는 경우가 세 배 정도 더 높다고 합니다. 그리고 현 시점을 기준으로 1년 이내에 스트레스가 심한 생활 사건을 경험한 경우에도 공황장애가 나타날 확률이 높아진다고 하는데, 이는 유발인자의 측면을 나타내는 것입니다.

치료

공황장애는 약물치료와 심리치료를 함께 합니다. 약물치료와 심리치료의 공통점은 교감신경의 반응 강도를 낮추는 것입니다. 공황장애에 쓰이는 대표적인 약물은 항불안제와 항우울제인데 공황발작이 일어나거나 발작이 일어날 것 같은 공포 상황에서는 고강도의 단기-작용 항불안제가 효과적입니다. 평소 공황발작을 예방하고 예민성을 줄이는 부분에 있어서는 항우울제와 장기-작용 항불안제가 좋습니다. 공황장애의 심리치료로 선호되는 것은 인지치료입니다. 인지를 재구조화 cognitive restructuring한다고 하는데요. 환자가 자신을 객관적으로 평가할 수 있는 관찰자 역할을 맡게 해서, 사건을 어떻게 해석하는가에 따라 감정적 반응이 달라지는지를 알게 합니다. 인지치료로 공황장애를 치료할 때 체크 리스트를 활용합니다. 체크 리스트에는 공황발작의 발생 및 지속 시간과 공황발작이 어떤 식으로 나

내담자는 체크 리스트를 작성하면서 자신의 상황을 제3자의 입장에서 객관적으로 바라보는 관찰자로 서게 됩니다.

타났고, 어떤 생각을 했고, 공황발작이 일어나기 전에는 무슨 일과 무슨 생각을 했었는지를 자세하게 적어야 합니다. 내담자는 체크 리스트를 작성하면서 공황발작의 경험자로만 아니라 자신의 상황을 제3자 입장에서 객관적으로 바라보는 관찰자로 서게 됩니다. 인지치료이론에 따르자면 사람은 자신의 생각에 따라서 사물 및 사건에 대한 이해나 그에 따른 행동이 변합니다. 객관화를 통해 생각을 교정하면 병을 극복하는 능력이 커집니다. 예를 들어, 두 명의 스키 타는 사람이 높은 곳에 올라가서 아래를 내려다보는데 한 사람은 앞이 캄캄하고, 한 사람은 너무 경치가 좋다고 생각합니다. 한 사람은 "이제 난 죽었다."고 생각하면서 불안 수치가 높아지고 다른 한 사람은 조금 긴장이 되긴 해도 "이거 스릴 만점이겠네."라고 생각한단 말입니다. 불안한 사람보다 상황을 수용하는 사람이 당연히 더 여유롭고 편안합니다. 이처럼 인지치료는 생각을 변화시킴으로써 문제를 해결하는 치료 방법입니다.

자동화 사고의 치료

인지치료의 개념 중에 **자동화 사고**automatic thought라는 용어가 있습니다. 자동화 사고란 말 그대로 특정 사고가 즉각적이고, 자동적으로 일어난다는 것입니다. 우리의 반사 신경과 비슷하게요. 일단 자동화 사고가 몸에 밴 경우라면 그것이 먼저 나타나는 것을 막지는 못합니다. 하지만 인지치료를 통해 건전한 사고가 바로 뒤이어 일어나서 자동화 사고를 중화시킬 수 있습니다. 안 그러면 자동화 사고에 지배당하는 인간이 되겠지요. 공황장애 환자에게는 두 가지 대표적인 자동화 사고가 있다고 합니다. 첫째는 부정적 사고, 즉 문제가 항상 나쁜 쪽으로 진행될 것이라는 예상을 합니다. 예를 들어 공황발작이 일어나면 죽을 것 같다는 생각을 따져 보면 그 밑바탕에는 아무도 도와주지 않을 것이라거나 힘든 그 장소를 빠져나오지 못할 것이라는 생각과 함께 그렇지 않을 가능성은 거의 고려하지 않는 것을 볼 수 있는데 이것이 부정적 사고의 전형입니다. 문제가 나빠지는 경우와 좋아지는 경우를 일반적인 확률에서 고려하지 않고 100% 나빠질 것이라고 가정하는 것입니다. 심지어 부정적인 예상이 아주 적은 확률인 경우에도 그쪽에 무게를 둡니다. 이러한 생각을 어떻게 치료할까요? 인지치료에서는 이러한 부정적 사고의 증거를 찾아보게 합니다. "당신이 상상한 대로 정말 그렇게 되었습니까?" 그런데 증거가 있나 잘 따져 보면 그런 결과는 아주 적거나 전혀 일어나지 않습니다. 둘째는 재앙화 사고라고 부릅니다. 극단적으로 생각하는 것을 말합니다. 길을 가다 다칠 경우와 안 다칠 경우를 생각할 때 다칠 경우를 더 많이 떠올리거나 혹은 그 생각밖에 못한다면 앞서 이야기한 부정적 사고에 해당합니다. 그런데 다쳐도 적당히 다치는 것이 아니라 뼈가 부러지거나 심지어 죽을 수도 있다고 생각합니다. 즉 생각이 극단으로 치닫는 것을 가리켜 재앙화 사고라고 말합니다. 판단력을 잃고 고통스러워하는 최악의 결과가 일어날 것이라고 생각합니다. 이에 대해서는 인지치료로 탈재앙화 작업을 한다고 말하는데 결과의 정도가 약한 것에서 극심한 정도까지를 그래프처럼 가시화한 후에 어느 극단까지 치닫는지를 살펴보고 굳이 그렇게까지 부풀릴 필요가 있었는지 생각하게 합니다. 그리고 현실적으로 타당한 수준을 충분히 고려하게 합니다. 부정적 사고와 재앙화 사고는 동전의 앞뒤처럼 같이 있어서 어느 한 가지 자동화 사고가 해소되면 다른 자동화 사고도 함께 해소의 실마리를 찾게 됩니다.

호흡 훈련, 이완

공황장애 치료 방법으로는 호흡 훈련과 이완 훈련이 있습니다. 이는 약물치료를 운동으로 대치하는 방식으로, 교감신경이 과도하게 항진되어 있는 것을 해결할 수 있는 방법입니다. 말 그대로 훈련이라 평소에 연습이 되어 있어야 합니다. 호흡은 명상이나 요가에서 쓰는 식의 깊은 복식호흡법입니다. 들이마시는 숨보다 내쉬는 숨을 좀 더 길게 갖습니다. 이완은 처음에는 신체 근육을 한 부분씩 연습하는데 가령 팔 근육을 바로 수축시키고 그다음에 천천히 이완시킵니다. 이러한 훈련은 공황장애뿐 아니라 각종 불안장애 그리고 평소 긴장이 많은 사람들에게 모두 효과적입니다.

신체 훈련의 중요한 원리 두 가지를 말씀드리겠습니다. 첫째는 이완을 느끼면서 그 순간 "편안하다."는 말을 반복해야 합니다. 둘째는 매일 꾸준히 신체 훈련을 반복해서 습관이 되어야 합니다. 신체 훈련은 고전적 조건화 훈련입니다. 개에게 먹이를 주며 종을 울린 실험 얘기 기억하시죠? 숨을 내쉬고 이완하는 중에 느끼는 느슨함이 부교감신경 자극에 따른 몸의 현상과 비슷하기 때문에 이 두 가지를 고전적 조건화로 일치시키는 것입니다. 이 훈련이 고전적 조건화로 잘 이루어지면 나중에는 편안하다는 말만 떠올려도 신체가 부교감신경 자극에 의해 이완되는 작용을 하는 것입니다. 그러면 증상에 따른 교감신경 항진이 이완에 의해 상쇄되는 것이죠. 이것이 잘 이루어지면 똑같이 이완을 목표로 하는 약물치료를 상당 부분 줄이거나 나아가 약을 끊을 수도 있게 됩니다.

실제 상황 노출, 자극 감응 노출

행동치료의 일종인 실제 상황 노출법in vivo exposure은 실제 또는 실제처럼 꾸며진 어려운 상황에 내담자를 노출시킴으로써 문제를 극복하게 도와줍니다. 예를 들어 광장공포증으로 지하철을 못 탄다고 하면 지하철 타는 강도를 조금씩 높여 가며 두려운 상황을 실제로 경험하게 하는 것입니다. 즉 처음에는 지하철역까지 가고, 그다음에는 지하철 대기 줄까지 서고, 그다음에는 한 정거장 가고, 그렇게 점점 늘리는 것이죠. 광장공포증 환자의 경우 지하철이 오는 것을 보면서 "아, 죽음이 몰려온다." 이렇게 생각하기도 하는데 이것이 무슨 사고입니까? 네, 부정적 사고와 재앙화 사고입니다. 거의 정신을 잃을 것 같지만 그래도 겨우 겨우 타서 한 정거장 가고 또 타고 하는 지속적인 훈련으로 공포의 강도가 줄어드는 것을 경험하는 것이 자극 감응 노출 훈련입니다. 요즘은 VR기기나 무대 세팅을 통해 가상의 상황에서 연습하기도 합니다.

강박장애

강박장애는 DSM-IV에서 불안 장애군에 속한 질환으로 분류되다가 DSM-5에서는 강박 및 관련 장애라는 새로운 장애군의 대표 질환이 되었습니다. 뭔가 작게 시작한 일이 크게 번창해 독립한 느낌입니다. 강박을 부추기는 사회가 병을 더 키운 것이 아닌가 싶기도 합니다. 장애군은 나뉘었지만 강박을 일종의 불안 현상으로 이해하는 것은 변함이 없습니다. 강박사고와 행동은 불안을 유발하고 악화하고 완화하는 데 유기적으로 관여합니다. 강박장애 환자들은 다른 불안장애를 흔히 동반합니다.

　강박 및 관련 장애에는 강박장애, 신체이형장애, 저장장애, 발모광, 피부뜯기장애, 물질/약물치료로 유발된 강박 및 관련장애, 달리 명시된 강박 및 관련장애, 명시되지 않는 강박 및 관련장애가 포함됩니다. 이중 강박장애, 신체이형장애, 저장장애 진단기준에는 병식의 수준을 표시하는 명시자가 있습니다. 전통적으로 강박은 신경증으로 이해하고 있으므로 증상이 비합리적임을 스스로 알고 있어야 하는 것으로 생각해왔지만 증상이 심해서 거의 망상에 이를 정도가 되면 증상의 비합리성을 부정하는 경우도 있음을 유념하시기 바랍니다. 이 경우 이것이 강박 및 관련장애에 속하는지, 망상장애에 속하는지 판단하는 것이 중요할 것입니다. 망상장애 진단기준에는 "장애가 물질의 생리적 효과나 다른 의학적 상태로 인한 것이 아니고, 신체이형장애나 강박장애와 같은 다른 정신질환으로 더 잘 설명되지 않는다." 는 항목이 있습니다. 즉 어느 쪽으로 설명하는 것이 더 타당한지로 판별을 합니다.

진단 특징

강박사고obsession와 강박행동compulsion은 흔히 같이 언급합니다. 그래서 영어로 OCDobsessive compulsive disorder라고 흔히 부르죠. 특징은 반복되는 강박사고와 강박행동인데 하루에 한 시간 이상 많은 시간을 소모하거나 현저한 고통이나 기능 손상을 초래할 만큼 심각합니다. 환자가 자신의 강박사고와 행동이 지나치거나 불합리하다는 것을 인식하는 경우에는 그러한 사고, 충동 혹은 심상을 무시하거나 억제하거나 혹은 다른 사고나 행동으로 중화하려고 노력합니다. 상담실에 와서도 문을 여러 번 열었다 닫았다 하는 등의 다양한 강박행동을 보이는데 그것이 지나치다는 것을 스스로 알아도 어쩌지 못합니다. 강박사고를 하기 싫어도 억지로 떠오르니까 그에 따른 불안을 줄여 보려고 강박행동을 하게 됩니다. 그런데 다른 정신질환이 존재한다면 그러한 강박사고 및 행동이 강박장애가 아닌 다른 질환의 부속 증상일 수도 있으므로 구분을 해 보아야 합니다. 즉 강박사고나 행동이 있다고 무조건 강박장애가 아니며 조현병이나 기분 장애 등의 증상으로도 강박사고나 행동이 있을 수 있습니다.

강박사고의 내용들은 다양한데 (1) 오염에 대한 반복적인 생각, (2) 반복적 의심, (3) 공격적이거나 두려운 충동, (4) 반복되는 성적인 심상이 주류를 이룹니다. 첫째인 오염, 즉 더럽다고 생각하는 강박사고는 자주 씻는 등의 강박행동을 유발합니다. 둘째인 의심은 의심증이나 망상장애에서 나타나는 의심증과 다릅니다. 강박적 의심은 정말 그랬는지 스스로 확신이 없고 심지어 이런 의심이 터무니없다는 것을 스스로 알고 있음에도 불구하고 그 생각이 떠나지 않는 경우입니다. 사소한 의심은 불확실하다는 수준, 즉 집에 전등을 제대로 껐는지, 문을 제대로 잠갔는지, 가스 불을 제대로 껐든지 등등입니다. 이보다 더 정교하고 복잡한 의심도 있습니다. 예를 들어 어느 건물 지하에 자기가 폭행한 사람이 기운을 못 차리고 누워 있을 것이라는 생각이 떠오르는데 사실 그런 행동을 한 적이 없고 그런 건물이 있는지도 불확실하지만 생각은 자꾸 떠올라서 자신도 모르는 사이 정말 그런 일이 있었던 것은 아닌지 걱정을 하는 것입니다. 다른 예로는 몇 년 전에 자신이 누구에게 해를 끼쳤다는 생각이 들고 만약 그랬다면 지금이라도 사과를 해야 하는 것이 아닌가 하는 생각이 하루 종일 괴롭힙니다. 충동과 성적인 심상의 경우로는 어떤 이미지가 떠오르기도 하고 단어나 문장이 떠오르기도 합니다. 예를 들어 '총', '칼', '성기', '다리'라는 단어나 이미지가 떠오르기도 합니다. 그러한 단어와 이미지는 자신과는 거리가 멀다고 의식적으로 거부하는 것들입니다. 기독교인이 다른 종교나 반기독교적인 이미지나 용어가 떠올라 괴로워하는 경우가 있는데 자세히 들어 보면 강박사고일 때가 있습니다.

질환의 형성

강박장애의 발병률을 보면 평생 유병률이 2~3%입니다. 청년기나 초기 성인기에 시작되지만 그보다 어린 시절에 생기기도 하지요. 발병 연령으로 볼 때에는 여자보다는 남자가 더 빠릅니다. 그래서 남자의 경우는 6~15세에 보이고 여성은 20~29세 사이에 나타납니다.

강박장애 환자의 생물학적 요인에 대한 연구를 보면 쌍둥이에서 한쪽이 강박장애일 경우 다른 한쪽이 강박장애일 가능성이 이란성보다 일란성 쌍생아에서 더 높은 것이나, 강박장애 환자의 자녀에게서 강박장애가 발병할 확률이 35% 되는 것으로 보아 유전적인 연관성이 있을 것으로 봅니다. 뇌의 CT, MRI 검사 결과에서 보면 미상핵의 크기가 감소되어 있다는 보고가 있습니다. 하지만 이러한 차이는 매우 미미하고 아닌 경우도 있어서 진단을 위해 CT나 MRI를 찍어 보는 것은 아닙니다. 신경전달물질의 이상에 대한 연구는 세로토닌과 강박장애와의 연관성이 가장 활발하게 이루어져 있는데 이는 약물치료의 근거가 됩니다.

심리적으로는 강박장애의 역동적 특성을 먼저 고려하는데, 이는 강박성 성격장애의 역동적 특성과 내용이 흡사하므로 성격 장애 부분을 참고하시기 바랍니다. 강박장애 환자들은 남근기의 오이디푸스 갈등(3단계)에 직면하면 대소변 가리기 훈련을 비롯해 부모의 통제가 시작되는 항문기(2단계)로 퇴행합니다. 항문기에 자기 통제 능력이 형성되지 않고 공격적 충동인 화가 중화되지 못한 결과로 양가감정, 즉 모순된 두 가지 감정이 복합적으로 작용하여 강박장애 증상이 생깁니다. 강박증을 지닌 아이를 상담하기 위해 어머니가 함께 상담실에 왔는데 옷매무새나 여러 가지가 흐트러짐이 전혀 없는 그런 범상치 않은 어머니에요. 아이의 강박사고는 더러워져서는 안 된다는 것이었죠. 그래서 등교 준비 시간이 남들보다 두세 배 이상 걸립니다. 이 경우 부모의 통제가 자녀에게 강박 성향을 만든 것은 아닌지 생각해보게 됩니다.

강박장애 환자가 자주 사용하는 방어기제는 세 가지입니다. 즉 강박사고와 강박행동은 이 세 가지 방어기제를 통해 형성된다는 것입니다. 첫째는 격리isolation인데 환상이나 사건에서 감정을 분리하여 억압하고 생각 혹은 내용기억만 의식에 남겨 놓는 방어를 말합니다. 다시 말하면 강박사고는 그와 관련된 정서 부분을 철저히 차단합니다. 둘째는 취소undoing로, 이는 특히 강박행동의 근원이 됩니다. 취소는 부담스러운 충동이나 생각이나 감정이 아예 없는 원래의 상태로 복원한다는 마술적 사고magical thinking가 동원되는 방어입니다. 강박행위가 자신의 불안을 근원부터 지워버린다는 마술적인 주문인 셈입니다. 셋째는 반동형성reaction formation인데 내면의 충동과 반대되는 행동이나 태도를 보이는 방어죠. 거부하고 없애려고 하는 이미지나 단어일수록 오히려 더 많이 강박적으로 떠오르는 특성이 이러한 방어에 의한 것입니다.

치료

강박장애의 치료는 크게 약물치료, 행동치료, 심리치료로 나누어 생각해 볼 수 있습니다. 강박장애는 신경전달물질인 세로토닌을 항진하는 약물을 통해 호전됩니다. 항우울제 계열 중에는 SSRI라고 해서 세로토닌만 선택적으로 항진시키는 약물이 있습니다. 이 약물들이 강박장애 치료에 1차적인 선택 약물이 됩니다. 용량을 비교하면 우울증을 치료하기 위한 항우울제 용량보다 두세 배 더 많이 쓰는 편입니다. 그만큼 강박장애가 우울증보다 신경전달물질의 취약성이 더 큰가 봅니다. 강박장애의 행동치료는 장기적 효과가 좋다고 알려져 있는데 강박사고보다는 강박행동이 많은 환자에게 효과적이라고 합니다. 방법 중 하나는 강박행동이 금지하는 여러 행동을 실행해도 별 탈이 없다는 것을 경험적으로 터득하는 것입니다. 가령 더럽다는 생각이 들어도 씻지 않거나 전등을 껐는지 미심쩍어도 확인을 하지 않거나 금을 밟지 않고 피하는 강박행위에 대항하여 의도적으로 금을 밟는 식입니다. 심리치료는 통찰치료와 지지치료로 나누어 생각할 수 있습니다. 통찰치료는 공격적 충동이 두드러진 강박증 환자에게 효과가 좋은 편입니다. 통찰치료는 강박 증상을 완화하는 것보다 강박 증상의 의미를 규명하고 그 증상이 갖는 기능을 밝히는 것을 우선시합니다. 통찰치료는 강박장애 환자의 과도한 이성intellectual 요소를 낮추고 정서 요소를 보강하여 두 요소의 균형을 맞춥니다. 상담 중에는 지금-여기here and now에서 일어나는 환자의 방어와 전이 그리고 치료자의 역전이를 살펴봅니다. 비록 통찰치료라고 해도 급하게 어린 시절의 상처에 접근하는 것은 환자의 방어를 강화시킬 수 있으므로 치료자는 환자의 최근 증상과 사건을 우선 다루면서 기회가 있는 대로 과거로 접근해야 합니다. 강박 증상에 대한 지지치료는 대인관계 기능을 향상시키고 증상으로 인한 이차적 문제의 해결에 주력하며 병행하는 약물치료 혹은 행동치료에 잘 참여하게 돕습니다.

불안의 영적인 측면

인간의 불안은 지금까지 언급한 증상 수준도 있지만 일상에서 늘 반복되는 현실 수준의 것도 많습니다. 사실 인간의 실존 자체가 불안이죠. 이는 철학적인 명제이기도 합니다. 매체를 통해 전달되는 이 시대의 소식들은 우리들을 불안으로 몰고 가기에 충분합니다. 세계 곳곳에서 테러와 전쟁이 일어나고 있습니다. 사회면을 장식하는 끔찍한 범죄 소식을 접하면 인간이 이럴 수 있을까 혀를 내두르게 됩니다. 이렇게 불안한 사회 환경에서 아무 일 없다는 듯 불안을 느끼지 않는 사람이 오히려 신기할 따름이지요. 문명화는 우리에게 편리함만큼이나 많은 불안을 안겨 주었습니다. 불안을 극복하기 위해 많은 사람들은 돈과 명예와 권력을 쫓지만 그럴수록 불안은 줄어들기보다 늘어납니다.

정신병리학의 측면에서 불안 장애 환자들에게 주는 메시지는 "불안을 일반적인 수준으로 낮추라."는 것입니다. 아무리 환경이 실존적으로, 실제적으로 불안하다고 해도 남들이 보통으로 느끼는 수준 이상의 불안을 느낄 필요가 없으며, 그 이상의 불안은 약물치료로든 혹은 상담으로든 간에 그 수준을 낮추어야 한다고 말합니다. 현실적으로 나무랄 데 없는 처방입니다. 그렇다고 이런 치료만 있는 것은 아닙니다. 통찰치료는 불안을 낮추는 것이 첫째 목표가 아닙니다. 불안의 실체를 직면하는 것이 우선입니다. 그러므로 불안을 줄이는 것보다 적정 수준의 불안을 계속 느끼면서 불안의 근원을 탐색하는 작업이 이루어집니다. 통찰치료는 불안한 환경보다 불안한 개인에 더 초점을 맞춥니다.

영적인 측면에서 불안은 그것이 정상적인 수준이든 병리적인 수준이든 상관없이 불안의 진정한 대상을 깨닫는 하나의 과정으로 이해됩니다. 성경에서는 인간이 갖게 되는 무수한 실존적 불안, 즉 고통과 불분명함과 죽음에 대한 두려움을 말하면서 이 모든 두려움은 궁극적 두려움에 비하면 아무것도 아닌 것으로 묘사합니다. "사랑 안에 두려움이 없고 온전한 사랑이 두려움을 내쫓나니 두려움에는 형벌이 있음이라 두려워하는 자는 사랑 안에서 온전히 이루지 못하였느니라."(요한일서 4:18) 온전한 사랑은 사실 두려움이 없는 상태가 아닙니다. "여호와를 경외(두려워)하는 것이 지식의 근본이거늘…"(잠언 1:7) 이 두 구절을 의도적으로 연결해 보면 온전한 사랑과 여호와를 두려워하는 것이 서로 대치되는 것이 아님을 알 수 있습니다. 궁극적으로 불안의 대상은 하나님이며, 불안은 인간의 해체가 아니라 여호와 앞에 서는 인간의 영적 상태 그 자체입니다. 진정한 불안이 무수한 불안들을 잠재웁니다. 정신분석은 아버지를 두려워하는 것이 일반화되어 여러 대상에게 두려움을 느끼게 된다고 말합니다. 성경은 진정한 아버지인 하나님을 두려워하면 그 아래 있는 많은 두려움은 하나님 아버지에게 흡수되고 오로지 하나님 아버지를 향한 두려움만 남게 된다고 말해 줍니다.

성격 장애의 여러 형태

성격 장애는 크게 세 부류가 있습니다.
A군은 남들을 멀찍이 떨어뜨리는 3총사,
B군은 비호감 4인방이며, C군은 자기 문제에
빠져 있는 3총사입니다.

성격 장애

성격 장애는 역동 입장에서 정신병리를 바라보는 데 가장 적격입니다. 미리 말씀드리고 싶은 것은, 각각의 성격장애 진단기준을 읽다 보면 자신이 모든 기준에 해당된다고 느껴질 수 있다는 것입니다. 이것은 진단기준의 원리를 간과했기 때문입니다. 그렇기 때문에 각각의 성격장애에 대한 세부적인 내용에 앞서 성격과 성격 장애란 무엇인지 확인할 필요가 있습니다.

총론

성격의 정의

성격personality이란 매일의 일상적 상황에서 개인을 특징짓는 비교적 안정적이고 예측 가능한 전체적인 감정적 · 행동적 경향이라고 정의됩니다. 이 말에서 유념할 부분은 첫째는 매일이라는 것이고 둘째는 일상이라는 것입니다. 즉 시간적인 변화에 따라 왔다 갔다 해서는 안 됩니다. 또한 여기서는 이렇고 저기서는 저렇고 하는 식으로 상황 및 장소에 따라 변하는 요소가 아닙니다. 성격은 일정한 특성을 의미하므로 "안정적이고 예측 가능하다."는 말을 씁니다. 이 외에 중요한 점은 성격이라는 개념 안에 사고, 감정, 행동 요소가 모두 포함되어 있다는 것입니다. 이런 정의는 성경 공부할 때도 많이 언급되는 개념입니다. personality는 전에는 '인격'이라고 번역했습니다. 하나님은 인격적인 분이시라고 말하는데 여기서 인격적이라는 말은 성품이 온화하다는 뜻이 아니고 '지, 정, 의를 모두 가지신 분'이라는 뜻입니다. 지는 생각, 정은 감정, 의는 행동을 말합니다. 즉 인격은 긍정적인 단어가 아니라 중립적인 단어입니다. 우리는 "저 분 참 인격적이시다."라는 식으로 인격이라는 단어를 중립이 아닌 긍정적인 의미로 사용할 때가 많습니다. 하지만 앞으로 말하는 personality(성격, 인격)는 중립적인 용어입니다. 물론 그 앞에 좋은, 나쁜, 병적인 등의 수식어를 붙일 수 있습니다.

성격 장애의 정의, 신경증과의 차이점

성격 장애는 이러한 성격이 일반적인 사람들의 평균 범위를 벗어나 편향된 상태를 말합니다. 100명 중 한두 명 성격이 유독 튀는 경우와 흡사합니다. 성격은 고정되고 일반화된 것을 말하는 것처럼 성격 장애도 고정되고 일반화되어 있습니다. 즉 성격 장애는 대상, 시기, 상황이 다르면 다소간 기복은 있을 수 있으나 전체적으로는 일정한 형태로 고정되어 있으며 그 사람의 영역 전반에 나타납니다. 신경증은 그렇지 않습니다. 신경증은 시간과 공간의 흐름에서 일관되게 유지되지 않아서 증상은 있을 때에만 주로 나타나고 문제 해결에 따라 증상이 사라집니다. 또한 모든 상황에서 일어나는 것이 아니라 신경증적인 취약성이 고조되는 특정 대상 및 특정 환경에 대해서만 신경증적인 증상이 나타납니다. 성격 장애와 신경증의 또 다른 차이로 성격 장애 환자들은 자아동조적ego-syntonic, 즉 증상을 자신의 일부로 생각하여 그에 따른 이질감이 없고 증상을 바꾸어야 한다는 생각도 하지 않으며 타성형alloplastic, 즉 타인을 바꾸어서 문제를 해결하려는 자기중심적 사고를 쉽게 벗어나지 못하는 반면 신경증 환자들은 자아이질적ego-dystonic, 즉 증상을 자연

[표 12] 성격 장애와 신경증의 차이점

성격 장애	신경증
✓ 고정적(꾸준히 일관적으로 지속됨)	✓ 일시적임 혹은 일관되지 않음
✓ 일반화(광범위한 범위에서 일어남)	✓ 특정 부분에만 나타남
✓ 자아동조적	✓ 자아이질적
✓ 타성형	✓ 자기성형

스러운 것으로 여기지 않고 이질감을 느껴 어떻게든 없애려고 노력하며 자기성형 autoplastic, 즉 자신을 바꿈으로써 문제를 해결하려 합니다.

DSM-5의 성격 장애 진단 특징

DSM-5에서는 성격 장애를 평가하는 네 영역을 말하고 있습니다. 그것은 인지, 정동, 대인관계 기능, 충동 조절입니다. 우리가 흔히 지, 정, 의라고 말하는 것과 같습니다. 충동 조절 영역을 구분한 점이 특이하다고 할 수 있는데, 성격 장애와 같은 정신병리를 규정할 때에는 충동 조절 영역을 유념하는 것이 상당히 유용합니다. 성격 장애의 진단을 15, 16세 아이에게 붙일 수 있을까요? 성격 장애는 적어도 청년기 혹은 초기 성인기가 되어야 진단을 붙일 수 있습니다. 왜 소년기나 유아기에는 성격 장애라는 진단을 못 붙일까요? 그 연령에서는 성격이 고정되어 있지 않고 앞으로 변동할 수 있는 여지가 있기 때문입니다. 중학교 때 친구를 대학교 때 만났더니 전혀 다른 사람이 되어 있는 경우가 있습니다. 말썽꾸러기였는데 의젓해졌다는 그런 경우 말입니다. 이렇듯 아동은 크면서 이전의 성향이 충분히 바뀔 수 있습니다. 그러니 청소년을 보고 "너는 자기애성이야.", "너는 경계성이야." 이렇게 단정지어 말하지 마시기 바랍니다. 성향은 18세를 넘어서면 이후로 크게 달라지지 않습니다. 그래서 청년기 및 초기 성인기 이후에 성격 장애 진단을 붙일 수 있는 것입니다. 성격 장애는 그 성격으로 인해 사회 직업적으로 고통과 기능 손상을 유발해야 합니다. 정신건강의학과 영역의 진단은 사회적인 범주에서 판정하므로 사회 기능에 지장을 초래하지 않는 경우엔 병리로 인정하지 않습니다. 성격이 이상하다고 평가받는 사람 중에는 오히려 사회에 잘 적응하고 더 빨리 출세하는데 그런 사람들은 성격 장애라고 말할 수 없습니다. 사회 기능의 손상은커녕 세상 물정에 밝아서 한 수 배워야 할 사람들로 보겠지요. 좀 씁쓸한 대목입니다. 성격 장애까지는 아니어도 그와 비슷한 특성을 상당 부분 가지고 있는 사람을 가리켜 성격 성향personality trait이라는 명칭을 붙입니다. 여러분이 만나는 대부분의 내담자는 성격 장애 진단까지는 붙이기가 어려울 것이고 몇몇의 경우 성격 성향으로는 이름 붙일 수 있을 것입니다.

성격 장애의 분류

성격 장애는 전통적으로 크게 세 부류로 분류됩니다. 이를 A, B, C군cluster이라고 부르며 각각의 특징은 제4강에서 다룬 내용과 상관이 있습니다.

이 표를 제4강의 두 기준으로 본다면 이들 성격 장애는 두 분기점 사이, 즉 2단계 시기에 위치합니다. 첫 번째 분기점 이전에 있는 병리는 정신증이라고 할 수 있습니다. 두 번째 분기점 이후는 신경증이라 할 수 있습니다. 물론 분기점 주변에서 다소 겹치는데 단순하게만 설명하겠습니다. 첫 번째 분기점에 가까이 위치하는 것이 A군입니다. 그리고 두 번째 분기점에 가까이 위치하는 것이 C군입니다. 이렇게 말하면 꼭 그 중간에 위치하는 것이 B군이라고 말해야 할 것 같은데 그렇게 이해해도 크게 문제되지는 않습니다. 사실 B군은 A와 C의 중간이라는 특성보다는 '충동적, 극적'이라는 특성을 기억하는 것이 더 나을 것입니다.

하나씩 좀 더 자세히 설명을 해 보겠습니다. A군은 일반적으로 이상하고odd 특이한eccentric 사람들입니다. 여기에 속하는 성격장애 진단으로서는 편집성, 조현성, 조현형이 있습니다. 이들 장애를 갖고 있는 사람들은 다른 사람들에게 "쟤 왜 저래?"라는 말을 듣습니다. 그들의 생각과 행동은 항상 남들과 섞이지 않기 때문에 어떤 식으로든 그들은 다른 사람들과 구분됩니다. 그렇게 고립된 특성이 조현병의 특성과 비슷해서 조현병의 연장선continuum이라고 말하기도 합니다. 하지만 연구를 통해 A군 환자들이 좀 더 지나면 조현병이 되는 것이 아니라는 것을 알게 되었습니다. 그래서 별개의 병으로 이해합니다. 그러므로 연장선은 외형적인 특성이 비슷하다는 의미로 생각해야지 이 병이 오래되면 정신병이 된다는 식으로 생각해서는 안 됩니다. A군의 성격 특성은 호전될 기미가 있을까요? 불행히도 다른 군보다는 호전 가능성이 적습니다. 늘 그러한 모습으로 살아갈 가능성이 많다는 것입니다. 성격 장애라는 말 자체가 성격, 즉 안 바뀐다는 것인데 치료와 삶의 진행에 따라 성격이 순화될 가능성은 어느 정도 있으나 A군은 그 가능성이 제일 적습니다.

B군은 극적이고, 감정적이고, 변덕스러운 특징을 갖습니다. 그야말로 난리입니다. 주체할 수 없는 불안정함 때문에 대인관계에서 심한 진통을 겪게 됩니다. 그러

다보니 주변 사람들이 하나 둘 멀어지게 되어 결국 B군의 문제를 갖고 있는 사람도 고립되어 갑니다. 이에 속하는 성격장애로는 반사회성, 경계성, 연극성, 자기애성이 있습니다. 이들은 특성이 불안정한 만큼 경과도 불안정합니다. 어디로 튈지를 예측하기 어렵습니다. 하지만 나이가 들면 철이 들듯이 이러한 질환을 갖는 사람들도 나이가 들면 다소 누그러지는 양상을 보입니다.

C군은 불안과 공포의 특징을 나타내는 경우로서 여기에는 회피성, 의존성, 강박성 성격장애가 속합니다. '신경증적'이라는 것은 그만큼 다른 성격 장애에 비해서 호전 가능성이 높다는 말이지요.

과거에는 C군에 수동공격성 성격장애 진단이 속해 있었지만 오래 전에 제외되었습니다. 수동공격성은 능동적인 공격성 양상과 정반대라서 오히려 게으르고 어수룩하고 답답한 모습으로 표현됩니다. 직접적으로 분노를 드러내지는 않지만 이를 보는 상대는 그 모습 때문에 답답하고 분통 터지는 느낌을 갖게 되는데 이것이 상대에게 분노를 직접 표출하는 것과 같은 결과가 됩니다. 수동공격성은 역동적으로 다룰 만한 중요한 주제이긴 하지만 하나의 진단으로 분리될 만큼 독자적인 영역 없이 어느 성격에서나 나타날 수 있다는 판단 때문에 진단에서 제외되었습니

[표 13] 성격 장애의 분류

	A군	B군	C군
일반적 특징	이상한, 특이한	극적, 감정적, 변덕스러움	불안, 공포
기원적 특징	조현병의 연장선, 정신증적	반사회성 연장선, 충동성	내향성, 신경증적
DSM-5 진단	편집성, 조현성, 조현형	반사회성, 경계성, 연극성, 자기애성	회피성, 의존성, 강박성
방어기제	투사, 환상	해리, 행동화, 분열, 부정	격리, 수동공격, 건강염려
임상 양상	사회적 결핍, 관계를 맺는 능력 결여	사회 및 대인관계 불안정성	대인관계 및 정신내적 갈등
경과	일관된 경과를 보임	경과가 불안정	변화 가능
예후	나쁨	나이가 들면 좋아지는 경우가 있음	좋음

다. 나중에 언급될 히스테리성 성향과 과민형 자기애도 수동공격성과 같이 하나의 진단이 아닌 어느 누구에게나 정도껏 존재하는 역동적 요인으로 봐야 합니다.

편집성/조현성/조현형 성격장애(A군)

이제 성격 장애의 각론으로 들어가서 각각의 질환들에 대하여 살펴보겠습니다. DSM-5의 성격장애 각각의 진단기준 맨 첫 줄을 보면 어떤 병이라는 설명이 일목요연하게 잘 나와 있으므로 그 내용을 중심으로 각각의 질환을 살펴보겠습니다.

편집성 성격장애

DSM-5에 따르면 **편집성 성격장애**는 타인의 행동이 악의에 찬 동기를 가지고 있다고 해석하는 등 불신과 의심을 하는 성격장애입니다. 여기에서 중요한 점은 '악의에 찬 동기'입니다. 편집성 성격장애는 남들의 말을 그냥 곧이곧대로 듣는 법이 거의 없습니다. 무언가 거기에 숨겨진 의미, 다른 의도, 즉 나를 해치려 하거나 내게 피해를 주는 것이 담겨 있을 것이라고 봅니다. 그래서 누가 "오늘 아침 먹었어?" 하면 그냥 먹었다 안 먹었다 말하면 될 걸 가지고 정색을 하면서 "그걸 왜 나한테 묻지?"라고 되묻습니다. 그 질문에 다른 어떤 의도가 담겨 있느냐는 되물음인 것입니다. 대화가 그렇게 흐르면 누가 말하고 싶겠습니까? 편집성 성격장애는 이러한 불신과 의심이라는 장막으로 상대방과 자신의 거리를 벌려 놓습니다. 그만큼 못 다가서게 하는 것입니다. A군 성격장애 환자는 이런 식으로 사람들과 적당한 거리를 벌립니다. 너무 가까이 다가서면 자기의 영역이 침범되는 정도가 아니라 자기가 파괴되어 와해될 것이라는 역동적 불안이 있기 때문입니다. 이러한 거리의 차원에서 보면 조현병과 같은 정신증은 사람들과의 거리가 가장 멀고, 신경증은 비교적 가깝고, 성격 장애는 그 중간에 해당한다고 할 수 있습니다. 그런데 그 거리를 어떻게 유지하느냐가 성격 장애들마다 각각 다릅니다. 편집성 성격장애는 그러한 거리를 불신과 의심이라는 도구를 통해 유지하는 것이죠.

조현성 성격장애, 조현형 성격장애

다른 성격장애는 ~성, ~형의 명칭을 번역상 혼용해서 쓸 수 있어서, 예를 들어 편집성 성격장애는 편집형 성격장애라고 부르기도 합니다. 그런데 반드시 ~성, ~형을 구분해야 하는 진단명이 있는데 그것이 조현성과 조현형입니다. 조현성 성격장애는 영어로 schizoid personality disorder이고, 조현형 성격장애는 schizotypal personality disorder입니다. ~id를 '성'으로 ~typal을 '형'으로 번역한 것입니다. 서로 혼동할 수 있으므로 주의해서 익혀 두시기 바랍니다. type이란 영어가 흔히 '형(型)'으로 번역되니까 schizotypal이 조현형이라고 알아 두시면 될 것입니다. DSM-IV에서는 분열성과 분열형으로 번역했는데 DSM-5에서 조현성과 조현형으로 번역이 바뀌었습니다. 이 두 성격장애는 서로 비교해서 익혀 두시는 것이 나으니까 같이 설명하겠습니다.

DSM-5 진단기준의 첫 줄을 확인해 볼까요? 조현성 성격장애는 사회적 관계에서 유리detachment되고 정서 표현이 제한된 성격장애라고 되어 있습니다. 조현형 성격장애는 관계가 가까워지면 급성 불안이 일어나고 인지 또는 지각 왜곡 그리고 괴이한 행동을 보이는 성격장애라고 되어 있습니다. 이 차이를 알아 두셔야 합니다. 이 두 차이를 비유를 들어 설명해보겠습니다. 연못에 떠다니는 물체가 있습니다. 하나는 그저 아무 특성 없는 무생물체인 양 그것을 보는 사람에게 어떤 반응을 보이지 않고 잡아도 뭐 달라지는 것도 아닙니다. 그래서 이 물체를 집어 든 사람이 보기에 별 흥미가 없어서 그냥 다시 던져 버리면 유유자적 연못 위에서 바람 가는 대로 움직이는 그런 물체가 있다고 가정합시다. 조현성 성격장애는 이와 비슷합니다. 조현성 성격장애 환자는 사람들에게 관심이 없습니다. 사람이 와도 그만이고 가도 그만입니다. 특이한 것도 없고 재미도 없습니다. 그러니 자연적으로 사람들과 구분되어 고립됩니다. 유유자적 그 자체라 할 수 있습니다. 연못에 떠다니는 다른 물체를 상상해 봅시다. 이 물체는 사람 주변에 스스로 가까이 가는 법이 없습니다. 누가 가까이 와서 보려고 하면 이내 이 물체가 변형되는데 괴상하고 불쾌한 모양과 색을 띠고 고약한 냄새가 나거나 이상한 소리가 나서 가까이 다가간 사람을 자극합니다. 즉 사람이 가까이 오는 것을 스스로 밀어내지는 않아도 고약한 특성을 드러내어서 상대방이 알아서 멀어지게 만듭니다. 조현형 성격장애가 이와 흡사합니다. 이런 환자들은 일반적으로 교감 혹은 교류가 되지 않는 이상한 부분에 치중하여서 다른 사람과 거리를 만듭니다. 농담으로 요즘은 엽기나 병맛이 유행이라서 오히려 사람들이 관심을 보이고 있습니다만, 어쨌든 이상하고 특이한 것이 재미있는 식이 아니라면 사람들이 가까이 가겠습니까? 이야기 좀 나누려는 사람들에게 "우주인이 어떻게 똥을 누는지 너는 알고 있니?" "뱃속의 기생충은 김치를 좋아할까?" 이런 말만 한다면 사람들이 가까이 하겠습니까? 괴상한 포즈를 취하면서 자기가 새로운 것을 연구하는 중이라며 알아듣지 못하는 용어를 계속 말하면 그와 어울릴 수 있겠습니까? 사람들에게 "너 저리 가." 이렇게 직접적으로 밀어내는 건 아니지만 상대가 알아서 멀어지게 하는 자기만의 독특한 요령을 갖고 있는 셈입니다.

조현성과 조현형 성격장애와 관련한 몇 가지 지식들이 있습니다. 첫째는, 이 병과 조현병과의 관계인데 이는 앞서 설명드렸습니다. 초기 연구에서는 이러한 성격 장애 현상들이 조현병의 전조, 즉 초기 증세라는 견해가 있었지만 최근의 연구에서는 이러한 질환이 조현병으로 이환되는 경우는 드문 것으로 밝혀졌습니다. 그런데 DSM-5에서는 조현형 성격장애를 성격 장애만 아니라 조현병 스펙트럼 장애에도 이중으로 속하는 질환으로 묘사하고 있습니다. 즉 조현형 성격장애와 조현병을 같은 스펙트럼 안에 포함시킨다는 의견입니다. 그렇다고 해서 모든 조현형 성격장애가 조현병이 되는 것이라는 뜻은 아니고, 일부 조현형 성격장애가 나중에 조현병으로 진단되어도 병이 '바뀐' 것으로 보기보다 두 병이 스펙트럼 안에서 동반한 것으로 보는 것이 타당할 것입니다.

둘째로, 제가 조현성 성격장애를 유유자적 떠다니는 무생물체에 비유했는데, 이러한 이해처럼 조현성 성격장애는 대상을 추구하는 동기 자체가 없다고 보는 것이 전통적인 개념이었습니다. 그런데 자기 심리학self psychology을 세운 코헛은 그의 책 자기의 분석The analysis of the self에서 조현성 성격장애도 대상 추구의 동기가 있으며, 다만 대상관계에서의 불안 때문에 과도한 거리를 유지하는 것이라고 설명하였습니다. 조현성이든 조현형이든 외형적으로는 대상을 피하려는 것이 분명한데, 내면적으로는 대상을 추구하려고 하는지 아니면 대상을 피하거나 혹 관심이 없는지 결론 내리기가 쉽지 않습니다. 사실 둘 다 있을 것이며 무엇이 옳고 그른지 판단하는 것은 별 의미가 없는 것 같습니다. 어떤 의미에서 이것은 신념의 문제라고 봅니다. 근원적으로 어떻다고 믿어 주는 것이죠. 제가 생각하기엔 비록 겉으로는 대인관계의 의도가 전혀 없어 보이는 사람이라 할지라도 그들에게 대상 추구의 능력이 있다고 믿어 주는 것이 더 낫다고 봅니다. 원래 추구의 능력이 있어서 변하든 상대의 믿음 때문에 대상 추구의 능력이 생기든 결과적으로 대상 추구의 능력이 살아나는 것이 우리의 방향이기 때문입니다. 기독교의 인간관도 비슷한 관점을 가지고 있습니다. 인간은 하나님의 형상대로 창조되었다고 말하는데 하나님의 형상이라는 말의 대표적인 의미가 관계성입니다.

반사회성/경계성/연극성/자기애성 성격장애(B군)

이제 두 번째 부류인 B군에 대해서 살펴보기로 합시다.

반사회성 성격장애

반사회성 성격장애antisocial personality disorder를 예전에는 정신병질자psychopathy 혹은 사회병질자sociopathy라고 불렀습니다. DSM-5에서는 타인의 권리를 무시하고 침범하는 성격장애라고 되어 있습니다. 이들은 사회적인 규범social norm이 없는 사람들로 선천적인지 후천적인지, 즉 원래 규범을 전혀 배운 적이 없어서 그런 것인지 혹은 규범을 늘 깨는 환경 속에서 자라서 그런 것인지는 아직도 논란이 있습니다. 두 요소가 모두 있겠지만 후자가 더 중요하다고 생각하시는 것이 좋겠습니다. 반사회성 성격장애 환자가 있는 가정에서 자란 아이는 그렇지 않은 아이에 비해서 반사회성 성격장애 환자가 될 확률이 다섯 배가 높다고 합니다. 그만큼 성장과정의 영향을 잘 고려해야 합니다. 이와 관련하여, 반사회성 성격장애를 초자아의 **부재**superego lacuna라고 부르기도 하지요. 오이디푸스 시기를 거치면서 초자아의 형성을 통해 타인의 입장을 고려하고 도덕성을 키워 나가는, 즉 사회성을 익히는 과정을 겪어야 하는데 이들은 그런 기회에서 심각한 왜곡이 있었기 때문에 적절한 내적 혹은 외적 규범을 습득하지 않게 되었다는 것입니다. 그래서 남에게 피해를 줘도 잘못했다고 느끼지 못합니다. 그래서 잘못을 심정적으로 인정할 수가 없는 것입니다. 그러다 보니 범죄자 중에서 반사회성 성격장애 비율이 높을 수밖에 없습니다. 미국의 통계를 보면 많게는 75%의 수감자가 반사회성 성격장애 환자로 분류됩니다. 이러한 보고는 논란을 일으켰습니다. 마치 '반사회성 성격장애＝범죄자'의 등식으로 오인될 수도 있고, 진단기준 자체가 범법 자체에 편중되어 있다는 문제가 제기되기도 했습니다. 역으로 범법자를 반사회성 환자라는 식으로, 처벌을 회피하는 수단으로 악용되기도 합니다. 반사회성 성격장애의 진단기준은 그런 면에서 각별한 적용을 요합니다.

경계성 성격장애

경계성 성격장애는 DSM-5에서 대인관계, 자아상, 그리고 정동이 불안정하고 심하게 충동적인 성격장애라고 정의되어 있습니다. 과거 성격 장애군이 구체화되기 전에는 '경계borderline'라는 용어가 정신증과 신경증의 중간 정도인 애매한 상태의 환자를 지칭하는 표현이었다는 것은 이미 말씀드린 바 있습니다. 하지만 최근 통용되는 '경계'라는 용어는 주로 경계성 성격장애를 지칭합니다.

경계성 성격장애의 특징을 살펴봅시다. 첫째, 이들은 유기abandonment(버림받음)에 대해 지나친 예민함을 갖고 있습니다. 이는 거절rejection보다 더 부정적인 의미입니다. 왜 버려짐에 대해서 그렇게 예민할까요? 대개는 어린 시절 버려졌기 때문이라고 역동적으로 설명합니다. 불안의 강도로 따지자면 거절 혹은 애정상실의 불안이 아니라 대상상실의 불안입니다. 발달 시기 2단계에서 자율성을 획득하지 못하여 그 시기에 고착되어 있는 것이라고 봅니다.

유기에 대하여 설명을 할 때면 떠오르는 성경 주제가 하나 있습니다. 예수는 십자가에 못 박히시기 전날 밤에 할 수만 있다면 이 잔을 지나가게 해 달라고 기도하였습니다. 예수는 무엇이 두려워서 십자가를 피하고 싶었을까요? 신체적 고통과

경계성 성격장애 환자들은 사람들에게서 버림짐을 당하는 것에 과민한 반응을 보입니다.

죽음 아니면 사람들의 멸시와 천대를 두려워했던 걸까요? 이러한 의문에 대해 존 스토트 목사는 그의 책 그리스도의 십자가*The Cross of Christ*에서 자신의 견해를 피력 했습니다. 기독교 신념을 위해 고문을 감수하고 순교하는 사람이 있는 것으로 보아, 예수의 두려움은 신체적 고통이나 사람들의 멸시 심지어 죽음의 문제들도 아닐 것이라고 했습니다. 그럼 예수가 무서워서 피하고 싶었던 본질은 무엇이겠습니까? 그것은 바로 하나님에게 버림짐을 당하는 것이라고 저자는 말하고 있습니다. 예수는 항상 하나님과 함께 있고 그분과 함께 일했는데 하나님의 버림을 받아야 한다는 사실이 견딜 수 없는 고통이었다는 것입니다. "나의 하나님, 나의 하나님, 어찌하여 나를 버리셨나이까?"(마태복음 27:46) 예수가 하나님에게서 버림짐을 당하는 것이 그렇게 끔찍하고 괴로운 것과 흡사하게, 경계성 성격장애 환자들은 사람들에게서 버림짐을 당하는 것에 과민한 반응을 보입니다.

과민한 반응을 어떻게 보이며 그것이 어떤 결과를 낳을까요? 예를 하나 들어 보겠습니다. 경계성 성격장애 환자가 연애를 했습니다. 그런데 상대방이 헤어지자고 합니다. 서로의 사이가 나빠질 만한 이유는 잠시 후 다시 이야기하기로 하고, 어쨌든 상대에게 헤어지자는 말을 들었습니다. 그날 저녁에 환자는 상대에게 전화를 합니다. "자기야 지금 나 혼자 집에 있는데, 내 방이야. 내가 너무 답답해서 옆에 칼이 있기에 손목을 한번 그어 봤더니 피가 나오네. 그냥 이러고 있으면 피가 계속 나오려나 봐. 자기 우리 집에 와 줄 거야?" 애인은 깜짝 놀라서 환자의 집으로 달려가 응급실에 데리고 가서 치료받는 것을 다 챙겨 주고, 미안하다고 싹싹 빌기까지 합니다. 그러다가 얼마 지나서 둘 사이가 안 좋아지고 그래서 헤어지자는 소리가 다시 나오면 또 전화가 옵니다. "자기야 지금 뭐해? 나 지금 옥상이야. 자기 없으면 나는 살아 있을 필요가 없지. 20분 내로 안 오면 다시는 이런 전화 안 받아도 되니까 자기는 좋겠다. 그치?" 환자는 여러모로 감정이 불안정하고 갑작스러운 의심증이 올라오기도 하고 빈번하게 자해 등의 충동적인 행동을 보이며 분노 표출을 잘 조절하지 못합니다. 이렇게 과민한 반응을 보이면 어떤 결과를 낳게 됩니까? 마음이 약한 상대라면 아마 해 달라는 대로 다 해 줄 것입니다. 결국 과민한 반응을 통해 상대방이 자기를 버리지 못하게 만드는 것이죠. 반응이 무디고 불안정한 어머니 밑에서 자라는 어린아이가 그나마 어머니의 사랑과 반응을 받으려면 어떻게 하게 됩니까? 아주 고분고분 순응하든가 아니면 떼를 써서 어머니가 자기에게 관심을 주는 방법을 택하게 될 것입니다. 경계성 환자는 후자의 특성을 보이는 아이와 흡사합니다.

　그다음 유념할 진단기준 중의 하나는 타인에 대해서 **과도한 이상화**idealization와 **평가절하**devaluation를 손바닥 뒤집듯 자꾸 바꾼다는 사실입니다. 그리고 정체성 문제identity disturbance가 있어서 자기 이미지에 혼란이 많습니다. 자기가 어떤 사람인지 자기도 잘 모르겠다는 말을 합니다. 사실 그럴 수밖에 없습니다. 수시로 변덕이 죽 끓듯 하는데 자신이 어떤 사람인지 어떻게 알 수가 있겠습니까? 이들에게 가장 분명한 사실은 자신의 모습이 늘 바뀐다는 것입니다. 상대방에 대한 시각도 마찬가지입니다. 극단적인 사고에 머물러 있고 분열splitting의 방어기제를 자주 사용하기 때문에 늘 흑백논리에 휩싸이게 됩니다. 그래서 어느 때는 특정 대상을 너무 좋아하고 "이런 사람은 이 세상에 아무도 없다."고 상대방을 높이 평가하다가 어느 한순간 무슨 일을 계기로 "그 따위 인간이 어디 있어? 인간도 아니야."라고 고래고래 욕을 합니다. 앞서 설명한 예에서 연인관계가 잘 유지되지 못한 가장 큰 이유는 이러한 성격 특성 때문입니다. 왜 이상화와 평가절하를 반복하고 불안정할까요? 이는 제4강에서 다룬 내용인 대상항상성이 형성되지 않았기 때문에 그렇습니다. 대상항상성은 하나의 존재 안에 좋은 점과 나쁜 점이 동시에 충분히 존재한다는 것을 받아들이는 것입니다. 좋은 어머니와 나쁜 어머니가 다른 사람으로 구별되어 있는 것이 아니라 한 어머니로 통합할 수 있는 것입니다. 이런 통합을 이루지 못하였기 때문에 경계성 성격장애 환자는 극과 극을 치닫게 되며 중간, 즉 통합의 입장을 고려하지는 못합니다.

상담하기도 무척 어렵습니다. 경계성 성격장애 혹은 그러한 성향이 있는 사람을 면담할 때의 가장 중요한 원칙은 면담 구조structure를 잘 세워야 한다는 점입니다. 경계성 성격장애의 이상화와 평가절하, 불안정, 그리고 치료관계를 위협하는 다양한 상황들은 치료자 개인의 인내심을 시험합니다. 따라서 치료시간 및 규칙이 엄격히 적용되는 치료 세팅, 즉 면담 구조를 통해서 일관성의 틀을 유지해야 합니다. 환자는 그 틀을 깨기 위해 부단히 노력을 하겠지만 틀을 잘 고수하면 결과적으로 치료자 개인의 소진을 예방하고 환자의 안정과 통합 능력을 향상시킬 수 있습니다.

연극성 성격장애, 자기애성 성격장애의 세분화

연극성 성격장애는 DSM-5에서 과도하게 감정적이고 관심을 끌려는 성격장애라고 되어 있고 자기애성 성격장애는 자신에 대한 과대평가, 찬탄admiration에 대한 요구, 공감의 결여를 특징으로 하는 성격장애라고 되어 있습니다. 이 두 성격장애를 같이 설명하려는 이유는 가바드가 그의 책 역동정신의학*Psychodynamic Psychiatric in Clinical Practice*에서 이 두 가지 성격장애를 둘씩 세분하고 있기 때문입니다. 연극성 성격장애는 연극성과 히스테리성으로 세분하고 있고, 이 중 연극성이 DSM-5의 연극성 성격장애와 비슷합니다. 자기애성 성격장애는 무감각형과 과민형으로 세분하고 있고, 이 중 무감각형이 DSM-5의 자기애성 성격장애와 비슷합니다. 성격 장애는 발달단계 중 2단계와 관련한 특성을 드러내는 질환인데 연극성 성격장애와 자기애성 성격장애(무감각형)는 6~12개월 분기점에 가까이 있고, 히스테리성 성향과 과민형 자기애는 2~3세 분기점에 가까이 있다고 말할 수 있습니다.

　DSM 진단기준은 다른 진단명과 중복되지 않는 독립적 영역으로 구분될 수 있어야 하므로 수동공격성과 같이 모든 인격 안에 정도껏 담겨 있는 이른바 역동적인 개념은 단일 진단명으로 될 수 없으며 히스테리성 성향과 과민형 자기애도 이와 같아서 단일 진단명이 될 수는 없다고 말씀드렸습니다. 하지만 이러한 역동적인 개념은 내면을 살피는 데 여전히 중요한 의미를 갖습니다. 원래 성격 장애 진단이 현상적 분류에 앞서 정신분석과 같은 역동적 관점을 통해 거론된 것이기 때문에 비록 현재 DSM-5로 성격장애 진단을 하더라도 내담자를 치료할 때에는 역동적 의미를 충분히 고려해야 합니다.

연극성 성격장애와 히스테리성 성향

연극성은 영어로 histrionic이며 이의 어원은 '배우actor'입니다. 연극성 성격장애의 오래전 명칭이 히스테리성 성격장애입니다. 히스테리성은 영어로 hysterical이며 이의 어원은 자궁uterus입니다. 이는 히포크라테스가 특정 현상을 보이는 대상의 원인을 자궁이라고 지칭한 것에서 출발한 용어입니다. 현대에서 노처녀 히스테리와 같은 식으로 그 명칭이 회자되기도 하지만 의학에서는 이 현상의 원인이 자궁이 아니기 때문에 더 이상 공식적인 용어로 사용하지 않고 개념과 발음이 비슷한 histrionic이라는 용어로 대체하였습니다. 그런데 정신분석가들은 히스테리라는 명칭을 아직도 활발하게 사용합니다. 우리는 히스테리가 세련되지 못하고 정신이 흐트러진 개념으로 이해하는 편인데, 정신분석에서는 그 반대입니다. 전통적으로 정신분석에서 말하는 히스테리는 연극성 성격장애에 비해서 자기 조절을 잘하고 감정 표현이 풍부하며 적절하게만 퇴행하여 정신분석이 가능한 이른바 좋은 환자를 지칭하며 '진정한 히스테리true hysteric'라는 표현을 하기도 합니다. 정신분석에서 연극성 성격장애는 분석의 상황과 규범을 깰 만큼 불안정하고 퇴행의 수위를 조절하지 못하여 정신분석이 가능하지 않은 대상으로 취급합니다. 가바드는 이러한 정신분석 접근을 차용하여 연극성과 히스테리성을 나누었습니다. 연극성은 지금의 연극성 성격장애를 지칭하는 것이고 히스테리성은 전통적인 분석 대상인 히스테리 성향을 지칭하는 것입니다. 명칭과 개념에 혼동이 있을 수 있으므로 그 차이를 잘 익히시기 바랍니다. 분화가 덜 된 이른바 낮은 수준의 환자가 연극성입니다. 반면 히스테리성 성향은 감정 표현이 화려해도 무작정 퇴행하지는 않습니다. 예를 들어 연극성 성격장애 환자는 "선생님 사랑해요. 뽀뽀해 주세요, 얼른요." 이렇게 앞뒤 가리지 않고 퇴행하니 치료관계를 맺기가 부담스러운데 히스테리성 성향의 환자는 "선생님, 이 얘기를 한다는 것이 정말 쑥스러운 일이긴 하지만 얼마 전부터 선생님에 대해 갖지 말아야 할 감정이 타오르기 시작했습니다."라는 식의 감성적이며 세련된 표현을 합니다. 발달단계의 시기로 볼 때에 확실히 연극성 성격장애는 히스테리성 성향보다 낮은 단계에 머물러 있습니다. 연극성 성격장애는 2단계 발달단계의 가학-피학, 통제-피지배 양상이 특징인 원시적 양자dyadic 대상관계에 머물러 있습니다. 이에 반해 히스테리성 성향은 성숙한 삼각관계적 대상관계가 가능하다고 합니다. 여기서 삼각관계triangular라는 말은 3단계 오이디푸스 시기를 지칭하는 말인데 나와 어머니, 아버지, 이렇게 세 명의 관계에서 벌어지는 갈등의 문제에 직면할 만큼 발달단계가 이루어져 있다는 것을 의미합니다. 굳이 어머니, 아버지가 아니라도 나와 주 양육자 외에 제3자가 끼어드는 삼각관계의 부분을 생각할 수 있는 시기라는 것입니다. 제가 보기엔 히스테리라는 용어는 적절한 용어가 아니라서 앞으로 정신분석에서도 서서히 배제되리라 생각합니다. 지금으로선 기존 용어를 그대로 기술하였지만 개념을 숙지하는 데 더 집중하시기 바라고, 누구든 더 좋은 용어를 제안하면 좋겠습니다.

자기애성(무감각형) 성격장애와 과민형 자기애

자기애는 직접적(능동적)으로 드러내는 경우와 간접적(수동적)으로 드러내는 경우로 나눌 수 있습니다. 어떤 학자는 이를 외현적과 내면적으로 나누었고, 가바드는 이를 무감각형과 과민형으로 칭했습니다. DSM-5의 자기애성 성격장애에 해당하는 무감각형은 대놓고 잘난 척을 합니다. 누가 거기에 동조를 하든 안 하든 상관이 없습니다. 근거도 없이 스스로 잘났다고 하는데 막상 사람들은 인정하지 않습니다. 자기 잘난 척만 하는 사람을 좋아할 리가 없지요. 반면 과민형 자기애는 자기 스스로 잘났다고 말하는 법이 거의 없습니다. 과민형 자기애 대상이 제일 어려워하는 것은 타인이 자신을 못마땅하게 평가하는 이른바 **자기애적 상처**narcissistic injury입니다. 그래서 상처를 받지 않기 위해 남들에게 매우 친절하고 상냥하고 희생적이면서 자신은 낮추고 심지어 스스로 못났다고 취급합니다. 그러면 남들은 "너 못나지 않았다. 오히려 훌륭하다."고 말해주겠죠. 그런 좋은 평가를 들으면 기분이 좋은 것이 아니라 자기애적 상처를 안 받아서 겨우 안심하는 것입니다. 이렇듯 과민형 자기애는 겉으로는 남들에게 민감하고 사려 깊은 사람이지만 내면으로 들어가면 누군가가 자신의 잘났음을 깎아내릴까 봐 전전긍긍하는 사람인 것입니다. 무감각형 자기애성 성격장애가 쇠공이라면 과민형 자기애는 크리스탈 조각품과 같습니다. 무감각형은 자기가 튼튼하다면서 이곳저곳에 부딪히고 흠집을 냅니다. 남들이 뭐라 해도 혼자 잘났다고 하고 남들의 깎아내리는 말에 별로 흠집이 나지 않습니다. 반면 과민형은 정말 조심스럽고 자신이 볼품없다고 말하기까지 합니다. 하지만 정확히 보자면 과민형은 자기라는 훌륭하고 세련된 크리스탈이 조금이라도 손상을 입을까 봐 애써서 방어막을 치고 있는 것입니다.

자기애에 대한 대표적인 학자는 컨버그Otto Kernberg와 코헛인데 컨버그는 무감각형을 주로 논하였고 코헛은 과민형을 주로 논하였습니다. 컨버그는 무감각형에 해당하는 자기애성 성격장애와 경계성 성격장애를 연장선에 있는 하나의 질환으로 보고 둘 다 경계성 성격장애라고 불렀습니다. 그는 지금의 자기애성 성격장애를 자아기능이 좋은 경계성 성격장애 정도로 보았는데, 자아기능이 상대적으로 좋다고 해도 여전히 세련되지 못한 대인관계와 부족한 자기 통제를 특징으로 합니다. 코헛은 과민형 자기애를 자기애성 성격이라는 이름으로 서술했고 그것을 통해 자기 심리학이라는 학파를 형성할 정도로 큰 공헌을 했습니다. 그가 말한 자기애성 성격은 정신분석 상황에서 과대 자기와 이상화 부모상의 전이를 드러내는 사람입니다. 치료 현장에서 충분히 안전하다는 보장이 되어야만 자기 안에 있는 자기 완전성과 완벽한 대상 이미지에 대한 환상이 드러나며, 치료자의 공감에 따라 이러한 환상이 건강한 자존감에 통합될 수 있습니다. 히스테리성 성향이 분석 가능한 세련된 대상인 것처럼 과민형 자기애 또한 분석 가능한 세련된 대상인 것입니다.

회피성/의존성/강박성 성격장애(C군)

이제는 C군의 성격장애를 살펴보겠습니다.

회피성 성격장애

회피성 성격장애는 DSM-5에서 사회활동의 억제, 부적절감inadequacy, 부정적 평가에 대한 과민성을 특징으로 하는 성격장애로 정의되어 있습니다. 간단히 말하면 사람을 피하는 성격장애입니다. 그런데 사람을 피하는 것은 비단 회피성 성격장애만은 아닙니다. 접촉을 회피하는 질환으로는 어떤 것들이 있을까요? 편집성, 조현성, 조현형, 과민형 자기애는 회피성 성격장애처럼 표면적으로는 대인관계를 회피하는 성향을 보일 수 있으며 사회불안장애도 대인관계를 회피합니다. 각각을 구분하는 기준을 알면 회피성 성격장애가 어떤 장애인지 더 잘 이해하실 수 있을 것입니다. 개념상으로 조현성과 조현형 성격장애 환자는 대인관계를 맺고자 하는 의도조차도 잘 발견되지 않습니다. 하지만 회피성 성격장애 환자는 대인관계를 무척 맺고 싶어 합니다. 다만 거절의 부담이 있어서 선뜻 시도하지 않는 것입니다. 회피성 성격장애와 상당히 흡사한 과민형 자기애에서는 거절에 대한 예민함이 마찬가지로 작용합니다. 역동적인 면에서 보면 그 예민함의 출발이 과민형 자기애는 자기애적 욕구에서 오는 반면 회피성은 불안에서 옵니다. 상당수의 과민형 자기애는 회피 성향을 감추고 표면적으로 대인관계에 열의를 보이며 성격 좋은 사람으로 평가받기도 하지만 회피성 성격장애의 경우엔 거절에 대한 예민함으로 인해 남들에게 가까이 다가가지 못합니다. 불안 장애의 일종인 사회불안장애의 경우도 회피성 성격장애와 비슷하게 상대의 반응에 민감합니다. 사회불안장애와 회피성 성격장애와의 차이는 신경증과 성격 장애와의 차이와 같습니다. 즉 사회불안장애는 거절불안을 구체적으로 자각하고 의도적으로 관계를 회피합니다. 하지만 회피성 성격장애는 거절불안을 제대로 자각하지 못하고 관계 회피도 당연한 것처럼 벌어집니다.

사람을 피하는 형태와 사람과 자주 대면하여 부딪히는 형태는 극과 극이지요. 그런데 역동적으로 볼 때에는 비슷한 원인이면서 표현이 이렇게 정반대로 나타나는 것일 수도 있습니다. 예를 들어 회피성 성격장애는 부정적인 평가, 비판, 혹은 거절rejection에 대한 예민함을 가지며 그로 인해 사람들을 피합니다. 그런데 경계성 성격장애는 유기abandonment에 대한 예민함을 갖고 있으되 유기의 가능성이 나타나면 사람을 피하기보다 오히려 충동성이 증가하면서 자해나 분노 폭발 등의 다양한 방식으로 사람과 충돌하며 끈질기고 소모적인 관계를 이어갑니다. 물론 정확히 말해서 거절에 대한 예민함과 유기에 대한 예민함은 역동적으로 같은 수준이 아닙니다. 불안 수준에 따른 구분으로 바꾸어 말하면 거절에 대한 예민함은 애정상실 불안의 수준이며 유기에 대한 예민함은 대상상실 불안의 수준입니다.

의존성 성격장애

의존성 성격장애는 DSM-5에서 보살핌을 받고자 하는 과도한 욕구가 있는, 순종적이고 의존적 행동을 특징으로 하는 성격장애로 정의됩니다. 그런데 역동적인 관점에서 의존성 성격장애는 상대방을 의지하는 정도가 아니라 자기라는 개념을 상대방에게 맞추는 정도를 지칭합니다. 사람은 누구나 자기가 누구인지 나름의 개념을 가지고 살아갑니다. 내가 남자인지 여자인지, 온순한지 활동적인지 등등 자기 모양을 규정하고 맞추면서 살아갑니다. 이런 자기 이해를 통해 타인에게 자신은 어떤 사람인지, 자기와 타인이 어떻게 다른지를 말할 수 있게 됩니다. 그런데 의존성 성격장애 환자는 그러한 자기 개념을 자기 안에서 찾지 않고 상대방에게서 찾습니다. 그래서 자기 주변에 있는 다른 사람의 모습을 자기 모습인 양 생각합니다. 그러다 보니 취향, 생각, 외형, 판단 등에서 자신은 지금 의존하는 대상의 경우와 비슷해집니다. 자기 개념으로 삼은 대상이 바뀌게 되면 자신의 개념도 그에 따라 바뀝니다.

의존성과 다른 성격장애와의 차이는 중요한 대상과 헤어지게 될 때 확연히 드러나게 됩니다. 예를 들어 경계성 성격장애 환자는 앞서 설명한 바와 같이 불안정하고 때로는 자해를 시도할 수 있습니다. 연극성 성격장애는 자기가 실연당했다는 사실을 동네방네 다 소문날 만큼 과장하여 떠들고 다닐 것입니다. 과민형 자기애의 사람은 헤어질 때 자기애적 상처를 받고 한동안 불안정한 나날을 보내게 될 것입니다. 그렇다면 의존성 성격장애 환자는 어떻게 할까요? 아마 헤어짐을 생각할 겨를도 없이 재빨리 다른 상대에게 달라붙게 될 것입니다. 즉 대상과 떨어지는 아픔을 감내할 여유를 자신에게 주지 않을 것입니다. 아픔을 감내하는 역량이 부족하고 주변에 누구든 다른 대상에 의존하면 되기 때문에 재빨리 자기 개념을 만들어 줄 다른 대상을 구하게 됩니다.

강박성 성격장애

C군의 마지막 질환입니다. **강박성 성격장애**obsessive-compulsive personality disorder, OCPD는 DSM-5에서 정리정돈, 완벽성, 그리고 통제에 대한 과도한 집착을 특징으로 하는 성격장애로 정의되어 있습니다. 강박장애OCD와 강박성 성격장애OCPD는 어떻게 다를까요? 특성의 차이는 신경증과 성격 장애의 차이와 같습니다. 강박장애에서 강박사고는 몇 가지 특징이 있습니다. 첫째는 원치 않는 생각, 즉 자기가 하고 싶어서 하는 생각이 아니라는 점입니다. 둘째는 마치 누가 주입한 것처럼 생각이 침입해 들어온다는 특징입니다. 그런데 강박성 성격장애에서는 이런 강박사고가 없습니다. 그 대신 꼼꼼함과 완벽주의가 작용합니다. 제가 아는 분은 삼계탕을 먹을 때 뼈에 살이 하나도 남지 않게 쪽쪽 빨아서 먹습니다. 강박적이지요? 그것도 모자라서 그 뼈들을 자기 테이블 위에 크기 순서대로 차례로 정렬을 해 놓습니다. 그리고 흐뭇하게 즐기지요. 강박성 성격장애와 강박장애가 함께 있는 사람이 있기는 하지만 그것은 한 사람에게 무좀과 감기가 같이 있는 것처럼 두 질환이 같이 있는 것이지 서로 연관이 있는 것은 아닙니다.

강박은 발달단계로 볼 때에 항문기(1~3세, 2단계)의 과제와 잘 연결되어 있습

"뒤에서 내 영혼을 당기는 느낌이 들어요." 강박 성향이 있는 사람들은 감정에 대한 묘사는 거의 없고 신체 감각을 빌어 표현합니다.

니다. 강박 성향이나 강박성 성격장애, 강박장애 모두에서 항문기의 통제control(조절)와 관련된 심리가 중요하게 다루어집니다. 그래서 치료가 생각보다 어렵습니다. 치료가 되어가는 중요한 시점에서 환자는 치료자의 말대로 자신이 움직여서 치료가 되고 있다는 결론과 동시에 자기 통제를 치료자에게 빼앗기는 느낌을 가질 수 있습니다. 그러면서 치료가 지지부진해지고 또 미궁 속으로 빠져 들게 됩니다. 그래야 자기를 스스로 통제한다고 여겨지기 때문이지요. 표면적으로는 치료에 순응하나 결정적인 순간에서 자기 뜻대로 진행하기 때문에 치료가 순조롭게 흘러가지 않습니다.

강박 성향이 있는 사람들을 임상에서 경험하면서 저는 교과서에도 잘 언급되지 않는 한 가지 특징을 봅니다. 강박 성향이 있는 사람들은 아주 비합리적이고 특이하고 애매한 신체적인 느낌에 사로잡혀 있는 경우가 많습니다. 그 느낌을 뭐라고 표현할 만한 말이 없으니까 각종 언어를 구사해서 표현을 하는데 그게 좀 이상하게 여겨집니다. 예를 들어서 "뒤에서 내 영혼을 당기는 것 같은 느낌.", "기운이 머리에서 오른쪽 팔로 10센티미터 옮겨 가는 느낌.", "누가 내 왼쪽 어깨를 쳐다봐서 찌릿하는 느낌." 등등 자신들만의 독특한 표현을 쓰는데, 대부분 그것이 신체 감각이라고 말을 하고 싶어 한다는 것입니다. 여기에 중요한 역동이 담겨 있음을 알 수 있습니다. 강박 성향은 감정보다 생각(인지)을 앞세우는 성향입니다. 그래서 감정에 대한 묘사가 거의 없고 인지적인 설명이 주를 이루게 됩니다. 그들은 사랑, 미움, 질투, 죄책감, 허무함, 심리적 아픔과 같은 다양한 감정들을 감정으로 표출하지 않고 인지적으로 표출하려다 보니 신체 감각을 빌어서 표현하는 것입니다. 화가 난다고 하지 않고 혈압이 오른다고 말합니다. 기분이 좋다고 말하지 않고 맥박수가 떨어진다 혹은 몸이 늘어진다고 말합니다. 정서를 신체 감각의 언어로 표현하고 있는 것입니다. 미묘하고 복잡한 정서반응은 쉽게 신체 감각으로 표현할 수가 없기 때문에 아주 특이하고 애매하고 비현실적인 단어를 구사하면서 말하는 것입니다.

성향의 발달

강박적 성향을 설명하면서 인지(이성, 논리)와 감정(정서, 감성)의 발달에 대한 언급을 했는데, 여기서 한 가지 개념을 다루고 넘어갈까 합니다. 인간을 이해함에 있어서 발달적으로 판별하는 요령을 제4강에서 배웠습니다. 여기서는 인간을 이해하는 또 다른 개념을 설명하고자 합니다. 인간의 성향을 어떻게 분류하는가에 관한 것입니다. 융이 인간의 성향을 네 가지 판별기준에 따라 분류하였고, 이러한 원리를 응용하여 만들어진 검사가 MBTI입니다. 또한 애니어그램이라 하여 인격 성향을 아홉 가지로 세분하는 것도 있습니다. 기질성격검사TCI에서는 기질과 성격을 나누어 설명합니다. 다면적인성검사MMPI에는 성격병리를 판별하기 위한 5-요소 척도로 공격성AGGR, 정신증PSYC, 통제결여DISC, 부정성NEGE, 내향성INTR이 있습니다. 여러분에게 가장 단순하면서도 유익한 개념을 소개해 드리겠습니다. 그것은 인간의 성향을 인지와 감정의 연속선으로 보는 것입니다. 즉 일직선의 한쪽 끝을 인지적인 극단, 곧 강박성 성격장애로 보고, 다른 한쪽 끝을 감정적인 극단, 곧 연극성 성격장애로 보며 개인의 성향은 이러한 일직선의 어느 한 부분에 위치한다고 파악하는 개념입니다.

강박성(인지) ··· 연극성(감정)

[그림 12] 성향의 연장선

개인은 발달 과정을 거치면서 특정 성향을 강화하며 진행합니다. 그래서 어떤 사람은 인지적이 되고 어떤 사람은 감정적이 됩니다. 인지와 감정이 어떻게 양쪽 끝이 될까요? 그것은 아이의 반응을 통해 이해할 수 있습니다. 이와 관련해서 가장 도움이 될 만한 심리학적 이론은 애착 이론attachment theory입니다. 아이는 애착 관계를 형성하는 특정한 대상과의 관계 속에서 어려움에 처할 때 문제를 인지적으로 혹은 감정적으로 처리합니다. 대표적인 상황은 어머니가 없는 상황입니다. 여기서 아이는 인지적으로 환경에 관심을 집중하거나 감정적으로 어머니에게 관심을 집중하는 둘 중 어느 한쪽에 치우칩니다.

인지적으로 환경에 집중하는 아이는 주변을 탐색하면서 어머니가 없다는 사실을 떨쳐 버리려 합니다. 쉽게 말하면 어머니 없는 슬픔을 인지적인 활동으로 억누르는 것입니다. 이럴 때 아이는 흔히 효율적인 인지와 비효율적인 인지를 함께 사용하게 되는데, 효율적인 인지를 계속적으로 잘 활용하는 아이는 점차 커 가면서 공부도 잘하고 그것으로 인해 칭찬을 받아 강화가 됩니다. 완벽주의 성향을 갖기에도 유리합니다. 비효율적인 인지를 사용하는 아이는 점차 커 가면서 불필요한 생각에 휩싸이고 잡다한 공상에 머물러 있습니다. 이런 아이는 인지를 쓰기는 하지만 집중력이 떨어집니다.

감정적으로 어머니에게 집중하는 아이는 어머니가 없는 현재 상황 때문에 안정감을 잃고 어머니를 찾습니다. 울어 재끼는 바람에 주변의 사물이나 대상에 무관심해집니다. 어머니가 오면 어머니를 붙잡고 다른 데로 못 가게 막습니다. 웬만해서는 어머니를 벗어나 주변을 탐색하려는 의도를 먼저 보이지 않습니다. 이런 아이는 감정에 예민하여 인지적 능력에 소홀해지며 점차로 감정의 방향에 가까운 성향으로 성장합니다.

성격 장애를 설명하다 성향에 대한 쪽으로 이야기가 넘어왔는데, 성격 장애를 극단의 성향이라고 말해도 되겠지요. 물론 성향과 성격 장애는 단순히 연장선에 있는 것이 아닙니다. 성향은 정상이고 성격 장애는 병리이므로 서로 넘지 못하는 간격이 있다는 것을 잊지 말아야 하겠습니다. "나 강박인가 봐." 이렇게 얘기하셔도 되지만 "나 강박성 성격장애인가 봐." 하실 필요는 없습니다. 성격 장애는 자아-동조적이기 때문에 자기를 병적으로 보지 않습니다. 그러니 자기에 대해서 깨닫고 자기 문제를 인식했다고 하면 설령 성격장애라고 해도 질환에서 벗어나기 시작한 셈입니다.

치료

성격 장애 환자는 병원이나 상담실에 오는 경우가 드뭅니다. 신경증이나 기분 장애 환자의 경우엔 가족들이 병원에 강제로라도 데리고 오는데, 성격 장애 환자는 자기 문제를 애써 부인하고 병원 오는 것도 요리조리 피하기 때문입니다. 대개는 성격 장애 자체가 아니라 이와 관련하여 충동적인 행동이 있거나 일시적인 우울이나 불안, 불면이 생겨서 병원이나 상담실을 찾게 됩니다. 치료자는 환자가 치료 받기 원하는 일차적인 문제에 도움을 주되 이왕 왔으니 성격 장애 문제도 다룰 만한 좋은 기회라고 여기도록 독려해야 합니다. 성격 장애 진단까지는 아니더라도 성향으로 인해 대인관계나 내적인 문제가 생기는 사람들을 상담실에서 흔히 접하게 됩니다. 그럴 때에는 성격 장애에 관한 지식을 응용하여 도움을 제공할 수 있습니다.

정의상 성격이란 안정되고 변함이 없는 것을 의미하므로 성격 장애 또한 쉽게 달라지지 않을 것이며 그래서 치료가 어렵습니다. 성향 자체를 바꾼다는 것은 사람 자체를 바꾼다는 것과 다름없습니다. 그러므로 성격 장애 환자의 치료 목표는 특정 성격의 몇 가지 병폐들이나 문제들을 개선하는 정도이지 그 사람 자체를 뜯어고치는 건 아닙니다. 성격 장애 환자들이나 특정 성향을 가진 이들을 돕는 원칙은 학파마다 차이가 많습니다. 자기애성 성격장애나 자기애성 성향의 사람이 요구하는 것을 어디까지 들어주어야 될까요? 물론 기계적인 정답은 없고 각각의 사례와 상황에 따라 다르겠지요. 코헛은 많이 수용하라고 하는 반면 컨버그는 수용하기보다 환자의 문제를 지적하여 직면시키라고 합니다. 임상 경험이 쌓여갈수록 이에 대한 지침은 분명해집니다.

저는 성격 장애를 위시한 발달단계 2단계 문제에 접근하는 치료자의 가장 중요한 태도로 일관성을 꼽습니다. 상담 과정에서 치료자는 내담자에게 가장 중요한 인물이 됩니다. 치료자는 치료 세팅을 통해 일관성을 견지하고 내담자와 교류합니다. 내담자는 치료자의 일관성을 배우고 익힙니다. 내담자의 성격을 다루기 위해서는 치료자 자신의 성격 이해가 우선 중요하고 두 성격이 교류하는 상담 구조를 일관성 있게 세우고 치료 기술을 요령껏 발휘해야 합니다. 2단계 문제를 가진 내담자에게 가장 어울리는 치료자는 일관성을 가지고 꾸준히 누군가를 만나서 그를 서서히 안정되고 통합된 존재로 세워 가는 과정에 매력을 느끼는 사람입니다.

앞서 다루지 못한 정신질환 중
일부를 함께 다루었습니다.
그렇다고 덜 중요하다는 뜻은 아닙니다.

기타 장애

정신병리 강의의 마지막 부분입니다. 지금까지 우리가 많은 질환들을 살펴보았지만 다루지 못한 질환들도 있습니다. 이번 기회에 다루지 못한 부분들은 다른 기회를 통해 배울 수 있기를 바랍니다.

아동의 정신병리

주의력결핍 과잉행동장애

최근에는 아동과 청소년에 대한 정신의학적 접근에 관심이 많아지고 있는데, 아동의 경우 가장 흔히 거론되는 질환은 **주의력결핍 과잉행동장애**attention-deficit/hyperactivity disorder, ADHD입니다. ADHD는 산만함과 과다행동이 너무 많아 학습이나 일상생활에 상당한 기능 손상을 일으키는 경우인데 원인이 생물 심리 사회적으로 워낙 다양하게 있으며 또 이러한 원인들이 복합적으로 작용합니다. 약에 대해서는 논란이 많지만 약물치료가 가장 보편적인 치료입니다. 약물치료로 생활의 틀을 어느 정도 유지하게 한 후 다양한 심리치료 프로그램을 통해 학교 및 사회에서 무난하게 적응하도록 지도합니다. 아동기에 발병하여 성인기까지 이어지는 경우 성인 ADHD로 진단받습니다. 어릴 적 ADHD 진단에 합당한 이력이 없다면 성인 ADHD 진단을 내릴 수는 없습니다. 성인 ADHD는 어릴 적부터 자신의 주의력결핍과 과잉행동을 계속 처리하고 적응하면서 나름의 균형을 만들어왔기 때문에 그 증상이 변형되고 복합적입니다. 그래서 주의력결핍과 과잉행동 자체보다 불안과 우울 같은 다른 병리에 더 초점을 맞추어야 할 수도 있습니다.

ADHD의 치료제는 메틸페니데이트가 대표적이며 아토목세틴이 상대적으로 최근 개발된 약입니다. 둘 다 뇌의 도파민 등을 활성화시키는 일종의 각성제입니다. ADHD의 과잉행동을 생각해보면 에너지가 넘치는 게 문제인 것처럼 보이는데 그런 대상에게 각성제를 준다고 하면 연료를 더 넣어주는 셈이라서 문제가 더 악화되지 않을까 의아할 수 있습니다. 하지만 ADHD의 특성을 알면 이 의문은 해결될 수 있습니다. ADHD는 에너지가 넘치는 병이 아니라 자기행동을 조절하는 뇌의 기능이 약한 병입니다. 상식적으로 생각해봐도 나이가 들어서 의젓해지는 것은 에너지가 떨어져서가 아니라 자기행동을 조절하는 뇌 기능이 그만큼 더 성숙했기 때문임을 알 수 있습니다. ADHD 환자는 또래 아이들에 비해 이 능력에 현저한 저하가 있어서 집중력이 떨어지고 행동이 과해지는 것이지 에너지가 넘쳐서 그런 것이 아닙니다. 어차피 아이들은 대부분 에너지가 넘칩니다. 비유를 들자면 어떤 아이가 국어는 잘하는데 산수는 못 한다고 해봅시다. 그러다가 공부 실력이 둘 다 향상되어 국어는 90점이 95점이 되고 산수는 30점에서 80점이 되었습니다. 어느 쪽을 더 주목하게 될까요? 당연히 산수죠. 메틸페니데이트가 어느 특정 부분의 각성도만을 높이지는 않습니다. 하지만 어차피 효율성이 높았던 영역은 그 차이가 크지 않습니다. 그래서 ADHD 환자에게 약물치료를 하면 사실 과활동이 다소 늘어날 소지도 있지만 그보다 부족한 자기조절 영역에서 괄목한 변화를 보이기 때문에 전체적으로는 얌전해지는 쪽으로 나아가는 것입니다. 약물치료 외에도 뉴로피드백, 명상, 생각하는 요령, 정리정돈의 요령 등을 통해 아이의 자기조절 기능을 집중적으로 도와주면 아이의 증상은 더욱 개선될 것입니다.

반응성 애착장애, 탈억제성 사회적 유대감장애

DSM-IV에서는 반응성 애착장애를 억제형과 탈억제형으로 나누고 있으며, 탈억제형은 산만한 애착이라는 표현을 쓰기도 했습니다. DSM-5에서는 두 유형을 각각의 질환으로 인정하여 반응성 애착장애와 탈억제성 사회적 유대감장애 진단명으로 서술하고 있습니다.

부모와 아이의 상호작용에 관한 애착 이론은 부모가 아이를 어떻게 키워야 하는지에 대한 훌륭한 지침을 제공해왔습니다. 애착에 문제가 생기는 경우를 다양하게 인식하고 해결책을 제공하는 것이 중요합니다. 반응성 애착장애reactive attachment disorder와 탈억제성 사회적 유대감장애는 애착의 문제가 극명하게 나타나는 대표적인 예이며 병의 원인이 부모의 양육 결여에 의한 것이기 때문에 부모가 새롭게 혹은 누군가 부모를 대신하여 그 부분을 채워 주면 회복이 됩니다. 적절한 양육을 지도하고 다양한 아동 치료 프로그램을 제공하면 이러한 아이들은 바로바로 좋아집니다. 그러므로 아이를 대상으로 하는 치료 이상으로 부모를 계몽하는 것이 중요합니다. 부모가 아이의 부모 역할은 물론이며 준전문가, 즉 치료자로서의 역할도 담당하는 것이 이상적입니다.

자폐스펙트럼장애

아이들에게 사회성이 떨어지면 흔히 자폐라는 표현을 쓰죠? 남들과 어울리지 않고 혼자만의 세계에 치중한다는 의미로 하는 말인데, 일반용어로 쓰는 것이죠. 전문용어로서 자폐는 그보다 좁은 의미의 개념입니다. DSM-IV에서는 전반적 발달장애pervasive developmental disorder라고 불렀으며 여기에는 자폐장애autistic disorder, 레트장애, 소아기붕괴성장애, 아스퍼거장애가 속합니다. DSM-5에는 이런 세분된 진단명이 없고 자폐스펙트럼장애 진단명에 통합되었습니다. 자폐스펙트럼장애라고 진단을 내리는 것은 뇌에 결함이 있다는 뜻이 됩니다. 태어나면서부터 정상적인 단계로 성장할 수 없다고 정해져 있는 셈입니다.

일반적으로 자폐라고 부르지만 냉정히 자폐스펙트럼장애는 아닌 경우가 있습니다. 대표적인 예가 다운증후군이지요. 다운증후군은 지능이 낮으며 고유한 얼굴 형태를 동반합니다. 이들은 지능이 낮아서 발달의 지연을 나타내지만 대인관계상에서는 고립되지 않고 적극적입니다. 반응성 애착장애의 경우도 흔히 자폐라고 생각하기 쉬우나 이는 뇌 기능의 제한으로 인한 발달 지연이 아닌 오직 양육자의 부적절한 양육에 따른 결과이며 적절한 양육을 제공하면 정상적으로 발달합니다.

틱 장애

틱 장애tic disorders에는 투렛장애, 지속성(만성) 운동 또는 음성 틱장애, 잠정적 틱 장애, 달리 명시된 틱장애, 명시되지 않는 틱장애가 있습니다.

틱 현상은 말로는 설명하기 복잡하지만 실제로 몇 번 보면 어떤 것인지 금방 알 수 있습니다. 일련의 비특이적인 근육 움직임인데 리드미컬합니다. 얼굴 부위에서 흔하고 어깨 등의 상체 움직임에서도 자주 나타납니다. 눈을 깜빡이거나 헛기침을 하거나 하는데 그게 그냥 버릇과는 다르다는 느낌이 들죠. 투렛장애처럼 운동 틱과 함께 음성 틱을 동반하는 경우가 있는데 음성 틱으로는 욕을 하기도 합니다. 틱은 어린 나이에 생기는데 대부분은 특별한 치료 없이 1년 이내에 없어집니다. 그러기 때문에 일단 틱이 발견되면 부모나 주변 사람으로서는 그것으로 인해 아이가 스트레스를 받지 않게 하는 것이 중요합니다. 어떤 부모는 남들 앞에서 그러지 말라고 야단치거나 강압적으로 제지하는데 그러면 아이는 더 힘들겠지요.

틱은 자기가 스스로 멈출 수 있을까요? 네, 멈출 수 있어요. 그러면 하지 말라고 하는 부모 말이 맞지 않나요? 틱의 특성을 잘 이해하면 이에 대한 해답이 있습니다. 틱은 신경의 자극에서 나타나는 비특이적인 움직임이므로 자기도 모르게 자꾸 몸이 움직여지는 것입니다. 그런데 잠시 멈추려면 차단을 할 수도 있습니다. 하지만 계속 차단을 하기는 어렵습니다. 틱을 자제하는 것은 물구나무를 서는 것과 비슷합니다. 한 번 할 수는 있지만 계속 그렇게 하고 있을 수는 없습니다. 그러니 무조건 하지 말라는 식의 강요는 무조건 물구나무서서 생활하라는 억지와 같습니다. 아이들은 자기에게 틱이 있다는 걸 알면 부모가 굳이 하지 말라고 안 해도 학교나 기타 남들과 어울리는 자리에서 가급적 틱이 드러나지 않도록 자제를 하게 됩니다. 마음을 놓을 수 있는 환경에서는 그런 자제를 안 하게 되다 보니 아이들은 집에서 틱 현상을 더 많이 드러내게 됩니다. 그러나 부모는 집에서만 아이를 보니까 밖에서도 그럴까 봐 아이를 다그치게 되겠지요. 이젠 그러지 말고 틱이 드러나도 부모가 개의치 않도록 하여 집에서만큼은 좀 더 편안하게 있을 수 있게 해 주어야 합니다.

틱은 대부분 1년 이내에 회복하지만 그 이상 지속되는 경우는 아쉽게도 평생 틱을 지니고 살게 될 가능성이 높습니다. 이 경우 치료 목표는 틱을 없애는 것이 아니라 틱을 짊어지고 살아갈 수 있도록 도와주는 것입니다. 약을 쓰기도 하지만 근본 치료가 아니고 증상을 줄여 주는 정도이며 게다가 점차 약의 용량이 많아져야 합니다. 그러다 보니 틱 장애에서는 약간의 증상 완화를 목표로만 약을 쓰고 약 용량이 높아지면 약을 쉬는 기간을 둡니다.

참고로 뇌성마비cerebral palsy는 운동신경과 감각신경, 특히 운동신경에 대한 신경 손상, 즉 마비가 나타나서 부자연스러운 자세 및 행동을 취하지만 위에서 설명한 틱은 아닙니다. 뇌성마비는 정신질환이 아니며 정상 지능을 갖습니다. 생각하는 것은 멀쩡한데 행동은 뜻대로 안 되는 것입니다. 행동이 이상하니 놀림받기도 하지요. 적절하게 대항하려고 해도 몸이 따라 주지 않으니 그럼 어떻겠어요. 지능은 멀쩡하니까 굉장히 상처받죠. 뇌성마비는 뇌에 영구적인 손상이 있는 것이라 고칠 수 없어요. 뇌성마비 환자가 수술을 하는 경우가 있는데 그것은 뇌성마비의 근본 원인을 고치는 수술이 아니라 신체 일부의 부자연스럽거나 경직된 부분을 고쳐 주는 수술입니다.

신체증상 및 관련 장애

신체증상 및 관련 장애의 분류

신체soma라는 용어가 들어가는 진단은 명칭과 진단기준에서 변화가 많은 편입니다. 신체증상 및 관련 장애는 장애군 명칭인데 예전 명칭은 신체형 장애somatoform disorder입니다. 여기에는 신체증상장애, 질병불안장애, 전환장애(기능성 신경학정 증상장애), 기타 의학적 상태에 영향을 주는 심리적 요인, 인위성장애, 달리 명시된 신체증상 및 관련장애, 명시되지 않는 신체증상 및 관련장애가 포함됩니다.

신체증상장애는 DSM-IV에서의 신체화장애somatization disorder와 통증장애와 미분화형 신체형장애를 통합한 것이라 할 수 있으며 과거의 세부적인 진단항목이 대부분 제외되고 아주 단순한 진단기준만 제시하고 있습니다.

질병불안장애의 예전 명칭은 **건강염려증**hypochondriasis입니다. 질병불안장애는 명칭에 불안이라는 용어가 있고 과거 진단명인 건강염려증에도 염려라는 용어가 있어서 불안 장애에 속하는 질환으로 오인하기 쉽습니다. 질병불안장애는 특정 질환을 전제하여 "나는 어떤 질환이 있다."라는 생각이 작용합니다. 에이즈에 걸렸다거나 암에 걸렸다고 전제를 하는 것입니다. 이러한 환자들은 고통을 감지하는 역치threshold와 참을성이 낮은 경향이 있습니다. 질병불안장애 환자들이 보이는 증상의 대부분은 심장이 두근거리거나 빨리 뛰거나, 피부가 따끔거리거나, 자다가 일어났는데 팔이 아프거나 등등의 누구나 흔히 느끼는 감각이나 반응입니다. 그런데 환자는 이를 자기가 염두에 둔 특정 질병의 현상이라고 단정합니다.

전환장애는 과거 히스테리성 전환 발작이라는 개념이 이어져온 진단인데 증상은 심리적이지 않고 전적으로 수의적 운동이나 감각 기능 증상입니다. 하지만 내외과적인 운동이나 감각 기능의 질환으로 진단되지 않고 호소하는 현상과 의학적 적절성이 맞지 않아 허위처럼 여겨질 수 있습니다.

기타 의학적 상태에 영향을 주는 심리적 요인은 과거 **정신신체 장애**psychosomatic disorder라고 불렀던 개념입니다. 용어가 길어서 이것만큼은 정신신체 장애라는 예전 명칭을 사용하겠습니다.

신체증상 및 관련 장애와 정신신체 장애의 차이

신체증상 및 관련 장애와 정신신체 장애의 가장 큰 차이는 정신건강의학과 외의 문제가 있는지 여부입니다. 예를 들어서 어떤 사람이 몸이 아파서 내과나 외과 병원에 갔더니 진찰 및 검사 후에 "당신은 검사상 아무 문제가 없는데요."라고 합니다. 그가 실제로 이러이러하게 아프다고 주장을 했더니 그러면 정신건강의학과를 가보라고 합니다. 그는 화가 나서 "날 정신병자 취급하는 것입니까?"라고 항의를 하기도 합니다. 하지만 정신건강의학과에서 진료하는 것이 맞습니다. 정신건강의학과가 아닌 의사 입장에서 보면 이러한 환자는 꾀병이라고 생각하기도 합니다. 이런 식의 문제가 신체증상 및 관련 장애입니다.

반면 정신신체 장애는 사실 내·외과 질환입니다. 다만 이 질환이 생기거나 악화되는 것에 심리적인 부분이 관련된다는 것입니다. 예를 들어 알레르기, 천식, 류마티스 관절염, 당뇨, 암, 고혈압, 결핵 이런 질환들이 정신신체 장애에 포함됩니다. 모든 의학적 질환을 다 열거해도 되겠지만 정신적 영향이 많은 것으로 고려되는 몇몇 질환을 자주 언급하게 됩니다. 이러한 질환들은 각각 원래의 내·외과적 병리가 있기는 있지만 심리적 요소가 병의 발생과 악화에 상당한 영향을 준다는 연구 보고가 있습니다. 예를 들어 천식은 분명한 알레르기 반응인데, 심층심리학에서는 천식을 아이가 부모와 떨어지지 않기 위해서 보이는 행동으로 해석합니다. 부모와의 분리에 문제가 있는 아동이 천식을 앓기 쉽다는 것이죠. 다른 예로 관상동맥질환은 심장 혈관에 분명한 이상이 있는 것이어서 심장 마비 가능성도 높지요. 그런데 이 질환이 성향과 관계가 있는지 알아보기 위해 성향을 A형과 B형으로 나누어 조사해보니 관상동맥질환과 A형 성향은 연관이 높은 것으로 보고되었습니다. A형은 다혈질적이고 여러 일을 한꺼번에 처리하지만 B형은 느긋하고 한 번에 한 가지 일만 하고 복잡하게 생각하지 않죠. A형은 사회적으로 출세할 가능성이 높으나 신체 혹은 사회적으로 갑자기 나빠질 가능성도 높은 편입니다.

신체화의 역동적 의미

신체화의 역동적 의미에서 우선적으로 고려되는 것은 신체 증상 및 통증이 감정 표현의 일종이라는 것입니다. 정상적인 신체화는 흔히 일어납니다. 스트레스가 두통으로 나타나고, 사촌이 땅을 사면 배가 아프다는 속담도 있지요. 누가 우리에게 기분이나 느낌을 물으면 우리는 "그저 그래요."라고 대충 대답하지 진짜 기분이나 느낌을 있는 그대로 표현하지 않습니다. 사실 정확히 느끼려 하지도 않죠. 감정을 표현하는 용어로는 우울하다, 화난다, 기쁘다 등이 있으나 "마음이 아프다."는 식의 신체 감각 및 통증 용어도 감정을 표현하는 용어로 함께 사용됩니다. 개인의 감정을 정확히 설명하지 못하는 경우를 가리켜 **감정표현불능증**alexythymia이라고 하는데 애매하고 형연할 수 없는 감정 상태를 말합니다. 그런 애매한 심리상태를 가장 쉽게 표출하는 방식은 바로 통증입니다. 그냥 아프다고 하면 되거든요. 우리 식으로는 화병이죠. 기분의 다양함과 그 정도를 세밀하게 표현하기 어려운 사람들은 신체 증상이나 통증으로 자기 느낌이나 기분을 나타낼 가능성이 높습니다.

　신체화에서 역동적으로 고려할 또 한 가지는 신체 증상이 자신의 기대를 이루는 수단이 될 수 있다는 점입니다. 여기에서 기대란 개인의 만족 혹은 상대방을 조종하는 것 등입니다. 증상에는 일차이득primary gain과 이차이득secondary gain이 있습니다. 모든 정신병리는 적잖은 이차이득을 가지고 있으나 신체증상 및 관련 장애에서는 이차이득 특성이 유독 강합니다. 예를 들어 아이가 방학이 끝나고 학교에 가야 하는데 방학숙제를 안 했습니다. 그런데 갑자기 배가 아프네요. 아프니까 학교에 안 갔습니다. 나중에 시험이 있는데 전날 또 스르르 배가 아픕니다. 그럴 때 병원에 가면 일차이득은 뭐죠? 병원의 치료를 통해 배가 안 아프기를 바라는 것이 일차이득이지요. 그것 때문에 병원에 가잖아요. 그럼 이차이득은 뭐죠? 병원에 가서 덕분에 학교를 안 가니까 시험을 안 보고 넘어갈 수 있었죠? 아이는 시험을 보기 싫었으니까요. 이것이 이차이득입니다. 이차이득은 여러 가지일 수 있습니다. 위의 경우 이차이득은 시험을 회피하는 것과 함께 부모에게 병간호를 받으며 사랑을 독차지하는 것 등도 포함될 수 있죠. 이러한 이차이득을 고려하지 않거나 이차이득이 있다는 것을 불쾌하게 여기는 치료자라면 그 치료자는 환자를 꾀병환자로 취급하기도 하고 귀찮게 여길 수도 있습니다. 신체화에 따른 증상들은 이차이득에 해당하는 억압된 욕구가 대치되어 몸의 문제로 표현된 것입니다. 본인은 스스로 증상의 이유를 모를 수 있지만 사실 이 증상을 통해 주위와 교류하거나 환경을 통제하려는 이차이득의 의도가 담겨 있지요.

　또 다른 예로서, 어떤 여성이 몸에 마비가 와서 병원에 입원했습니다. 이 경우 병원에 입원하면 일차이득은 증상을 치료하는 것이죠. 마비가 일어나는 신경과 및 내·외과 문제를 점검해 봤더니 이상이 없었습니다. 정황을 살펴보니 환자는 남편이 지방 발령을 받아 이제 도시를 떠나 이사를 가야 한다는 소식을 들은 후 증상이 생겼다는 것을 알 수 있었습니다. 입원 덕분에 이 여성은 당장 이사를 가지 않게 되었습니다. 그렇다면 추정되는 이차이득은 무엇인가요? 증상에는 남편을 자기 마음대로 좌지우지하거나 지방에 이사 가지 않으려는 이차이득의 의도가 담겨 있습니다.

치료

신체증상 및 관련 장애를 효율적으로 치료하지 않으면 신체화 양상은 점점 심해집니다. 실제 몸에 여러 병이 있는 것이 아니니까 여러 과, 즉 비뇨기과, 내과, 산부인과 등을 전전하지 말고 하나의 병원을 꾸준히 다니도록 지도해야 합니다. 반드시 정신건강의학과에서 치료하는 건 아닙니다. 이러한 질환은 내과 혹은 가정의학과에서 치료하되 항우울제 등의 정신건강 약물로 신체화에 따른 증상을 조절하는 것이 바람직합니다. 내담자를 심리적으로 치료하는 중요한 원칙은 바로 이것입니다. "신체의 언어를 읽어라." 신체화로 나타나는 그 증상이 의미하는 감정과 이차이득을 읽어내야 합니다. 그리고 그것을 몸으로서가 아닌 말로 할 수 있도록 돕는 작업이 중요합니다. 가끔 환자들 중에는 자기 신체 증상과 이차이득을 둘다 표면적으로 말하는데 그 둘의 상관성은 희한할 정도로 거의 인정하지 않습니다. 한 여성이 허리 수술 후에도 여전히 통증이 심해 정신건강의학과 협의진료를 받았습니다. 이 여성은 미혼인 그의 딸이 하는 행동 하나하나를 간섭하고 방해하고 있었으며 말로는 딸이 여러모로 부족하다고 혼을 내면서 막상 딸이 스스로 하는 일은 요령껏 다 차단하고 있었습니다. 병원에서 환자는 딸 앞에서 의사에게 딸에 대한 원망을 긴 시간 말합니다. 동시에 허리가 아픈 것도 말하지요. 그런데 딸때문에 허리가 아픈 건 전혀 아니라고 합니다. 이 경우 환자가 자기의 딸을 좌지우지하려는 것이 이차이득입니다. 그런데 스스로는 딸에 대한 원망과 허리 아픈 것을 철저하게 별개로 취급합니다. 환자가 이 둘을 관련짓게 되면 자기 스스로의 균형이 깨지기 때문에 수용을 못하는 것입니다. 그런 경우 치료자는 환자의 이차이득을 적당히 인정해 주면서 자신을 방어할 수 있는 여지를 남겨 주어야 환자 스스로 방어의 문을 조금 열게 됩니다. 환자에게 이차이득을 무리하게 직면시키며 싸우면 안 됩니다. 자기 스스로 조금씩 증상과 이차이득을 연관시킬 수 있게 해야 하므로 치료 작업이 비교적 오래 걸립니다.

급식 및 섭식 장애

급식 및 섭식 장애에는 대표적으로 신경성 식욕부진증과 신경성 폭식증이 있습니다. 이 외에도 이식증, 되새김장애, 회피적/제한적 음식섭취장애, 폭식장애, 달리 명시된 급식 또는 섭식 장애, 명시되지 않는 급식 또는 섭식 장애가 있습니다.

식사에 대한 역동적 의미를 생각하기 앞서서 생물학적인 부분도 간단히 이해하면 도움이 되겠습니다. 뇌에서 식사를 조절하는 중추는 **시상하부**hypothalamus인데 양 옆부분lateral hypothalamus은 식사행동을 시작하게 하는 식욕 중추이며 앞-중간부분ventro-medial hypothalamus은 이를 중단시키는 포만 중추입니다. 식욕을 증진시키는 신경이 자극을 받으면 음식을 먹게 되고, 음식을 많이 먹게 되면 포만 중추에 자극이 전달되어 식사를 줄이게 되는데 이런 원리로 식사가 조절됩니다. 식사 장애의 문제가 단순히 역동적인 문제들만은 아니며 이런 뇌의 생물학적인 기능에 문제가 생기는 것을 함께 고려해야 합니다.

진단 특징, 질병 양상

신경성 식욕부진증anorexia nervosa(거식증)은 신체 이미지와 관련하여 식사를 거부하는 경우입니다. 적당히 날씬해지겠다는 노력을 넘어서 너무 말라서 문제가 됨에도 불구하고 문제의식은커녕 더 말라야 한다고 생각합니다. 여성들은 너무 마르면 대뇌에서 호르몬의 분비가 차단되기 때문에 생리가 끊깁니다. 그래도 먹으려고 안 합니다. 왜냐하면 마른 것을 이상적으로 생각하고 자신의 날씬한 몸매 단한 가지 목표 및 환상에만 집중하기 때문입니다. 여기엔 여성성도 없고 일에 능률적인 신체적 건강함도 없으며 오직 자기 신체상body image만으로 만족하는 것입니다. 진단명 때문에 식욕부진을 핵심이라고 여길 수 있으나 문제의 핵심은 식욕보다는 신체상과 저체중에 있습니다. 어떤 환자들은 보통 사람보다 식욕을 더 많이 느껴서 배고파 배고파 하며 살기도 해요. 신체상에 대한 왜곡은 점점 커져서 체중이 38kg, 35kg, 33kg으로 내려가는 중에도 자신은 살이 쪄서 문제라고 생각합니다. 저체중과 영양공급 부족이 지속되면 죽을 수도 있습니다.

신경성 식욕부진증은 제한형과 폭식/제거형 둘 중 하나를 명시해야 합니다. 제한형은 음식을 제한함으로써 증상을 유지합니다. 폭식/제거형은 왜곡된 신체상 속에서도 폭식이 간헐적으로 나타나며 먹고 나면 먹은 것으로 인해 몸속에서 살이 될 성분이 피를 타고 흘러 세포에 축적되어 밖으로 삐죽하고 살들이 솟아나는 것 같은 느낌이 들고 그것으로 인해 자기 신체 이미지가 파괴되는 상상이 듭니다. 그래서 과격하게 운동을 하거나 토하거나 설사약 등을 쓰죠. 이러한 제거 양상을 가리켜 부적절한 보상행동이라고 합니다.

신경성 폭식증bulimia nervosa은 많은 양의 음식을 아주 짧은 시간에 먹는 이른바 폭식행위를 핵심으로 하여 붙여진 진단명입니다. 신경성 폭식증에서도 왜곡된 자기 신체상이 증상 형성의 중요한 요소가 됩니다. 폭식증 환자는 보통의 체중을 유지하거나 약간 더 나가는 정도입니다. 신경성 식욕부진증처럼 무조건 마르겠다는 방식이 아니다 보니 예후 면에서는 식욕부진증보다 양호합니다. 하지만 폭식증에도 신체상에 대한 왜곡이 있어서 폭식행위를 한 후에는 식욕부진증에서와 마찬가지로 살이 찌는 것에 대한 상상이 자극되고 그렇게 많이 먹은 음식으로 늘어날 체중을 해소할 자구책으로 토하거나 설사약을 사용하거나 과격한 운동을 하는 부적절한 보상행동이 이어집니다.

폭식장애binge-eating disorder는 폭식은 있으나 부적절한 보상행동은 없는 경우입니다.

급식 및 섭식 장애의 역동적 의미

역동의 관점으로 보자면 급식 및 섭식 장애는 통제의 문제입니다. 통제라는 심리적 과제는 항문기(2단계)에 형성되는데, 이를 알 수 있는 대표적인 경험이 배변 훈련이죠. "순간의 즐거움을 위해서 참아라delayed gratification." 즉 한동안 지연시키는 것입니다. 단순히 참았다가 한 번에 배설하는 즐거움뿐 아니라 그렇게 하면 부모의 칭찬을 듣게 되죠. 스스로 통제하느냐 아니면 부모가 통제하느냐의 문제입니다. 이후 적절하게 자신을 잘 통제해 가면 에릭슨이 지적한 대로 자율성을 획득하게 되고 이걸 못하면 수치shame가 형성되는데 이것이 항문기의 과제입니다. 이

시기에는 통제의 과제만 아니라 분리-개별화의 과제도 중요합니다. 아이는 원래 엄마와 붙어 있어서 너와 나의 경계영역이 불분명한 존재였다가 1~3세에서 엄마와 자기가 서로 다르다는 것을 알게 되고 엄마와 자신을 떼어 내는 작업이 일어납니다.

사춘기에 정체감identity, 곧 "나는 누구인가?"라는 문제를 고민할 때 어린 시절의 문제는 다시 반복이 되겠지요? 어릴 적 통제와 분리-개별화의 과제를 잘 넘기지 못한 사람이 정체감 형성 시기에 와서 내가 누구인가 하고 들여다보니까 나와 엄마의 분리가 여전히 불분명해요. 그래서 엄마를 떼어 내려다 보니 자기에 대한 개념도 약해집니다. 자기에 대한 개념을 세우지 못한 사람을 가리켜 자기self가 없다는 표현을 씁니다. 그래도 자기에 대한 개념을 세우려고 애를 쓰다 보니 그나마 자기가 스스로 통제할 수 있다고 여기는 부분에서 자기라는 개념이 생겨나게 됩니다. 급식 및 섭식 장애 환자는 자기가 스스로 통제할 수 있는 영역으로 자기의 몸과 음식 조절능력을 선택하게 된 것입니다. 다른 건 몰라도 내가 먹을지 말지 그리고 체중을 늘릴지 말지는 내가 정하고 내가 통제한다, 내가 알아서 내 맘대로 할 수 있다는 것입니다. 많은 심리치료자들은 급식 및 섭식 장애 환자들이 엄마로부터 심리적으로 또는 실질적으로도 분리되어 있지 못하다는 점에 동의하고 있습니다. 환자들은 자신을 공감해 주지 않고 강요만 하는 엄마를 자기의 신체에 내면화되어 있는 것으로 간주합니다. 엄마에 대한 분노는 내면화된 엄마인 자기 몸을 향하면서 자기 몸을 혹사시키는 방법으로 금식을 시도합니다. 환자가 음식을 먹지 않으려는 것은 자기 몸으로 내면화되어 있는 어머니 표상의 성장을 막고 심지어 파괴하려는 무의식적 시도라고 할 수 있습니다. 항상 강요하고 당신의 뜻대로만 살게 하거나 사생활을 인정해주지 않는 엄마를 제거하는 방법도 결국 자기 몸을 마르게 해서 자신을 죽이는 방법으로 표출됩니다. 그러다 보니 신경성 식욕부진증에 따른 체중미달 및 영양결핍으로 10명 중에 1명 정도가 사망합니다. 그러니 상당히 위험한 병이죠.

신경성 폭식증의 경우도 항문기 시기의 과제와 관련됩니다. 신경성 폭식증에서는 폭식과 구토를 반복합니다. 단순히 신체 이미지를 깨지 않으려 한다면 신경성 식욕부진증과 같이 안 먹어야 말이 될 텐데 폭식증의 경우에는 과도하게 먹는 것이 일차적인 증상이 되고 있습니다. 그리고 구토는 단순히 살찌는 것을 막기 위한 방편 외에도 다른 의미가 있습니다. 폭식과 구토를 반복하는 것을 역동으로 해석하면 엄마에 대한 양가감정이라고 할 수 있습니다. 음식은 엄마입니다. 음식이 엄마라는 뜻을 이해하기 위해서는 대상관계이론가 위니콧Winnicott이 사용한 용어 과도기적 대상transitional object(중간 대상)의 개념을 알아야 합니다. 아이가 만 1~3세에서 어머니와 분리-개별화를 이루어 나갈 때 엄마와 급작스럽게 분리될 수 없으니 엄마의 대체물인 다른 대상을 통해 분리를 수월하게 하는데, 이러한 대상을 가리켜 과도기적 대상이라고 합니다. 실제 어린이들에겐 베개, 담요, 인형 등이 이러한 과도기적 대상이 됩니다. 거기엔 엄마의 냄새가 배어 있기도 하고 엄마의 마음이 담겨 있기도 합니다. 커서도 과도기적 대상의 역할을 대신하는 것들이 있어요. 애호품이 그런 것이고, 어떤 학자는 종교가 과도기적 대상으로서의 역할을 한다고 말했습니다. 그런데 신경성 폭식증 환자에게는 엄마를 대신할 과도기적 대상이 음식이라는 것입니다. 엄마와 분리되기 바로 전에는 양가감정이 최고조에 이릅니다. 양가감정은 엄마에게 버림받고 엄마를 잃을 것 같은 유기 공포fear of abandonment와 엄마에게 먹혀 버려서 자기 존재가 사라질 것 같은 흡수 공포fear of engulfment의 양극단이 혼재되어 나타나는 것입니다. 엄마를 수용하면 그 엄마가 나를 좌지우지할 것 같고, 그렇다고 엄마를 거부하면 엄마가 없어질 것 같아서 이러지도 저러지도 못하는 것입니다. 신경성 폭식증 환자는 이러한 역동 문제를 폭식과 구토로 재현하고 있는 셈입니다. 신경성 폭식증 환자는 폭식과 구토를 반복하며 마치 자기가 음식을 마음대로 주무르고 있다는 통제의 환상을 갖습니다. 하지만 어린 시절 엄마가 만만하지 않았던 것처럼 현재도 사실 음식에 매여 있고 폭식과 제거 증상에 지배당하는 존재입니다. 어린 시절에 형성된 취약성이어서 지금 음식으로 문제를 반복해도 근본은 해결되지 않는다는 것을 알 수 있지요.

성과 성 장애

정상 성 반응과 성기능부전

성 문제는 크게는 정상적인 성적 교류가 이루어지지 않는 경우와 비정상적인 성에 몰두하는 경우로 나뉩니다. 먼저 정상적인 성적 교류를 이해하기 위해 남녀의 성 반응을 비교해 볼 필요가 있지요. 그래프(그림 13 참조)로 그리면 남녀 모두 초기에 자극이 상승하다가 중간에 잠깐 지체하다가 결국 최고조(오르가즘)에 이른 후에 가라앉는 산 모양의 그래프가 되는데, 그 각도와 최고조의 횟수에 따라 다양해집니다. 자극이 시작된 후 최고조에 이르는 시간과 최고조에 이른 후 다시 최고조에 이를 수 있는 가능성에 있어서 남녀는 큰 차이를 보입니다. 여성은 최고조에 이르기까지의 시간이 남성에 비해 깁니다. 그리고 일단 최고조, 즉 오르가즘에 이르면 이후로 반복적으로 오르가즘에 이를 수가 있습니다. 남성은 자극이 되어 발기가 이루어지고 최고조에 이르러 사정이 이루어지기까지의 시간이 여성에 비해 비교적 짧습니다. 최고조에 이르러 일단 정액 사정이 일어나면 다시 발기가 되지 않는 시간이 생기는데 이를 가리켜 **불응기**|refractory phase라고 합니다. 나이가 들수록 불응기 시간은 길어집니다.

남녀의 정상적인 성적 교류에서는 최고조의 시점이 일치하는 것이 좋다고 말합니다. 그렇게 되려면 남녀가 어떻게 맞추어야 하나요? 말씀드린 성 반응의 생

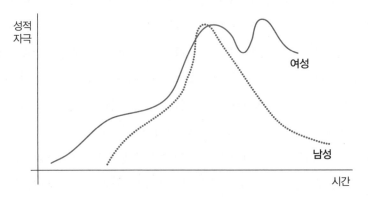

[그림 13] 남녀의 성 반응 그래프

리를 고려하자면 여성이 먼저 성적 자극을 받아 흥분이 시작되어야 하고 남성은 후발주자로 성적 자극을 받아야 할 것입니다. 이렇게 자극의 출발에 시간의 차등을 주는 가장 효율적인 방법으로 전희가 언급됩니다. 남성은 일반적으로 스킨십에 쉽게 자극을 받으니 전희 과정에서는 남성의 신체를 자극하는 것이 천천히 이루어져야 합니다. 대신 사랑스러운 이야기를 나누는 것을 권하지요. 이러한 정상적인 성 반응 단계의 어느 시점이 제대로 이루어지지 않는 경우가 **성기능부전**sexual dysfunction의 하나가 되겠지요. 불감증, 발기부전, 조루, 성교통 등의 일반적인 용어들을 들어 보셨을 텐데 성기능부전에 속하는 정식 진단명은 사정지연, 발기장애, 여성극치감장애, 여성 성적 관심/흥분장애, 성기-골반통증/삽입장애, 남성성욕감퇴장애, 조기사정, 물질/약물치료로 유발된 성기능부전, 달리 명시된 성기능부전, 명시되지 않는 성기능부전입니다.

동성애, 젠더

성적 지향으로서 **동성애**homosexuality는 옛날에는 병으로 보았지만 이제는 병으로 안 봅니다. 그만큼 사회가 변했습니다. DSM의 기준은 사회 직업적 기능 손상에 기초하는 것이므로 사회 통념에 따라 진단기준도 달라집니다. 동성애가 생기는 원인은 천차만별입니다. 태어나면서부터 생물학적 특성에 의한 동성애가 있다고 보지만 후천적으로 심리학적 특성에 의한 동성애도 물론 있습니다. 모든 동성애를 똑같은 원인과 똑같은 과정으로 설명하는 것은 억지입니다. 동성애 주제는 매우 복잡할 수 있는데 적어도 두 가지는 기억해 주시기 바랍니다. 첫째, 동성애에 대한 지식을 통해 우리는 사람의 성별 정체성 그리고 성적 대상의 선호도에 대해 보다 심층적으로 이해할 수 있습니다. 둘째, 동성애를 대하는 면에 있어서는 동성애를 죄로 규정하고 몰아내려는 방식만 있는 것이 아닙니다. 개인의 취약성을 수용하고 대인관계를 적응하기 위한 다양한 방식이 있습니다.

동성애는 기독교 철학과 현대 윤리 간에 충돌을 일으키는 대표적인 몇 가지 주제 중 하나일 것입니다. 기독교에서 동성애를 죄로 규정하는 보수적인 견해에 따르면 하나님이 정하신 성의 방향성orientation을 거스르는 것은 용납할 수 없는 죄입니다. 바울은 로마서 1:26~27에서 동성애를 부끄러운 욕심에 의한 것이며 순리가 아니라 역리라고 했습니다. 이는 초기 우리나라에 온 선교사들이 술과 담배를 죄로 규정한 것과 비슷합니다. 그런데 이 구절을 빌미로 동성애는 배격해야 한다고 생각한다면 그것은 논리의 비약입니다. 이 성경의 전후 문맥을 고려할 때 본문에 언급된 동성애는 물질세계를 하나님보다 우선시한 잘못된 인간에 대한 하나의 예이며, 이성애 심지어 부부의 성관계라도 하나님보다 우선시한 경우라면 죄에 포함된다는 점을 유념해야 합니다. 동성애에 대한 기독교적 대처는 동성애를 죄로 인정하고 탈피하게 하는 고전적 접근 방법이 있는가 하면 동성애를 바뀌지 않는 개인의 특성으로 인정하고 반동성애에 공동으로 저항하는 접근 방법도 있습니다. 성경에서는 약자를 위한 하나님의 끊임없는 관심과 배려가 나오는데 성소수자도 그러한 관심과 배려의 대상이 된다는 점을 유념해야 합니다.

성적 지향은 물론이고 젠더(성별) 정체성에 관하여도 병으로 보는 부분은 없습니다. 생물학적 성과 다른 젠더를 가질 수 있으며 남녀의 양분된 젠더 외의 제3의 젠더를 정체성으로 가질 수도 있습니다. **성별불쾌감**gender dysphoria이라는 진단명이 DSM-5에 나오는데 이는 병이기 때문에 나오는 것이 아닙니다. 그래서 장애disorder라는 단어가 붙지 않습니다. 생물학적 성과 다른 젠더를 인정하게 되면 성전환을 위해 호르몬 치료를 하고 이후에 성전환 수술을 할 수 있습니다. 이러한 도움은 모두 의료행위를 통해 가능한데 의료행위는 반드시 진단이 있어야 가능합니다. 그래서 부득이하게 있는 진단명인 셈이지 이를 병으로 본다는 차원은 아닙니다.

변태성욕 장애

변태성욕 장애paraphilic disorders는 비정상적인 성에 몰두하는 것으로, 성도착증이라고도 부르지요. 이상한 성에 몰두하면 모두 변태성욕 장애 환자입니까? 항상 병의 진단에는 사회 직업적 기능에서의 고통이나 기능 손상이 있어야 하며 이것이 동반되지 않으면 진단까지는 내릴 수가 없습니다. 기능 손상을 초래하지 않아 병리로 규정할 수 없는 변태성욕 행위들은 성적 기호로 보거나 범죄로 봅니다. 변태성욕 장애의 예를 들어 볼까요? 예전엔 진단명이 관음증voyeurism, 노출증

exhibitionism, 마찰도착증frotteurism, 물품음란증fetishism 이렇게 '~증~sm'으로 끝났는데 이제는 모두 '~장애~stic disorder'로 바뀌었습니다.

관음장애는 몰래 옆집을 보거나 망원경으로 남의 집 욕실에서 누가 목욕하는 것을 본다든지 하여 몰래 보는 것으로 성적 쾌감을 느끼는 것입니다. 노출장애 환자들은 여학교 앞에서 일명 '바바리맨'으로 통하는데, 아침에 어떤 아저씨가 "이봐, 학생." 하고 불러서 보니 바지를 내린 채로 있고 놀란 여학생은 소리를 지르며 도망을 가죠. 마찰도착장애는 자신의 신체를 타인에게 문지르는 행위를 통해 성적 쾌감을 느낍니다. 지하철을 타면 "옆 사람에게 혐오감을 주는 불쾌한 행위를 하지 맙시다."라는 안내방송이 나오는데 마찰도착장애도 여기에 포함됩니다. 물품음란장애는 브래지어, 팬티, 하이힐, 허리띠 같은 여성의 물건들을 모아서 보거나 자기의 신체에 문지름으로써 성적 쾌감을 느끼는 경우입니다. 이 외에도 성적피학장애, 성적가학장애, 소아성애장애, 달리 명시된 변태성욕장애, 명시되지 않는 변태성욕장애가 있습니다. 이러한 변태성욕은 용인되는 정상적인 성적 교류는 오히려 회피하고 주로 혹은 오로지 비정상적인 수단을 통해 성적 쾌감에 도달합니다.

변태성욕을 역동으로 설명할 때에는 자아심리학의 오이디푸스 콤플렉스 이론이 잘 적용됩니다. 오이디푸스 갈등은 남자 아이를 위주로 설명된 것이라서 같은 시기 여성의 심리 주제를 다룰 때에는 한계가 있기도 하죠. 그런데 변태성욕 장애 환자는 대부분 남성이라서 별 문제가 없습니다. 변태성욕에서 성적 쾌감을 느끼는 수단들은 성적 자극 반응의 출발을 일으키며 이후로는 자위행위를 통해 성적 만족을 갖게 됩니다. 변태성욕의 역동을 이해하기 위해서는 변태성욕의 수단을 통해서 그리고 자위행위 중에 갖는 환상fantasy이 어떤 것인지를 알아야 합니다. 환상이 핵심입니다. 사실 정상적인 성적 교류에서도 환상이 핵심입니다. 가령 비슷한 스킨십을 누구와 한다고 가정하느냐에 따라 성적 자극은 판이하게 다릅니다. 자극 자체보다 자극을 통해 일어나는 환상이 다르기 때문이지요. 항상 적절한 환상이 연결되어야 성적 반응이 고조됩니다. 변태성욕 장애 환자들이 추구하는 성적 자극의 수단은 그들 나름대로 갖는 성적 환상을 일으키는 데 적격인 셈입니다. 그렇다면 변태성욕의 성적 환상은 어떤 특성이 있을까요? 결론적으로 말하면 그 특성은 '안전한 섹스safe sex'입니다. 오이디푸스 콤플렉스 시기인 만 3~5세의 아이에게는 아버지를 동일시하여 초자아를 형성하는 것이 중요한 점이지만 그와 함께 남성성과 여성성을 획득하는 것을 빼놓을 수 없습니다. 성인이 되어서 어린 시절의 오이디푸스 콤플렉스를 제대로 재현하는 결정체가 섹스입니다. 오이디푸스 콤플렉스의 적절한 해결은 건전한 성관계를 만들어 줍니다. 그런데 이 시기에 문제가 있으면 아이는 거세 공포에 놓입니다. 이는 남성성에 도달하지 못한다는 의미를 함께 갖고 있습니다. 오이디푸스의 취약성을 가진 성인은 어떤 행위를 통해 거세 공포를 극복하고 진정한 섹스에 도달하려고 할 것입니다. 어떤 이는 많은 섹스 상대와 성적 탐닉을 하면서 진정한 섹스에 도달하려고 합니다. 변태성욕 장애 환자들은 비정상적인 수단을 통해 진정한 섹스에 도달하려고 하는 것입니다. 그러다 보니 환상은 "내가 추구하는 이 수단이 진정한 섹스, 즉 상대와의 충만한 합일과 교류를 이루어 낼 것이다."라는 요지를 담고 있습니다. 예를 들어 노출장애 환자들은 자기의 성기를 본 상대가 기겁하고 도망갈 때 그와 정반대의 환상, 즉 상대가 자신의 성기를 흠모하고 다가와서 애무하고 그래서 두 사람이 아름다운 섹스를 나누는 상상을 하게 됩니다. 이러한 상상 혹은 환상의 핵심은 "나를 받아준다." "나와 섹스한다."는 내용이며, 이 둘은 동전의 앞뒤와 같은 상호적인 표현입니다. 내 요구가 부적절하다 해도 상대는 나를 수용하는 것이 바로 안전한 섹스입니다. 물품음란장애에서 하이힐이 왜 성적 자극이 될지에 대한 정신분석적 설명 중에는 하이힐이 남성 성기의 대치물이라는 해석이 있습니다. 이 하이힐이 자기의 거세된 성기라는 것입니다. 실제 여성과의 성관계는 거부하면서 하이힐에 집착하는 이유는 그의 환상에 따릅니다. 실제 여성과의 성관계는 어린 시절 오이디푸스 갈등의 재현이고 그 결과는 거세, 즉 자신의 성기가 잘리는 것입니다. 그런데 하이힐을 가지고 나름의 의식ritual을 통해 누리는 성적 쾌감은 성기가 잘릴 염려가 없을 뿐 아니라 어린 시절 잘린 성기가 되돌아오는 것입니다. 실제 여성과의 성관계는 안전하지 않은 섹스이고 하이힐을 통한 변태성욕은 안전한 섹스가 되는 것입니다.

이러한 설명을 종합하면 변태성욕 장애 환자는 어린 시절 부모와의 관계에서 건전한 교류를 이루지 못한 상처를 지금의 나이에서 비정상적인 방법으로 재현하고 있는 것이며, 그럼에도 불구하고 그런 자신이 받아들여지고 진정한 남성성을 승인받는 결정체가 이루어지기 바라는 것입니다. 어때요, 좀 동정이 가시나요? 마음으로는 동정이 가지만 직접 그런 상대를 만나면 전혀 호감이 갈 순 없겠죠. 한 가지 고약한 가정을 해 봅시다. 변태성욕 장애 환자에게 그런 역동이 있다면 지금 그의 변태성욕을 모두 수용해서 그의 환상을 현실에서 성취시킨다면 그는 이제 건강한 사람으로 나아질 수 있을까요? 그렇지는 않습니다. 이는 마치 도박중독 환자에게 한 번 도박으로 일확천금을 얻게 해 주면 이제 더 이상 도박을 안 할 수 있지 않겠느냐는 가정과 다를 바 없습니다. 어린 시절의 상처가 그 당시 치유되지 않았다면 그것은 심리적인 결함이 됩니다. 성인이 되어서 재현되는 어린 시절의 취약성은 그 결함의 정도에 따라 해결 방식이 다릅니다. 취약성, 즉 심리적 결함이 큰 사람이 갖는 욕구를 그저 수용해 주는 것은 밑 빠진 독에 물을 붓는 것과 같습니다. 단순히 물이 안 차는 헛수고일 뿐 아니라 현실에서 이루어질 수 없는 가능성을 현실화시켜 준 꼴이 되므로 환자는 자기 환상을 포기하지 않고 더 많이 요구하게 되면서 상태가 악화됩니다. 일반적인 변태성욕의 치료 지침은 정확한 제한과 약물치료와 계몽입니다.

알코올관련 장애

넓은 의미의 중독addiction을 좁은 의미의 다양한 용어로 나누면 중독intoxication, 내성, 남용, 금단, 의존이 됩니다. addiction과 intoxication이 모두 중독으로 번역되지만 개념이 다르니 주의하시기 바랍니다.

- 중독intoxication은 많은 양이 공급되어 몸에 해로운 반응을 일으킨 경우입니다. 술을 먹어온 기간이나 다른 알코올 진단의 여부와 상관없이 술을 과도하게 먹으면 독성반응이 나타나지요.

- 내성tolerance은 같은 양으로 느껴지는 술 취한 반응이 점점 적어지는 것이므로 원하는 정도의 술 취함을 유지하기 위해 술의 양이 점점 늘어납니다. 내성은 남용을 초래하는 원인이 되기도 합니다.
- 남용abuse은 횟수와 양이 모두 과도하게 높은 상태이며 일시적이지 않고 문제가 지속되는 상태를 말합니다. 남용의 핵심은 술을 얼마나 오랫동안 많이 먹느냐의 문제가 아니라 술로 인해 얼마나 많은 생활 문제를 야기하느냐에 초점이 있습니다.
- 금단withdrawal은 술을 끊은 후 신체 및 심리 반응이 급격하게 그리고 과도하게 나타나는 것을 말하는데 그만큼 알코올이 몸에 늘 있었다는 뜻이죠.
- 의존dependence은 심리 의존과 신체 의존이 모두 있는 경우를 말합니다. 심리 의존은 그 물질을 계속 추구하는 갈망craving, 즉 "술 먹고 싶어."가 계속되는 것을 말합니다. 신체 의존은 금단현상으로 인해 술을 계속 추구하는 것을 말합니다.

물질관련 및 중독 장애 중에서 가장 많은 관심을 받는 것은 알코올관련 장애입니다. DSM-IV에서는 알코올 의존, 알코올 남용, 알코올 중독intoxication, 알코올 금단 등의 진단명이 있었는데 DSM-5에서는 알코올 남용 진단이 제외되었습니다. 알코올 의존은 알코올 사용장애alcohol use disorder로 병명이 바뀌었습니다.

알코올 사용장애는 알코올의 심리 의존과 신체 의존이 1년 이상 지속되는 경우입니다. 생물학적인 연구에 따르면 알코올 의존 환자의 가족들에게서 알코올 의존에 빠질 만한 요인이 발견됩니다. 술에 센 사람이 알코올 문제가 생길 가능성이 많겠습니까 아니면 술에 약한 사람이 알코올 문제가 생길 가능성이 많겠습니까? 정답은 술에 센 사람이 알코올 관련 장애가 생길 가능성이 많습니다. 같은 취기를 느끼기 위해 더 많은 양의 술을 먹어야 하니까요. 그러다 보니 취하긴 덜 취할지 몰라도 몸에는 술이 상대적으로 더 많이 들어가니까 알코올이 몸에 미치는 영향을 더 많이 받게 되는 것이죠.

알코올 중독은 알코올의 독성반응이 발음 이완, 협응 문제, 걸음 문제, 안구진탕,

집중이나 기억의 손상, 의식 손상과 같은 행동 및 심리 변화를 일으키는 경우에 진단합니다. 알코올 사용장애 유무와 상관없이 알코올 중독은 일어날 수 있습니다.

알코올 금단은 자율신경계 항진, 손떨림 증가, 불면, 오심 또는 구토, 일시적인 시각, 촉각, 청각의 환각이나 착각, 정신운동 초조, 불안, 대발작 중 두 가지 이상이 술을 끊은 지 몇 시간이나 며칠 이내에 나타나는 경우 진단합니다. 술을 먹다 끊으면 어떤 사람은 끊자마자 하루 이틀 사이에 경련을 하다가 진전 섬망을 거치고 일주일을 넘긴 후에야 본래 모습으로 안정이 됩니다. 알코올 금단에 의한 일시적인 경련은 항경련제 치료를 하지 않아도 시간이 지나면 좋아집니다. 금단에 의한 것들은 1, 2주를 고비로 정상으로 돌아오는데 일부 환자는 알코올에 의한 정신병이나 치매 등이 금단 후에도 후유증으로 남게 됩니다.

알코올 사용장애 환자들은 물질 의존에 관한 전문 지식이 있는 치료사에게 상담을 받아야 하며 치료기관도 신체 문제를 함께 해결할 수 있는 기관이어야 합니다. 알코올 문제는 가족에 대한 치료가 상당히 중요합니다. 왜냐하면 환자의 폭행이나 경제적 빈곤과 같은 다른 부수적인 문제로 가족들이 상처를 많이 받기 때문이지요. 또 가족들이 환자의 심리적 유형을 닮아 가고 가족과 환자가 묘하게 얽히는데, 이를 가리켜 **동반의존**codependence이라고 합니다. 이러한 부분을 다루어야 가족들이 환자에게 매이지 않게 됩니다.

신경인지 장애

대표적인 신경인지기능 장애로는 섬망과 치매가 있습니다. 섬망은 분명한 원인으로 일시적인 인지기능의 장애가 오는 것이며 원인을 해결하면 없어집니다. 치매는 지속적으로 인지기능의 파괴가 일어나며 그 원인이 충분히 밝혀지지 않았습니다. 인지기능에 장애가 오는 것을 확인하는 가장 간단한 방법은 지남력에 대한 점검입니다. 시간과 장소와 사람에 대한 방향이 잘 잡혀 있으면 지남력은 보존되어 있다고 말합니다. 섬망과 치매에서는 지남력의 이상을 나타냅니다.

섬망

섬망delirium은 현상학적으로는 정신적인 문제처럼 보입니다. 갑자기 헛소리를 하거나 불안, 초조함을 심하게 드러내고 사리 분별을 못하죠. 원래는 멀쩡하다가 갑자기 의식이 흐려지는 등 이상해집니다. 섬망이 잘 나타나는 경우는 중환자실, 수술이나 어려운 시술 중도 혹은 이후 등입니다. 그래서 섬망을 중환자실 증후군 혹은 급성뇌증후군이라고 부르기도 합니다.

섬망의 원인은 심리적인 것이 아니며 전적으로 내·외과적인 문제인데 고열, 감염, 전해질 불균형, 혈액 산소포화도 저하, 탈수 등이 대표적인 원인입니다. 섬망을 일으키는 또 하나의 경우는 알코올과 관련되어 있습니다. 술을 한참 동안 계속 먹다가 끊으면 금단 현상이 나타나는데 그중 하나가 **알코올 섬망** 혹은 **진전 섬망**delirium tremens이라고 부르는 섬망 현상입니다. 알코올 섬망은 술을 끊은 후 일주일 이내에 생기며 환각 중에서는 몸에 무엇이 기어다닌다는 환촉을 많이 호소합니다. 이는 알코올 금단에 의한 뇌의 기능적 불균형 현상이며 심리적 문제는 아닙니다. TV 전원의 전압이 잘못되었거나 안테나가 불량하면 TV가 지직거리겠죠? 이와 비슷하게 섬망은 신체 균형을 해치는 어떤 원인으로 인해 뇌 자체가 오작동을 일으키는 것이라고 보시면 됩니다. 그러므로 원인을 빨리 발견하여 정상으로 교정하는 것이 급선무입니다. 원인 규명을 위해서는 혈액검사, 체온 및 혈압 측정 등의 신체 문제 파악이 필수입니다. 소량의 항정신병 약물을 쓰기도 하는데 이는 원인 해결을 위한 것이 아니라 섬망을 보이는 불안정한 개인을 조금이나마 완화시켜 주기 위한 조치입니다. 급성 맹장염 환자에게 약간의 진통제를 주는 것과 비슷한 셈이죠.

치매

DSM-5에서는 **치매**dementia라는 용어 대신 **주요 및 경도 신경인지장애**major and mild neurocognitive disorders라는 명칭을 씁니다. 우리나라에서 정신과를 정신건강의학과라고 개선한 것과 비슷하게 괜히 용어만 길어진 것 아닌가 싶기도 합니다. 여기서는 그냥 익숙한 대로 치매라는 명칭을 쓰겠습니다.

DSM-IV에서 DSM-5로 넘어오면서 두 가지 변화가 눈에 띕니다. 첫째로, DSM -IV에서는 치매 진단을 위해 기억(학습)의 장애와 인지기능 저하(언어, 운동, 감각, 수행의 네 인지영역 중 하나 이상)가 있어야 했습니다. 그런데 DSM-5에서는 신경인지장애 진단을 위해 인지기능의 저하가 있어야 하되 복합적 주의, 집행 기능, 학습과 기억, 언어, 지각-운동 또는 사회 인지 총 다섯 영역 중의 하나 이상이 있어야 합니다. 즉 기억(학습)을 별도의 필수 진단 요소로 보지 않고 인지영역 중의 하나로 포함시켰으며 각각의 인지영역 구분도 이전과 좀 다릅니다. 기억의 저하가 없어도 다른 인지영역의 저하만으로 치매 진단이 가능할 수 있다는 말입니다. 둘째로, 신경인지장애를 주요와 경도로 나누었습니다. 인지기능의 저하가 현저한 손상을 보이고 인지 결손이 일상 활동에서 독립성을 방해하면 주요 신경인지장애로 진단합니다. 반면 인지기능의 저하가 경미한 손상을 보이고 인지 결손이 일상 활동에서 독립성을 방해하지 않으면 경도 신경인지장애로 진단합니다. 주요와 경도의 병태생리기전이 다르다는 견해를 가진 분류인데, 만약 더 많은 연구를 통해 서로 다르지 않다고 결론이 난다면 진단이 하나로 합쳐지고 질환의 정도만 세분해 명시하게 될 것입니다.

치매의 경우 뇌 세포의 파괴가 옵니다. 일반적으로 세포는 두 종류로 죽는데, 감염이 일어나서 세포가 죽을 때에는 부풀어서 죽고 수명이 다 되어서 죽는 세포는 그야말로 쪼그라들면서 죽습니다. 후자의 경우를 **아포토시스**apoptosis(세포자연사)라고 말합니다. 그런데 치매의 경우 뇌세포에서 아포토시스가 정상보다 빨리 일어납니다. 치매는 늙어서 나타나는 자연현상이 아니라 병입니다. 어떤 사람은 죽기 전까지 총기를 유지하는데 어떤 사람은 40대에 치매가 와 하던 일을 못하게 됩니다. **알츠하이머병**Alzheimer's disease으로 인한 치매는 뇌기능 손실의 원인이 아직 정확히 밝혀지지 않은 경우입니다. 분명한 원인에 의해 치매가 생기는 경우도 있는데, 우리나라의 경우 알코올에 의한 치매를 흔히 접하게 됩니다. 아직까지 치매는 회복이 어렵습니다. 현재 개발되어 있는 약물들은 치매 진행을 늦추는 정도이지 이미 손상된 기능을 회복시키지는 못합니다. 그런데 노인에게는 치매인 것 같지만 사실은 우울증인 경우가 많습니다. 그래서 일단 노인들에게 치매의 가능성이 보이면 어차피 불치병이라고 방임하지 말고 특별히 우울증 요소가 있는지 잘 파악하여 그에 따른 치료를 해야 합니다. 우울증에 의한 기억 장애는 치료하면 회복이 됩니다.

정신병리 강의를 마무리하며

지금까지 설명한 내용들을 생각해 보니 어떤 것은 너무 지엽적인 설명에 치중하고 어떤 것은 대략의 것만 말씀드렸다는 아쉬움이 남습니다. 정신병리라는 방대한 개념에 어떤 원칙을 가지고 일관성 있게 접근한다는 것이 얼마나 어려운 일인지 절감합니다.

제1강에서 정신병리 강의 전체를 마칠 즈음이면 어떤 점이 달라질지 언급을 했습니다. 가장 중요한 것은 분별력입니다. 정상인지 아닌지, 병인지 아닌지를 가늠할 때 아주 명료한 경우는 문제되지 않지만 애매한 경우에는 좀 더 세밀한 기준들을 통해 상황을 분별할 수 있어야 합니다. 어때요, 분별력이 생기셨나요? 다음으로 중요한 것은 통합력이라고 생각합니다. 특히 정신의학 및 심리학적 관점이 종교적인 관점과 어떻게 상호보완적으로 연결되는지 고려하여 보다 넓은 시각에서 문제를 판단하는 능력입니다. 통합력은 늘어나신 것 같으세요?

강의 중에는 그다지 강조하지 못했지만 이 두 가지에 더해야 할 단 한 가지를 꼽으라고 한다면 그것은 희망일 것입니다. 치료자가 전문적인 지식을 가지고 상황을 분별력 있게 그리고 통합적으로 이끌어 갈 수 있는 역량을 발휘하면 사람들은 그에게 기대를 겁니다. 그가 갖고 있는 지식에 의하자면 그가 만나는 일부 대상들은 더 나아지기 어려운 사람이라고 규정되어 있기도 하고 평생 문제를 짊어져야 한다고도 하며 심지어는 점점 나빠지는데 현재로선 별다른 해결방안이 없다고 되어 있습니다. 치료자는 이 순간에 환자와 가족들의 짐을 함께 집니다. 치료자 자신의 전문적인 지식이나 통찰만큼이나 중요한 것이 함께 가는 자로서의 위로와 격려임을 생각하면서요. 그것이 임상가clinician입니다.

여러 대상을 위한 강의였지만 특히 임상가가 되고자 하는 분들에게 격려와 지지를 보냅니다. 부디 좋은 동행자로 우뚝 서시기 바랍니다. 여러분을 기다리는 사람이 많이 있습니다.

DSM-IV 진단기준

DSM-IV 진단기준은 국내에 매뉴얼 전체를 번역한 책이 있으며, 대부분의 정신건강의학과 및 이상심리학 교과서에 진단기준이 나열되어 있습니다. DSM-5부터는 저작권 문제로 진단기준을 그대로 옮겨 담으려면 상당한 비용을 부담해야 합니다.

여기서는 강의에서 언급한 진단의 DSM-IV 진단기준을 언급된 순서에 따라 나열하되 DSM-5에서 바뀐 진단명은 괄호에 넣고 내용이 수정된 부분은 밑줄을 넣고, 제외된 내용은 중간줄을 넣어 표시했습니다. 진단기준 아래에는 DSM-5의 변화 중 유념할 부분을 간단히 적어서 DSM-5 진단기준을 어느 정도 짐작할 수 있게 했습니다. 정확한 진단기준은 DSM-5 정식 번역판을 참고하시기 바랍니다.

제5강	1. 정신분열병(조현병)	
제6강	2. 해리성 정체성장애 3. 해리성 기억상실	4. 외상후 스트레스장애
제7강	5. 주요우울삽화 6. 조증삽화	7. 기분부전장애(지속성 우울장애)
제8강	8. 사회공포증(사회불안장애) 9. 범불안장애 10. 신체이형장애 11. 공황발작	12. 공황장애 13. 광장공포증 14. 강박장애
제9강	15. 편집성 성격장애 16. 분열성(조현성) 성격장애 17. 분열형(조현형) 성격장애 18. 반사회성 성격장애 19. 경계성 성격장애	20. 연극성 성격장애 21. 자기애성 성격장애 22. 회피성 성격장애 23. 의존성 성격장애 24. 강박성 성격장애
제10강	25. 주의력결핍 과잉행동장애 26. 반응성 애착장애 27. 자폐장애(자폐스펙트럼장애) 28. 만성(지속성) 운동 또는 음성 틱장애 29. 일과성(잠정적) 틱장애 30. 신체화장애(신체증상장애)	31. 건강염려증(질병불안장애) 32. 전환장애 33. 신경성 식욕부진증 34. 신경성 폭식증 35. 물질의존 36. 알츠하이머형 치매

1. 정신분열병(조현병) DSM-IV 진단기준

A. **특징적 증상** : 다음의 증상 중 두 가지(또는 이상), 한 달의 기간(혹은 성공적으로 치료되었을 경우에는 그 이하) 중에 의미 있는 기간에 각 증상이 존재해야 함.

(1) 망상

(2) 환각

(3) 와해된 언어(예 : 빈번한 탈선이나 지리멸렬)

(4) 전반적으로 와해된 혹은 긴장증 행동

(5) 음성증상, 즉 감정적 둔마, 무연증 혹은 무욕증

[주 : 망상이 괴이한 것이거나, 환각이 환자의 행동이나 사고에 대해 계속 언급하는 목소리, 혹은 두 사람 이상이 서로 대화하는 목소리일 경우에는 진단기준 A의 증상 중 단지 하나만이 요구된다.]

B. **사회적/직업적 기능부전** : 장애가 발생한 이후로 상당 기간 직업, 대인관계, 개인관리 같은 주요한 영역의 기능이 발병 전 수준보다 현저히 저하됨(아동기나 청소년기에 발병한 경우에는 대인관계, 학업, 직업에서의 기대되는 성취 수준에 이르지 못함).

C. **기간** : 질병의 계속적인 징후가 최소 6개월 이상이어야 함. 6개월의 기간에는 진단기준 A(즉 활성기 증상)를 만족시키는 기간이 적어도 1개월 이상(혹은 성공적으로 치료받았을 경우는 그 이하) 포함되어야 하며, 전구기 혹은 잔류기에는 장애의 증후로서 단지 음성증상만이 나타나거나, 혹은 진단기준 A에 열거된 증상 중 두 가지 이상이 덜 심한 정도로 나타날 수 있다(예 : 괴상한 믿음, 특이한 지각 경험).

D. **분열정동장애와 기분 장애의 배제** : 분열정동장애와 정신병적 양상을 동반한 기분 장애가 배제되어야 하는데, 그 근거는 다음 중 하나이다.

(1) 이 병의 활성기에 주요우울, 조증, 혹은 혼합삽화가 동시에 나타나지 않는다.

(2) 이 병의 활성기에 기분 장애의 삽화가 나타난다면, 기분 장애의 총기간이 이 병의 활성기 및 잔류기의 기간에 비하여 짧다.

E. **물질/일반적 의학적 상태로 인한 질병의 배제** : 이 장애가 물질(예 : 남용약물, 치료약물)이나 전반적 신체상태의 직접적인 생리적 효과로 인한 것이 아니어야 한다.

F. **자폐성 장애(전반적 발달 장애)와의 관계** : 자폐장애나 다른 자폐성 장애의 병력이 있을 경우, 현저한 망상이나 환각이 1개월 이상(성공적으로 치료되었을 경우에는 그 이하) 존재할 경우에만 정신분열병의 중복진단이 가능하다.

(이하 생략)

※ DSM-5의 변동
- 진단명 번역이 '조현병'으로 바뀜.
- A-5기준에서 무언증 그리고 주의점note 항목이 제외됨.

2. 해리성 정체성장애 DSM-IV 진단기준

A. 둘 또는 그 이상의 분명한 정체성 또는 인격 상태들이 존재함(각각은 환경과 자신에 대해 지각, 관계맺음 및 생각함에 비교적 영속적인 양상을 가진다).

B. 정체감들 또는 인격상태들 중 최소한 둘 이상이 반복적으로 개인의 행동을 지배한다.

C. 일상적 건망증으로 설명하기에는 너무 광범위한 정도로 중요한 개인적 정보를 기억해 내는 능력의 상실.

D. 장애는 물질(예 : 알코올 중독 시의 기억상실 혹은 혼돈상태의 행동)의 직접적 생리작용이나 혹은 다른 일반적 의학적 상태(예 : 복합부분발작)에 의한 것이 아니다. [주 : 소아의 경우 증상이 상상의 놀이 친구나 다른 공상놀이에 의한 것이 아니다.]

※ DSM-5의 변동

- 정체성의 존재presence 표현이 '정체성의 붕괴disruption'로 바뀜.
- 환경과 자신에 대해 지각, 관계맺음 및 생각함은 '자기감각과 행위주체감 …
  정동, 행동, 의식, 기억, 지각, 인지, 감각-운동 기능'으로 바뀜.

3. 해리성 기억상실 DSM-IV 진단기준

A. 일반적으로 스트레스성 또는 외상성의 중요한 개인적 정보를 일상적 건망증으로 설명하기에는 너무 광범위한 정도로 기억하지 못하는 1회 혹은 그 이상의 삽화가 주된 장애이다.

B. 장애가 해리성 정체성장애, 해리성 둔주, 외상후 스트레스장애, 급성 스트레스장애, 신체화장애의 경과 중에 일어난 것이 아니며, 물질(예 : 남용약물, 치료약물)의 직접적인 생리적 효과에 의하거나, 신경학적 혹은 일반적 의학적 상태(예 : 두부외상에 의한 기억상실증)에 의한 것이 아니다.

C. 증상이 일, 사회관계 혹은 중요한 기능상 임상적으로 유의한 고통이나 손상을 유발한다.

※ DSM-5의 변동

- A의 삽화 표현이 제외됨.
- '해리성 둔주 동반 : 정체성 또는 다른 중요한 자전적 정보에 대한 기억상실과 연관되는 외견상 목적성 있는 여행 또는 어리둥절한 방랑.' 명시자가 추가됨.

4. 외상후 스트레스장애 DSM-IV 진단기준

A. 개인은 다음의 두 가지가 존재하는 외상trauma(충격)적 상황에 노출되었다.
  (1) 개인은 실제적인 죽음이나 죽음의 위협을 느낀 사건 또는 사건들 혹은 심한 부상, 자신과 다른 사람의 신체적 온전성에 대한 위협을 경험, 목격하거나 직접 직면한 적이 있다.

(2) 개인의 반응은 강한 두려움, 무력감, 혹은 공포를 포함한다. [주 : 아동은 안절부절못하거나 혼란스러운 행동을 나타낼 수도 있다.]

B. 외상적인 사건은 계속해서 다음의 하나(또는 그 이상)로 재경험된다.

(1) 영상, 사고들 혹은 지각들을 포함하는 사건에 대한 반복되고 침습적인 고통스러운 회상[주 : 어린 아동의 경우 그 외상의 주제들이나 측면들이 표현되는 반복되는 놀이를 하기도 한다.]

(2) 그 일에 대해 반복되는 고통스러운 꿈을 꾼다. [주 : 아동의 경우 인식할 수 있는 내용은 없지만 공포스러운 꿈을 꾸기도 한다.]

(3) 외상적인 사건이 실제 일어나고 있는 것처럼 행동하거나 느낀다. 이는 그 경험이 되살려지는 기분, 착각, 환각, 그리고 해리적인 플래시백flashback 삽화를 포함하고, 이런 것은 각성상태 또는 중독상태에서 생길 수 있다. [주 : 어린 아동의 경우 외상 특이적인 행동이 일어나기도 한다.]

(4) 외상적인 사건의 일면과 유사하거나 상징하는 내부 혹은 외부적인 단서에 노출될 시의 강한 심리적 고통

(5) 외상적인 사건의 일면과 유사하거나 상징하는 내부 혹은 외부적인 단서에 노출될 시의 생리적인 반응

C. 외상과 연관된 자극에 대한 지속적 회피와 일반적 반응의 둔화(외상 전에는 존재하지 않았음), 다음 세 가지(혹은 그 이상)로 나타남.

(1) 외상과 관련된 사고, 느낌, 혹은 대화를 피하려는 노력

(2) 외상에 대한 회상을 일으키는 활동들, 장소들, 혹은 사람을 피하려는 노력

(3) 외상의 중요한 측면을 회상할 수 없음

(4) 중요한 활동들에 대한 흥미 혹은 참여의 현저한 감소

(5) 다른 사람에게서 동떨어지거나 격리된 느낌

(6) 제한된 범위의 감정(예 : 사랑이란 느낌을 가질 수 없음)

(7) 단축된 미래에 대한 감각(예 : 직업, 결혼, 자녀 또는 정상적 수명에 대해 기대하지 않음)

D. 증가된 각성에 의한 지속적 증상들(외상 전에는 존재하지 않았음), 다음의 두 가지(혹은 그 이상)로 나타남.

(1) 입면이나 수면 유지의 곤란

(2) 흥분성 혹은 분노의 표출

(3) 집중장애

(4) 과도각성

(5) 과도한 놀람반응

E. 이 장애(기준 B, C, D의 증상)의 기간은 한 달 이상이다.

F. 이 장애는 사회적, 직업적 혹은 다른 중요한 기능 영역들에서 임상적으로 중요한 고통이나 손상을 일으킨다.

다음을 명시하시오.

급성 : 증상의 기간이 3개월 미만이면

만성 : 증상의 기간이 3개월 이상이면

다음을 명시하시오.

지연된 발병 : 스트레스 후에 적어도 6개월 이후에 증상이 시작

※ DSM-5의 변동

■ 진단기준이 비교적 많이 수정되었으므로 새로운 진단기준을 확인할 것.

■ A-1 항목 내용에 '외상성 사건(들)이 가족, 가까운 친척 또는 친한 친구에게 일어난 것을 알게됨.' 그리고 '외상성 사건(들)의 혐오스러운 세부 사항에 대한 반복적이거나 지나친 노출의 경험.'이 추가됨.

■ A-2 항목은 제외됨.

■ B 항목의 재경험은 '침습증상'으로 명칭이 바뀜.

■ C 항목에서 일반적인 반응의 둔화에 대한 부분은 지속적 회피와 분리되어 별도 항목으로 편성되고, 명칭이 '인지와 감정의 부정적 변화'로 바뀜.

- D 항목에서 증가된 각성은 '각성과 반응성의 뚜렷한 변화'로 명칭이 바뀜.
- '해리 증상 동반' 명시자가 추가됨.
- 급성/만성 명시자는 제외됨.

5. 주요우울삽화 DSM-IV 진단기준

A. 다음 증상 중 다섯 가지(또는 그 이상)가 동일한 2주일 동안에 나타났고 과거의 기능과 차이를 나타냈다. 적어도 하나의 증상이 (1) 우울한 기분 또는 (2) 흥미 또는 즐거움의 상실이다. [주 : 일반적 의학적 상태, 기분과 일치하지 않는 망상이나 환각 때문에 명백하게 생긴 증상은 포함하지 않는다.]

(1) 거의 매일 또는 거의 하루 내내 우울한 기분이 주관적 보고(예 : 슬프거나 공허하다)나 타인에 의한 관찰(예 : 눈물을 글썽인다)에 의해 나타남. [주 : 소아와 청소년에서는 이자극적 기분 irritable mood(짜증)일 수 있다.]

(2) 거의 매일 모든 것 또는 거의 모든 것, 거의 하루 대부분의 활동에서 현저히 감소된 흥미(주관적 설명 또는 타인에 의한 관찰로 나타나듯이).

(3) 식이요법하지 않는 중에 의의 있는 체중감량과 체중증가(예 : 1개월에 체중의 5% 이상 변화) 또는 거의 매일 식욕의 감소 또는 증가. [주 : 소아의 경우 기대되는 체중증가가 일어나지 않음을 고려하라.]

(4) 거의 매일 불면 또는 과수면.

(5) 거의 매일 정신운동 초조 또는 지체(단순히 안절부절못함 또는 느려진다는 주관적 느낌뿐 아니라 타인에 의해서도 관찰 가능한).

(6) 거의 매일 피로 또는 에너지 상실.

(7) 거의 매일 무가치감 또는 과도하고 부적절한 죄책감(망상적일 수도 있다)(단순한 자기 비난이나 아픈 데 대한 죄책감이 아닌).

(8) 거의 매일 사고와 집중능력의 감퇴 또는 결정곤란(주관적 설명 또는 타인에 의해 관찰되듯이).

(9) 반복적인 죽음에 대한 생각(죽음에 대한 공포가 아닌), 구체적 계획이 없는

반복적 자살사고, 또는 자살시도나 자살을 자행하려는 구체적 계획.

B. 증상은 혼합삽화의 기준에 맞지 않아야 한다.

C. 증상은 임상적으로 의미 있는 고통을 일으키거나 또는 사회적, 직업적, 다른 중요한 기능영역에서 손상을 일으킨다.

D. 증상은 물질에 대한 직접적 생리적 효과(예 : 남용약물, 치료약물) 또는 일반적 의학적 상태(예 : 갑상선기능저하증) 때문이 아니라야 한다.

E. 증상은 사별로 더 잘 설명되지 않는다. 즉 사랑하는 이를 잃고 나서라면 증상은 2개월 이상 지속되며, 현저한 기능적 손상, 무가치감에 병적 집착, 자살의도, 정신병적 증상 또는 정신운동지체의 특징이 있다.

※DSM-5의 변동

■ 삽화 진단은 제외됨. DSM-5 주요우울장애 진단으로 고려해도 무방함.

■ B 항목은 제외됨.

6. 조증삽화 DSM-Ⅳ 진단기준

A. 비정상적으로 지속적으로 고양된, 확장된 또는 이자극적인 기분의 분명한 기간이 적어도 일주일 이상 지속된다(만약 입원이 필요한 경우라면 기간은 관계없다).

B. 기분의 장애 동안 다음 증상 중 세 가지(또는 그 이상)가 지속되고(기분이 단지 이자극일 뿐인 경우 네 가지) 유의한 정도로 나타나야 한다.

(1) 팽창된 자존심과 과대성

(2) 감소된 수면욕구(예 : 3시간 수면으로도 쉰 것 같다).

(3) 평소보다 더 말이 많아지고, 계속 지껄이려는 압력

(4) 사고의 비약 또는 사고가 분주하다는 주관적 경험

(5) 주의산만(즉 중요하지 않은 또는 상관없는 외적 자극에 주의가 쉽게 쏠림)

(6) 목표 지향적 활동의 증가(사회적으로 또는 일에서나 학교에서, 성적으로)

또는 정신운동 초조

 (7) 고통스러운 결과가 초래될 가능성이 높은 쾌락 활동에 과도한 몰두(예 : 자제 없이 물건 구입, 성적 무분별, 어리석은 사업 추진)

C. 증상은 혼합삽화의 기준에 맞지 않는다.

D. 기분의 장애는 직업적 기능, 또는 일상적 사회적 활동 또는 타인과의 관계에서 현저한 손상을 일으키므로, 또는 자신이나 타인에게 해를 방지하기 위하여 입원을 필요로 할 만큼 충분히 심각하거나 또는 정신병적 양상이 있다.

E. 증상은 물질(예 : 남용약물, 치료약물) 또는 다른 치료 또는 일반적 의학적 상태(예 : 갑상선기능저하증) 때문이 아니다. [주 : 명백히 신체적 항우울제 치료(예 : 약물, 전기경련치료, 광선치료)로 야기된 조증 비슷한 삽화는 제1형 양극성장애의 진단 쪽으로 포함시켜서는 안 된다.]

※ DSM-5의 변동

■ 삽화 진단은 제외됨. DSM-5 제1형 양극성장애 진단기준에서의 조증삽화 진단기준으로 고려해도 무방함.

■ C 항목은 제외됨.

7. 기분부전장애(지속성 우울장애) DSM-IV 진단기준

A. 주관적 진술 또는 타인의 관찰로 적어도 2년 이상 동안 하루의 거의 대부분 동안 우울한 기분 [주 : 소아와 청소년에서는 기분이 이자극적일 수 있으며 기간은 적어도 1년 이상이라야 한다.]

B. 우울한 동안 다음 중 두 가지(또는 그 이상)의 존재

 (1) 식욕부진 또는 과식

 (2) 불면 또는 과수면

 (3) 저하된 에너지 또는 피로

 (4) 낮은 자존심

(5) 집중저하 또는 결정곤란

(6) 절망감

C. 2년간 앓는 기간에(소아와 청소년 경우 1년) 동시에 2개월 이상 A 기준이나 B 기준의 증상이 없었던 적이 없다.

D. 2년간 앓는 기간에 주요우울삽화는 없다(소아와 청소년의 경우 1년간). 즉 이 장애가 만성적 주요우울장애 또는 부분적으로 회복된 주요우울장애로 더 잘 설명되지 않는다. [주 : 완전한 회복(2개월간 의미 있는 증상이나 증후가 없음)을 가정하면 기분부전장애(지속성 우울장애) 발병 전에 과거 주요우울삽화가 있을 수 있다. 덧붙여 기분부전장애(지속성 우울장애) 첫 2년 후에(소아와 청소년에서 1년) 주요우울장애의 한 삽화가 중첩될 수 있다. 이 경우 기준이 주요우울삽화에 맞는다면 양쪽 진단을 모두 붙일 수 있다.]

E. 조증삽화, 혼합삽화 또는 경조증삽화는 없어야 하고, 순환성장애의 기준에 맞는 증상은 없어야 한다.

F. 이 장애는 정신분열병이나 망상장애와 같은 만성 정신병 장애의 경과 중에 절대 발생하지 않아야 한다.

G. 증상은 물질의 직접적 생리적 효과(예 : 남용약물, 치료약물) 또는 일반적 의학적 상태(예 : 갑상선기능저하증) 때문이 아니어야 한다.

H. 증상은 임상적으로 의미 있는 고통을 일으키거나 또는 사회적, 직업적, 다른 중요한 기능영역에서 손상을 일으킨다.

※DSM-5의 변동

■ 진단명이 '지속성 우울장애'로 바뀜

8. 사회공포증(사회불안장애) DSM-IV 진단기준

A. 친밀하지 않은 사람들에게 노출되거나 타인으로부터 면밀하게 관찰될 수 있는 사회적인 상황 또는 일을 수행해야 하는 상황에 대해 현저하고 지속적인 공

포가 있다. 개인은 창피를 당하거나 난처해질 만한 행동을 하거나 또는 불안해하는 증상을 보이게 될까 봐 두려워한다. [주 : 어린이에서는 친밀한 사람들과 나이에 적합한 사회적 관계를 맺을 수 있는 능력이 있음이 증명되어야 하고, 불안증은 성인과의 관계에서뿐만 아니라 또래 친구들 사이에서도 일어나야 한다.]

B. 두려워하는 사회상황에 노출되면 거의 예외 없이 불안반응을 일으키며, 상황에 의해 반드시 나타나거나, 상황에 의해 나타나기가 더 쉬워지는 공황발작의 형태를 취할 수 있다. [주 : 어린이에게는 불안이 울음, 떼쓰는 것, 얼어붙는 것, 친밀하지 않은 사람과의 사회관계를 회피하는 것으로 나타난다.]

C. 공포가 과도하고 비합리적이라는 것을 자신이 알고 있다. [주 : 어린이에서 이 양상은 없을 수도 있다.]

D. 두려워하는 사회적인 또는 일을 수행해야 하는 상황을 회피하거나 그렇지 못하면 극심한 불안이나 고통을 감내한다.

E. 회피, 불안한 예상, 두려워하는 사회적 또는 일을 수행하는 상황에 있을 때의 고통으로 인해 그 사람의 정상적인 일상, 직업적(또는 학문적) 기능, 또는 사회적 활동이나 관계에 현저한 방해를 받거나 공포증이 있는 것에 대해 현저한 고통이 있다.

F. 18세 미만의 사람에게서는 기간이 적어도 6개월 이상이어야 한다.

G. 공포나 회피행동이 물질(예 : 남용약물, 치료약물)의 직접적인 생리적 효과나 일반적 의학적 상태 때문이 아니며, 다른 정신 장애(예 : 광장공포증이 있는 또는 없는 공황장애, 분리불안장애, 신체추형장애, 자폐성 장애, 또는 분열성 성격장애)로 더 잘 설명되지 않는다.

H. 일반적 의학적 상태나 다른 정신질환이 있을 때는 A에서 설명된 공포가 그것과 관련이 없어야 한다(예 : 공포가 파킨슨병에서 말을 더듬거나 몸을 떠는 것에 대한 것이 아니다. 또는 신경성 식욕부진증, 신경성 폭식증에서 먹는 행동과 관련된 공포가 아니어야 한다).

다음을 명시하시오.

일반화된 양상 : 공포가 대부분의 사회적 상황을 포함할 때(회피성 성격장애의 추가진단을 고려해야 한다)

※ DSM-5의 변동

- 진단기준이 상당 부분 수정되었으므로 새로운 진단기준을 참조할 것.
- 내용의 핵심을 '공포fear, 불안anxiety, 회피avoidance'로 기술하고 있음.
- C 항목의 비합리적임을 스스로 안다는 내용은 '실제 사회 상황이나 사회문화적 맥락에서 볼 때 실제 위험에 비해 비정상적으로 극심하다.'로 바뀜.
- F 항목의 연령 기준이 제외됨.

9. 범불안장애 DSM-IV 진단기준

A. (일이나 학업 수행 같은) 일상 활동 등에 대한 과다한 불안과 걱정(염려되는 예상)이 적어도 6개월 이상 지속된다.

B. 개인은 걱정을 조절하기가 힘들다.

C. 불안과 걱정은 다음 여섯 가지 증상(적어도 몇몇 증상은 과거 6개월 이상 존재해야 한다) 중 세 가지(혹은 그 이상)와 연관되어 있다. [주 : 아동에서는 단지 한 가지의 항목이면 족하다.]

   (1) 안절부절 혹은 긴장 혹은 벼랑에 선 느낌

   (2) 쉽게 피곤해짐

   (3) 집중이 어렵거나 혹은 머릿속이 하얗게 되는 것

   (4) 쉽게 짜증 냄

   (5) 근육 긴장

   (6) 수면장애(잠이 들기 힘들거나 유지하기 힘들다. 혹은 끝없는 수면에 대한 만족감 부족)

D. 불안이나 걱정의 초점이 I축 장애의 양상에 한정된 것이 아니어야 한다. 예를

들어서 공황발작이 있는 것(공황장애에서와 같이), 대중 앞에서 당황하는 것(사회공포증에서와 같이), 더렵혀지는 것(강박장애에서와 같이), 가까운 친지나 집을 떠나는 것(분리불안장애에서와 같이), 체중이 느는 것(신경성 식욕부진증에서와 같이), 다양한 신체적 불편감을 가지는 것(신체화장애에서와 같이), 심한 질병을 가진 것에 대한 불안 혹은 걱정(건강염려증에서와 같이)이 아니며, 외상후 스트레스장애 경과 중에만 생기는 불안과 걱정도 아니다.

E. 불안, 걱정, 혹은 신체증상들은 사회적, 직업적, 혹은 다른 중요한 기능의 영역상에서 임상적으로 중대한 고통 혹은 손상을 일으킨다.

F. 장애는 물질(예 : 남용약물, 치료약물)이나 일반적 의학적 상태(예 : 갑상선기능항진증)의 직접적인 생리적 영향에 의한 것은 아니며 기분 장애, 정신병, 혹은 자폐성 장애 동안에만 생기는 것은 아니다.

※ DSM-5의 변동이 거의 없음

10. 신체이형장애 DSM-IV 진단기준

A. 외모에 대한 상상의 결함이 있다는 집착. 만약 신체적인 기형이 약간 있더라도, 환자의 집착은 과도한 것이다.

B. 집착은 사회적, 직업적 혹은 다른 중요한 분야의 기능에 임상적으로 유의한 고통이나 손상을 일으킨다.

C. 집착은 다른 정신 장애(예 : 신경성 식욕부진증에서 몸의 형태와 크기에 불만족)에 의해 더 잘 설명되지 않는다.

※ DSM-5의 변동

■ '외모에 대한 걱정 때문에 질환 결과 중 어느 시점에 반복적 행동(예 : 거울보기, 과도한 치장, 피부 뜯기, 안심하려고 하는 행동)이나 심리 내적인 행위(예 : 외모를 타인과 비교함)를 보인다.'가 추가되었음.

11. 공황발작 DSM-IV 진단기준

[주 : 공황발작은 코드를 붙일 수 있는 장애가 아니다. 공황발작이 일어나는 특정 진단에 코드를 붙일 것(예 : 광장공포증이 있는 공황장애)]

심한 공포나 불편을 수반하는 뚜렷이 구별된 기간에 다음 증상 중 적어도 네 가지 이상이 갑자기 생겨서 10분 내에 최고조에 이른다.

  (1) 심계항진, 가슴이 심하게 두근거림, 혹은 심장박동이 빨라짐

  (2) 땀을 흘림

  (3) 몸의 떨림 또는 흔들거림

  (4) 숨이 막히는 또는 숨이 답답한 느낌

  (5) 질식감

  (6) 흉통 또는 흉부 불쾌감

  (7) 오심 또는 복부 불쾌감

  (8) 현기증, 비틀거리는 느낌, 멍한 느낌, 또는 기절할 것 같은 느낌

  (9) 비현실감(비현실적인 느낌) 또는 이인증(자신으로부터 분리된 것 같은 느낌)

  (10) 통제력을 잃거나 미칠 것 같은 두려움

  (11) 죽을 것 같은 두려움

  (12) 지각이상(둔하거나 따끔거리는 느낌)

  (13) 춥거나 화끈거리는 느낌

※ DSM-5의 변동
■ 9, 10, 11, 12, 13번 순서가 DSM-5에서 11, 12, 13, 10, 9로 바뀜

12. 광장공포증이 있는 공황장애 DSM-IV 진단기준

A. (1)과 (2)를 모두 만족시킨다.

  (1) 반복되는 예측불허의 공황발작

(2) 적어도 한 번 이상의 발작 후에, 적어도 1개월 이상의 기간에 다음 중 하나 이상이 뒤따른다.

    a. 발작이 다시 올 것에 대한 지속적인 걱정

    b. 발작의 영향이나 결과에 대한 걱정(예 : 통제력 상실, 심장마비, 미치는 것)

    c. 발작과 관련된 현저한 행동의 변화

B. 광장공포증이 있다.

C. 공황발작이 물질(예 : 남용약물, 치료약물)이나 일반적 의학적 상태(예 : 갑상 선기능항진증)의 직접적인 생리적 영향에 의한 것이 아니다.

D. 공황발작이 사회공포증(예 : 두려워하는 사회적인 상황에 노출 시 발생), 특정 공포증(예 : 특정한 공포 상황에 노출 시 발생), 강박장애(예 : 오염에 대한 강박사고가 있는 사람이 더러운 것에 노출되었을 때), 외상후 스트레스장애(예 : 심한 스트레스 요인에 반응했을 때) 또는 분리불안장애(예 : 집이나 가까운 친척을 떠났을 때) 같은 다른 정신 장애로 더 잘 설명되어서는 안 된다.

※ DSM-5의 변동

■ 공황장애 진단을 광장공포증 유무로 나누지 않고 하나의 진단으로 합침. 그러 므로 B 항목이 제외됨.

■ A-2의 a와 b 항목을 하나의 항목으로 합침.

13. 광장공포증 DSM-IV 진단기준

[주 : 광장공포증은 코드를 붙일 수 있는 장애가 아니다. 광장공포증이 일어나는 특정 진단에 코드를 붙일 것(예 : 광장공포증이 있는 공황장애 또는 공황장애 과 거력이 없는 광장공포증).]

A. 탈출이 어려운(또는 난처한) 장소, 또는 예측할 수 없이 나타나거나 상황에 의 해 나타나는 공황발작이나 유사한 증상이 생길 경우 도움을 받을 수 없는 장소

나 상황에 있게 되는 것에 대한 불안이 있다. 광장공포증은 전형적으로 특징적인 상황군을 포함한다 : 집 밖에 혼자 있는 것, 군중 속에 있거나, 줄을 서 있는 것, 다리 위에 있는 것, 버스, 기차, 자동차를 타고 여행하는 것. [주 : 회피가 하나 또는 단지 몇 가지의 구체적인 상황에 국한될 때는 특정공포증의 진단을, 또는 회피가 사회적인 상황에만 국한될 때는 사회공포증의 진단을 고려하라.]

B. 이런 상황을 회피하거나(예 : 여행을 제한한다) 현저한 고통을 느끼면서 또는 공황발작이나 공황발작과 유사한 증상이 나타날까 봐 불안해하면서 이런 상황을 인내한다. 혹은 동반자를 필요로 하기도 한다.

C. 불안이나 공포회피반응이 사회공포증(예 : 당황하게 될 것을 두려워하여 단지 사회적인 상황을 회피한다), 특정공포증(예 : 회피가 승강기 등의 단일 상황에 국한됨), 강박장애(예 : 오염에 대한 강박사고가 있는 사람이 더러운 것을 회피함), 외상후 스트레스장애(예 : 심한 스트레스 요인과 관련된 자극을 회피함) 또는 분리불안장애(예 : 집이나 친척을 떠나는 것을 회피함) 같은 다른 정신 장애로 더 잘 설명되어서는 안 된다.

※ DSM-5의 변동

■ 진단기준이 많이 수정되었으므로 새로운 진단기준을 참조할 것.

■ 광장공포증을 독립 진단으로 인정함. 따라서 주의점이 제외됨.

■ 새로운 A 기준 : 다음 다섯 가지 상황 중 두 가지 이상의 경우에서 극심한 공포와 불안을 느낀다. 1. 대중교통을 이용하는 것, 2. 열린 공간에 있는 것, 3. 밀폐된 공간에 있는 것, 4. 줄을 서 있거나 군중 속에 있는 것, 5. 집 밖에 혼자 있는 것

14. 강박장애 DSM-IV 진단기준

A. 강박사고나 강박행동이 있다.

강박사고는 (1), (2), (3) 그리고 (4)로 정의된다.

(1) 이 장애 동안 어떤 때에, 침입되고 부적절한 것으로 경험되고 현저한 불안과 고통을 일으키는 반복되고 지속되는 사고, 충동 혹은 영상

~~(2) 이 사고들, 충동들, 영상들은 실제적인 삶의 문제들에 관한 과도한 걱정만은 아니다.~~

(3) 개인은 그런 사고들, 충동들 혹은 영상들을 무시하거나 억제하려고 시도하거나 혹은 다른 사고나 행동으로 중화하려고 한다.

~~(4) 개인은 강박적 사고들, 충동들, 혹은 영상들이 (사고주입처럼 없는 것에서 주어지는 것이 아니고) 자기 마음의 산물인 것을 안다.~~

강박행동은 (1)과 (2)로 정의된다 :

(1) 강박사고에 대한 반응으로 또는 엄격히 지켜야만 할 것 같다고 느껴 반복하는 행동(예 : 손 씻기, 헤아리기, 검토하기) 또는 정신적인 활동(예 : 기도하기, 수 세기, 단어를 조용하게 반복하기).

(2) 이 행동이나 정신적인 활동은 고통을 줄이거나 두려운 사건이나 상황을 방지하는 데 목적이 있다. 그러나 이 행동과 정신적인 활동은 중화시키거나 막기 위해 고안된 실제적인 방법과는 연관이 없거나 그에 비해 명백히 과도하다.

B. 이 장애의 경과 중 어느 시점에, 개인은 강박사고나 강박행동이 과도하거나 비이성적이라는 것을 알고 있다. [주 : 어린이의 경우는 적용되지 않는다.]

C. 강박적 사고나 행동은 현저한 고통을 주고, 시간을 소모시키거나(하루 1시간 이상 씀), 개인의 정상적 일상생활, 직업적(혹은 학문적인) 기능, 혹은 일상적 사회생활 혹은 관계에 명백한 손상을 준다.

D. 또 다른 I축의 장애가 존재하면 강박사고 혹은 강박행동의 내용은 그것에 제한되어 있지 않다(예 : 식사 장애에서 보이는 음식에 대한 집착, 발모광에서의 머리카락 뽑기, 신체추형장애에서의 외모에 대한 관심, 물질사용 장애에서의 약물에 대한 집착, 건강염려증 환자의 병에 대한 집착, 성도착증 환자에서 성적인 충동 및 환상의 집착, 주요우울장애에서 죄책감의 되됨).

E. 이 장애는 물질(예 : 남용약물, 치료약물) 혹은 일반적 의학적 상태에 의한 직접적인 생리적 영향에 의한 것은 아니다.

다음을 명시하시오.

<u>병식이 없는 경우</u> : 현 삽화의 대부분 시간에서 강박사고, 강박행동이 과도하거나 비이성적이라고 깨닫지 못하는 경우

※ DSM-5의 변동

■ 강박사고 (2), (4) 기준은 제외됨.

■ 병식에 관한 명시자는 '좋거나 양호한 병식, 좋지 않은 병식, 병식 없음/망상적 믿음'의 세 항목으로 세분됨.

15. 편집성 성격장애 DSM-Ⅳ 진단기준

A. 다른 사람의 동기를 악의가 있는 것으로 해석하는 것같이 타인에 대한 전반적인 불신과 의심이 있으며, 이는 청년기에 시작되며 여러 상황에서 나타나고 다음 중 네 가지(또는 그 이상) 항목으로 나타난다.

(1) 충분한 근거 없이 다른 사람이 자신을 관찰하고 해를 끼치고 기만한다고 의심함.

(2) 친구들이나 동료들의 충정이나 신뢰에 대한 근거 없는 의심에 사로잡혀 있음.

(3) 어떠한 정보가 자신에게 나쁘게 이용될 것이라는 잘못된 두려움 때문에 다른 사람에게 비밀을 털어놓기를 꺼림.

(4) 보통 악의 없는 언급을 사건의 품위를 손상시키는 또는 위협적 의미가 있는 것으로 해석함.

(5) 지속적으로 원한을 품는다. 즉 모욕이나 상처 줌 혹은 경멸을 용서하지 못함.

(6) 다른 사람에겐 분명하지 않은 자신의 성격이나 평판에 대해 공격으로 지각하고 곧 화를 내고 반격함.

(7) 정당한 이유 없이 애인이나 배우자의 정절에 대해 반복적으로 의심함.

B. 정신분열병, 정신병적 양상이 있는 기분 장애, 기타 정신병적 장애의 과정에서 발생한 것은 여기에 포함시키지 않으며, 일반적 의학적 상태의 직접적인 생리적 효과에 의한 것이 아니다. [주 : 기준이 정신분열병의 발병 이전에 합당하였다면 '병전'을 추가해야 한다. 즉 '편집성 성격장애(병전).']

※ DSM-5의 변동이 거의 없음

16. 분열성(조현성) 성격장애 DSM-IV 진단기준

A. 다양한 형태의 사회적 유대로부터의 반복적인 유리와 대인관계에서의 제한된 범위의 감정표현이 전반적으로 나타나며, 이는 청년기에 시작되며 여러 상황에서 나타나고 다음 중 네 가지(또는 그 이상) 항목으로 나타난다.

(1) 가족과의 관계를 포함해서 친밀한 관계를 바라지도 않고 즐기지도 않음.

(2) 항상 혼자서 하는 행위를 선택함.

(3) 다른 사람과의 성적 경험에 대한 관심이 거의 없다.

(4) 거의 모든 분야에서 즐거움을 취하려 하지 않는다.

(5) 일차 가족 이외의 친한 친구가 없다.

(6) 다른 사람의 칭찬이나 비난에 무관심하다.

(7) 감정적 냉담, 유리 혹은 단조로운 정동의 표현을 보여준다.

B. 정신분열병, 정신병적 양상이 있는 기분 장애, 기타 정신병적 장애 혹은 자폐성 장애의 과정에서 발생한 것은 여기에 포함시키지 않으며, 일반적 의학적 상태의 직접적인 생리적 효과에 의한 것이 아니다. [주 : 기준이 정신분열병의 발병 이전에 합당하였다면 '병전'을 추가해야 한다. 즉 '분열성 성격장애(병전).']

※ DSM-5의 변동

■ 진단명 번역이 '조현성'으로 바뀜.

17. 분열형(조현형) 성격장애 DSM-IV 진단기준

A. 친분관계를 급작스럽게 불편해하고 그럴 능력의 감퇴, 인지 및 지각의 왜곡, 행동의 괴이함으로 구별되는 사회적 및 대인관계 결함의 광범위한 형태로, 이는 청년기에 시작되며 여러 상황에서 나타나고 다음 중 다섯 가지(또는 그 이상) 항목으로 나타난다.

   (1) 관계사고(관계망상은 제외).

   (2) 행동에 영향을 주며, 소문화권의 기준에 맞지 않는 이상한 믿음이나 마술적인 사고를 갖고 있음(예를 들어 미신, 천리안, 텔레파시 또는 육감에 대한 믿음. 소아나 청소년에서 괴이한 공상 혹은 몰두).

   (3) 신체적 착각을 포함한 이상한 지각경험.

   (4) 이상한 생각이나 말을 함(예 : 모호하고, 우회적 · 은유적 · 과장적으로 수식된, 또는 상용적인).

   (5) 의심하거나 편집증적인 사고.

   (6) 부적절하고 제한된 정동.

   (7) 이상하거나 특이하거나 괴상한 행동이나 외모.

   (8) 일차가족 이외에 친한 친구나 심복이 없다.

   (9) 친하다고 해서 불안이 감소하지 않으며 자신에 대한 부정적인 판단보다도 편집증적인 공포와 관계되어 있는 과도한 사회적 불안.

B. 정신분열병, 정신병적 양상이 있는 기분 장애, 기타 정신병적 장애 혹은 자폐성 장애의 과정에서 발생한 것은 여기에 포함시키지 않으며, 일반적 의학적 상태의 직접적인 생리적 효과에 의한 것이 아니다. [주 : 기준이 정신분열병의 발병 이전에 합당하였다면 '병전'을 추가해야 한다. 즉 '분열형 성격장애(병전).']

※ DSM-5의 변동

■ 진단명 번역이 '조현형'으로 바뀜.

18. 반사회성 성격장애 DSM-IV 진단기준

A. 다른 사람의 권리를 무시하고 위배하는 광범위한 형태가 있고 15세 이후에 나타나며 다음 중 세 가지(또는 그 이상)를 보인다.

   (1) 체포의 이유가 되는 행위를 반복하는 등 법적 행동에 관련된 사회적 규범을 지키지 못한다.

   (2) 반복적으로 거짓말을 하고, 가짜 이름을 사용하며, 자신의 이익이나 쾌락을 위해 타인을 속이는 등의 사기성.

   (3) 충동적이거나, 미리 계획을 세우지 못함.

   (4) 신체적 싸움이나 폭력 등이 반복됨으로써 나타나는 불안정성 및 공격성.

   (5) 자신이나 타인의 안전에 대한 부주의스러운 무시.

   (6) 일정한 직업행동 또는 명예로운 재정적 의무의 지속에 반복적으로 실패하는 것으로 나타나는 지속적인 무책임성.

   (7) 다른 사람을 해하거나 학대하거나 다른 사람 물건을 훔치는 것에 대해 무관심하거나 합리화하는 것으로 나타나는 양심의 가책의 결여.

B. 나이는 최소한 18세 이상이어야 한다.

C. 15세 이전에 품행장애conduct disorder가 시작된 증거가 있다.

D. 반사회적 행동의 발생은 정신분열병이나 조증삽화의 경과 중에 일어난 것이 아니다.

※ DSM-5의 변동이 거의 없음

19. 경계성 성격장애 DSM-IV 진단기준

대인관계, 자아상 및 정동의 불안정성과 현저한 충동성의 광범위한 형태로 청년기에 시작되며 여러 상황에서 나타나고 다음 중 다섯 가지(또는 그 이상) 항목으로 나타난다.

(1) 실제적 혹은 상상의 버림받음을 피하기 위해 미친 듯이 노력함. [주 : 5번 기준에 있는 자살이나 자해행위는 포함하지 않음.]

(2) 이상화와 평가절하의 극단 사이를 반복하는 것을 특징으로 하는 불안정하고 격렬한 대인관계의 양상.

(3) 정체성 장애 : 자기 이미지 또는 자신에 대한 느낌의 현저하고 지속적인 불안정성.

(4) 자신을 손상할 가능성이 있는 최소한 두 가지 이상의 경우에서의 충동성(예 : 소비, 물질남용, 좀도둑질, 부주의한 운전, 과식 등). [주 : 5번 기준에 있는 자살이나 자해행위는 포함하지 않음.]

(5) 반복적 자살행동, 제스처, 위협 혹은 자해행동.

(6) 현저한 기분의 반응성으로 인한 정동의 불안정(예 : 일반적으로 수 시간 동안 지속되며 단지 드물게 수일간 지속되기도 하는 격렬한 삽화적 불쾌감, 과민성 불안).

(7) 만성적인 공허감.

(8) 부적절하고 심하게 화를 내거나 화를 조절하지 못함(예 : 자주 울화통을 터뜨리거나 늘 화를 내거나, 자주 신체적 싸움을 함).

(9) 일시적이고 스트레스와 연관된 편집적 사고 혹은 심한 해리증상.

※ DSM-5의 변동이 거의 없음

20. 연극성 성격장애 DSM-IV 진단기준

과다한 감정표현과 주의를 끄는 광범위한 형태로 이는 청년기에 시작되며 여러 상황에서 나타나고 다음 중 다섯 가지(또는 그 이상) 항목으로 나타난다.

(1) 자신이 관심의 중심에 있지 않은 상황에 있는 것을 불편해함.

(2) 다른 사람과의 관계행동이 자주 외모나 행동에서 부적절하게 성적, 유혹적 내지 자극적인 것으로 특징지어진다.

(3) 감정이 빠른 속도로 변화하고 피상적으로 표현됨.

(4) 자신에게 관심을 집중시키기 위해 지속적으로 외모를 사용한다.

(5) 지나치게 인상적이고 세밀함이 결여된 형태의 언어.

(6) 자기 극화, 연극성, 그리고 과장된 감정의 표현을 보인다.

(7) 피암시적임. 즉 다른 사람이나 상황에 의해 쉽게 영향을 받음.

(8) 실제보다도 더 가까운 관계로 생각함.

※ DSM-5의 변동이 거의 없음

21. 자기애성 성격장애 DSM-IV 진단기준

과대성(공상 또는 행동상), 찬탄의 요구, 공감의 결여가 광범위한 양상으로 있고 이는 청년기에 시작되며 여러 상황에서 나타나고, 다음 중 다섯 가지(또는 그 이상) 항목으로 나타난다.

(1) 자신의 중요성에 대한 과대한 느낌을 가지고 있다(예 : 성취와 능력에 대해서 과장한다. 적절한 성취 없이 특별대우받는 것을 기대한다).

(2) 무한한 성공, 권력, 명석함, 아름다움, 이상적인 사랑과 같은 공상에 몰두하고 있다.

(3) 자신의 문제는 특별하고 특이해서 다른 특별한 높은 지위의 사람(또는 기관)만이 그것을 이해할 수 있고 또는 관련해야 한다고 믿는다.

(4) 과도한 찬탄을 요구한다.

(5) 특별한 자격이 있는 것 같은 느낌을 갖는다. 즉 특별히 호의적인 대우를 받기를, 자신의 기대에 대해 자동적으로 순응하기를 불합리하게 기대한다.

(6) 대인관계에서 착취적이다. 즉 자신의 목적을 달성하기 위해서 타인을 이용한다.

(7) 공감의 결여 : 타인의 느낌이나 요구를 인식하거나 확인하려 하지 않는다.

(8) 다른 사람을 자주 시기하거나 다른 사람이 자신을 시기하고 있다고 믿음.

(9) 오만하고, 건방진 행동이나 태도.

※ DSM-5의 변동이 거의 없음

22. 회피성 성격장애 DSM-IV 진단기준

사회관계의 억제, 부적절감의 느낌, 그리고 부정적 평가에 대한 예민함이 광범위
한 양상으로 나타나고 이는 청년기에 시작되며 여러 상황에서 나타나고 다음 중
네 가지(또는 그 이상) 항목으로 나타난다.

(1) 비판이나 거절, 인정받지 못함 등 때문에 의미 있는 대인접촉이 관련되는
직업적 활동을 회피한다.

(2) 자신을 좋아한다는 확신 없이는 사람들과 관계하는 것을 피함.

(3) 수치를 느끼거나 놀림받음에 대한 두려움 때문에 친근한 대인관계 이내로
자신을 제한한다.

(4) 사회적 상황에서 비판의 대상이 되거나 거절당하는 것에 대해 집착함.

(5) 부적절감으로 인해 새로운 대인관계 상황에서 제한된다.

(6) 자신을 사회적으로 서투르며, 개인적으로 매력이 없는, 다른 사람에 비해
열등한 사람으로 바라봄.

(7) 당황스러워함을 보일까 봐 어떤 새로운 일에 관여하는 것을 혹은 개인적인
위험을 감수하는 것을 드물게 마지못해서 한다.

※ DSM-5의 변동이 거의 없음

23. 의존성 성격장애 DSM-IV 진단기준

돌봄을 받고자 하는 광범위하고 지나친 욕구가 복종적이고 매달리는 행동과 분리

공포를 초래하며, 이는 청년기에 시작되며 여러 상황에서 나타나고 다음 중 다섯 가지(또는 그 이상) 항목으로 나타난다.

(1) 타인으로부터의 과도히 많은 충고, 또는 확신 없이는 일상의 판단을 하는 데 어려움을 겪는다.

(2) 자신의 생활 중 가장 중요한 부분에 대해 타인이 책임질 것을 요구한다.

(3) 지지와 칭찬을 잃는 것에 대한 공포 때문에 타인과의 의견 불일치를 표현 하는 데 어려움을 나타낸다. [주 : 보복에 대한 현실적인 공포는 포함하지 않는다.]

(4) 계획을 시작하기 어렵거나 스스로 일을 하기가 힘들다(동기나 에너지의 결핍이라기보다는 판단이나 능력에 대한 자신감 결여 때문임).

(5) 하기에 불쾌한 일이라도 타인의 돌봄과 지지를 원하기 때문에 이를 자원할 정도로 과하게 나간다.

(6) 혼자서는 자신을 돌볼 수 없다는 심한 공포 때문에 불편함과 절망감을 느 낀다.

(7) 친밀한 관계가 끝나면 자신을 돌봐 주고 지지해 줄 근원으로서 다른 관계를 시급히 찾는다.

(8) 자신을 돌보기 위해 혼자 남는 것에 대한 공포에 비현실적으로 집착한다.

※ DSM-5의 변동이 거의 없음

24. 강박성 성격장애 DSM-IV 진단기준

융통성, 개방성, 효율성을 희생시키며 정돈, 완벽, 그리고 정신 및 대인관계의 통제control에 지나치게 집착하는 광범위한 양상으로 이는 청년기에 시작되며 여러 상황에서 나타나고 다음 중 네 가지(또는 그 이상) 항목으로 나타난다.

(1) 내용의 세부, 규칙, 목록, 순서, 조직, 혹은 스케줄에 집착되어 있어 활동의 중요한 부분을 놓친다.

(2) 완벽함을 보이나 이것이 일의 완수를 방해함(예 : 자신의 완벽한 기준을 만족하지 못해 계획을 완수할 수 없다).

(3) 여가활동이나 친구교제를 마다하고 직업이나 생산적인 것에 지나치게 충실하다(명백한 경제적인 필요에 의한 것이 아님).

(4) 과다하게 양심적임, 소심함, 그리고 도덕, 윤리 또는 가치관에 관하여 융통성이 없음(문화적 혹은 종교적 주체성에 의하여 설명되지 않음).

(5) 감정적인 가치가 없는데도 낡고 가치 없는 물건을 버리지 못함.

(6) 자신이 일하는 방법에 대해 정확하게 복종적이지 않으면 일을 위임하거나 같이 일하지 않으려 함.

(7) 자신과 타인에 대해 돈 쓰는 데 인색하다. 돈을 미래의 재난에 대해 대비하는 것으로 인식한다.

(8) 경직되고 완강함을 보인다.

※ DSM-5의 변동이 거의 없음

25. 주의력결핍 과잉행동장애 DSM-IV 진단기준

A. (1) 그리고/또는 (2).

(1) 다음 중 6개(또는 그 이상)의 주의력결핍 증상이 있고, 이 증상이 최소 6개월간 지속되므로 부저응적이며 발달수준에 일치되지 못한다.

주의력결핍

a. 정밀한 일에 세심한 주의를 기울이지 못하거나 학업, 작업이나 다른 활동을 할 때 조심성이 없어서 실수를 잘한다.

b. 작업이나 놀이에 계속하여 집중하기가 어렵다.

c. 다른 사람이 직접 말하는 것을 귀 기울여서 듣지 않는 것 같다.

d. 지시대로 따라 하지 못하며 학업, 간단한 일이나 일터에서 직무를 자주 끝내지 못한다(이는 적대적 행동이나, 지시를 이해하지 못해서 오는 것

이 아니다).

e. 작업 및 활동을 조직적으로 하기 어렵다.

f. 지속적인 정신력을 요하는 작업(학업이나 숙제 같은)을 피하거나, 싫어하거나, 거부한다.

g. 작업이나 활동에 필요한 물건을 자주 잃어버린다(예 : 장난감, 숙제, 연필, 책 또는 도구).

h. 외부자극으로 생각이 쉽게 흩어진다.

i. 일상적인 활동을 자주 잊어버린다.

(2) 다음 중 6개(또는 그 이상)의 과잉행동–충동성 증상이 있고, 이 증상이 최소 6개월간 지속되므로 부적응적이며 발달수준에 일치되지 못한다.

과잉행동

a. 손이나 발을 움직거리거나 몸을 뒤트는 등 가만히 앉아 있지 못한다.

b. 가만히 앉아 있어야 하는 교실이나, 다른 장소에서 차분하게 앉아 있지 못한다.

c. 어떤 장소에서 부적절하게 지나치게 뛰어다니거나 기어오른다(청소년이나 성인에서는 안절부절못한다는 주관적 느낌으로 이어질 수 있다).

d. 여가활동을 평온하게 즐기거나, 놀지 못한다.

e. 계속해서 쉴 새 없이 움직인다(마치 모터 달아 놓은 듯).

f. 말을 지나치게 자주 많이 한다.

충동성

g. 질문이 다 끝나기도 전에 불쑥 대답한다.

h. 차례를 기다리지 못한다.

i. 다른 사람이 하는 일을 자주 방해하거나 간섭한다(예 : 대화를 하거나 게임을 하는 데 불쑥 끼어들어 참견한다).

B. 과잉행동–충동성 증상이나 주의력결핍 증상으로 인한 장애가 7세 이전부터 나타나야 한다.

C. 이런 증상으로 인한 장애가 둘 이상의 환경(예 : 학교와 집, 일터와 집)에서 나타난다.

D. 사회, 학업 또는 작업 기능에서 임상적으로 심각한 손상이 있다는 분명한 증거가 있다.

E. 증상이 주로 자폐성 장애, 정신분열병 또는 기타 정신질환의 과정에서 발생되는 것이 아니며, 정신질환(예 : 기분 장애, 불안 장애, 해리 장애 또는 성격 장애)의 원인이 되어서는 안 된다.

※ 유형에 따른 코드
- 혼합형 : 지난 6개월간 A1 및 A2 진단기준이 맞을 때.
- 주의력결핍형 : 지난 6개월간 A1 진단기준에는 맞지만 A2 기준에는 맞지 않을 때.
- 과잉행동-충동성형 : 지난 6개월간 A2 진단기준에는 맞지만 A1 기준에는 맞지 않을 때.
  [주 : 현재 증상은 있지만 진단기준에는 완전히 맞지 않는 사람(특히 청소년과 성인)에게는 '부분적 호전in partial remission'이라고 명시해야 한다.]

※ DSM-5의 변동
- B 항목의 7세 이전이 '12세 이전'으로 바뀜

26. 반응성 애착장애 DSM-IV 진단기준

A. 대부분의 상황에서 현저한 장애가 있고 발달학적으로 부적절한 사회적 유대관계가 5세 이전에 시작되고, 다음과 같이 나타난다.

(1) 대부분의 사회 상호교류에 대해서 발달학적으로 적절한 방식으로 시도하거나 반응하는 것에 지속적으로 실패하며, 지나치게 억제하거나, 과도하게 경계하거나 또는 고도로 양가감정적이고 상반된 반응으로 나타난다(예 :

소아는 돌보는 사람이 편안하게 해 준 것에 대해서 접근, 회피, 저항하는 혼합된 방식으로 반응하거나 또는 냉담하게 경계하는 태도를 보인다).

(2) ~~산만한 diffuse~~ 애착으로, 무분별한 사회성과 더불어 적절하고 선택적인 애착을 보이는 데 현저한 지장이 있는 것으로 나타난다(예 : 비교적 낯선 사람에게 극단적인 친밀감을 보이거나 또는 애착 대상을 정하는 선택성이 결여된다).

B. 기준 A의 장애는 단지 발달지연(지적장애처럼)으로 인한 것이 아니며 그리고 자폐성 장애의 진단기준에 맞지 않는다.

C. 병적 양육은 다음 중 최소 한 가지로 나타난다.

(1) 편안함, 자극 및 사랑에 대한 소아의 기본적 정서 욕구를 지속적으로 무시한다.

(2) 소아의 기본적인 신체적 욕구를 지속적으로 무시한다.

(3) 돌보는 사람을 반복적으로 바꾸므로 확고한 애착이 형성되지 못한다(예 : 보육원에서 양부모가 자주 바뀐다).

D. 기준 C의 양육이 A에서의 장애가 있는 행동에 책임이 있다(예 : 기준 A의 장애는 기준 C의 병적 양육으로 시작되었다).

※ 유형을 명시하시오.

■ 억제형 : 임상양상에서 기준 A1이 우세한 경우이다.

■ 탈억제형 : 임상양상에서 기준 A2가 우세한 경우이다.

※ DSM-5의 변동

■ 억제형과 탈억제형이 '반응성 애착장애'와 '탈억제성 사회적 유대감장애'로 진단이 분리됨. 이에 따라 진단기준도 상당 부분 바뀌었으므로 새로운 진단기준을 확인할 것.

27. 자폐장애(자폐스펙트럼장애) DSM-IV 진단기준

A. (1), (2), (3) 항목 중 최소한 여섯 가지(또는 그 이상)가 있고 (1)에서 최소 두 가지, 그리고 (2) 및 (3)에서 각각 한 가지가 있다.

(1) 사회적 상호교류의 질적인 장애로 다음 중 최소 두 가지가 나타난다.

  a. 다양한 비언어성 행동, 즉 사회적 상호작용을 조정하는 눈 맞춤, 표정, 몸짓 및 제스처를 보이는 데 현저한 지장이 있다.

  b. 발달수준에 적합한 또래관계를 형성하지 못한다.

  c. 자발적으로 다른 사람과 같이 즐거움, 관심 또는 성취감을 공유하고 싶어 하는 점이 부족하다(예 : 관심이 있어서 물건을 보여주거나, 가지고 오거나 지적하는 점이 부족하다).

  d. 사회적 또는 정서적 상호교환이 부족하다.

(2) 의사소통의 질적인 장애로 다음 중 최소 한 가지가 나타난다.

  a. 구어 발달이 지연되거나, 또는 전적으로 부족하다(제스처 또는 몸짓 같은 다른 형태의 의사소통 방식으로 보충하려고 하지 않는다).

  b. 사람과 적절하게 담화를 하는 데 있어서, 대화를 시작하거나 또는 지속하는 데 현저한 지장이 있다.

  c. 언어 또는 특이한 언어를 상동적으로 반복적으로 사용한다.

  d. 발달수준에 적합한 다양한 자연스러운 위장놀이make-believe play 또는 사회성 상상놀이가 부족하다.

(3) 행동, 관심 및 활동이 한정되고, 반복적이고 상동적인 양상으로 다음 중 최소 한 가지로 나타난다.

  a. 한 가지 또는 그 이상의 상동적이고 한정된 관심에 몰두하는데, 그 강도나 또는 집중 정도가 비정상이다.

  b. 외관상 독특하고 비기능적 일상의 일 또는 관습에 변함없이 집착한다.

  c. 상동적이고 반복적인 운동 매너리즘(예 : 손 또는 손가락 흔들기나 비꼬기 또는 복잡한 전신의 움직임).

      d. 물건의 어떤 부분에 지속적으로 집착한다.

B. 다음 중 최소한 한 분야에서 지연되거나 또는 비정상 기능을 하며, <u>3세 이전에</u> 발병되었다. (1) 사회적 상호교류, (2) 사회적 의사소통에서 사용되는 언어 또는 (3) 상징적 또는 상상놀이.

C. 본 장애는 레트장애 또는 소아기붕괴장애로 인한 것이 아니다.

※ DSM-5의 변동

■ 자폐장애와 다른 자폐 관련 질환들이 자폐스펙트럼장애 진단으로 통합됨. 이에 따라 진단기준이 대부분 바뀌었으므로 새로운 진단기준을 확인할 것.

■ DSM-IV에서는 진단의 핵심을 (1) 상호교류, (2) 의사소통, (3) 상동성으로 보는 것과 비교할 때 내용은 비슷하나 DSM-5에서는 A 기준에 상호교류와 의사소통을 같이 서술하고 B 기준에 상동성을 서술하고 있음.

■ 3세 이전은 '초기 발달시기에in the early developmental period'로 바뀜.

28. 만성(지속성) 운동 또는 음성 틱장애 DSM-V 진단기준

A. 단일한 또는 다양한 운동 틱 또는 음성 틱(즉 갑자기 빠르고 반복적이고 불규칙한 상동적 근육의 움직임이나 발성)이 일정 기간 있으나, 운동 틱과 음성 틱이 동시에 있는 것은 아니다.

B. 틱은 1년 이상 하루에 여러 번 거의 매일같이 또는 간헐적으로 발생하고, 이 기간에는 3개월 내내 틱이 없었던 적이 없어야 한다.

C. 본 질환은 사회, 직업, 또는 다른 중요한 분야의 기능에 현저한 고통이나 중대한 손상을 초래한다.

D. 18세 이전에 발병된다.

E. 본 질환은 약물(예 : 중추신경자극제)의 생리학적 결과나 일반적 의학적 상태(예 : 헌팅톤병, 바이러스성 뇌염)로 인한 것이 아니다.

F. 진단기준이 투렛장애와 맞지 않아야 한다.

■ 진단명에서 '만성chronic'을 '지속성persistent'으로 변경하되 예전 명칭도 허용함.

29. 일과성(잠정적) 틱장애 DSM-IV 진단기준

A. 단일한 또는 다양한 운동 틱 그리고/또는 음성 틱(즉 갑자기 빠르고 반복적이고 불규칙한 상동적 근육의 움직임이나 발성).

B. 틱은 하루에 여러 번, 거의 매일같이 최소 4주 이상 12개월 이내로 지속해서 나타난다.

C. 본 질환은 사회, 직업, 또는 다른 중요한 분야의 기능에 현저한 고통이나 중대한 손상을 초래한다.

D. 18세 이전에 발병된다.

E. 본 질환은 약물(예 : 중추신경자극제)의 생리학적 결과나 일반적 의학적 상태(예 : 헌팅톤병, 바이러스성 뇌염)로 인한 것이 아니다.

F. 진단기준이 투렛장애나 만성 운동 또는 음성 틱장애와 맞지 않다.

※ DSM-5의 변동

■ 진단명에서 '일과성transient'이 '잠정적provisional'으로 바뀜.

■ B 항목에서 횟수와 최소 기간이 제외됨.

30. 신체화장애(신체증상장애) DSM-IV 진단기준

A. 30세 이전에 시작되고 수년간 지속된 많은 신체적 호소의 과거력, 그리고 결과적으로 치료를 받으러 다니거나 사회적, 직업적 혹은 다른 기능의 중요한 영역에서 심각한 손상이 있다.

B. 장애 경과 중 어느 때라도 일어난 개별 증상이 다음의 각 기준을 충족시켜야 한다.

    (1) 통증 증상 네 가지 : 적어도 네 가지의 다른 부위나 기능에 연관된 통증

(예 : 머리, 배, 등, 관절, 사지, 가슴, 직장, 월경 중, 성교 중 혹은 배뇨 중)

(2) 위장관계 증상 두 가지 : 통증 외에 적어도 두 가지의 위장관계 증상(예 : 임신 중에 생긴 것이 아닌 오심, 구토, 더부룩함, 설사, 몇몇 다른 음식물을 견디지 못함)

(3) 한 가지의 성적인 증상 : 통증 외에 한 가지의 성적 혹은 생식계 증상(예 : 성적인 무관심, 발기 혹은 사정불능, 불규칙한 월경, 과다한 월경출혈, 임신기간 내내 구토증상)

(4) 한 가지의 가성신경 증상 : 적어도 한 가지의 신경계 이상을 암시하고 통증에 국한되지 않은 증상이나 장애(조절손상 혹은 균형상실 같은 전환증상, 마비 혹은 국소적 무력증상, 연하장애 혹은 목 안의 이물감, 발성불능, 소변저류, 환각, 촉각 혹은 통각 상실, 복시, 실명, 청력상실, 경기, 기억상실 같은 해리증상, 기절이 아닌 의식소실)

C. (1) 또는 (2)

(1) 적절한 검사에도 기준 B의 증상이 일반적 의학적 상태나 물질(예 : 남용약물, 치료약물)에 의한 직접적 영향으로 완전히 설명될 수 없다.

(2) 일반적 의학적 상태가 연관되어 있더라도 과거력, 이학적 검사, 혹은 검사 결과로부터 기대하는 것보다 신체 호소나 사회적 직업적 장애가 과도하다.

D. 이 증상들은 의도적으로 만든 것이거나 꾀병을 부리는 것이 아니다(인위성장애나 꾀병처럼).

※ DSM-5의 변동
- 진단기준이 대부분 수정되었으므로 새로운 진단기준을 참조할 것.
- 진단명이 '신체증상장애'로 바뀜.
- 새로운 진단기준은 아주 단순해짐 : 고통스럽거나 일상에 중대한 지장을 일으키는 하나 이상의 신체 증상이 지속적으로 혹은 번갈아가며 6개월 이상을 이어감. 신체 증상이나 건강염려에 대한 과도한 생각, 느낌, 행동이 다음 세 가지

중 하나 이상으로 나타남. 1. 증상의 심각성에 대한 편중되고 지속적인 생각, 2. 건강이나 증상에 대한 지속적으로 높은 단계의 불안, 3. 증상 또는 건강염려에 대한 과도한 시간과 에너지의 소비

31. 건강염려증(질병불안장애) DSM-IV 진단기준

A. 신체적 증상을 개인의 잘못된 해석에 근거해서 심각한 질병을 가졌다고 생각하거나, 혹은 병을 가졌다는 공포에 집착해 있는 것.

B. 집착은 적절한 의학적 평가나 안심에도 불구하고 지속된다.

C. 기준 A의 믿음은 망상적 강도(망상장애 신체형에서처럼)는 아니고 외모(신체추형장애에서처럼)에만 국한된 것은 아니다.

D. 집착은 사회적, 직업적, 그 외 기능의 중요한 영역에서 임상적으로 심한 고통이나 손상을 일으킨다.

E. 장애의 기간은 적어도 6개월이다.

F. 집착은 범불안장애, 강박장애, 공황장애, 주요우울장애, 분리불안장애 혹은 다른 신체형 장애로 더 잘 설명되지 않는다.

다음을 명시하시오.

병식이 없는 경우 : 현재 삽화 중의 대부분의 시간 동안, 심각한 병을 가졌다고 집착하는 것이 과다하다거나 비이성적이라고 깨닫지 못함.

※ DSM-5의 변동

- 진단명이 '질병불안장애'로 바뀜.
- '건강에 대한 높은 수준의 불안이 있으며, 건강 상태에 대해 쉽게 경각심을 가진다.'가 추가됨.
- 병식에 관한 명시자는 제외됨.
- 진료추구형, 진료회피형 명시자가 추가됨.

32. 전환장애 DSM-IV 진단기준

A. 신경과적이나 기타 일반적 의학적 상태를 암시하는 수의 운동 혹은 감각 기능에 영향을 주는 한 가지 혹은 그 이상의 증상이나 결함deficit.

B. 심리적인 요인이 증상 혹은 결함과 연관되어 있다고 판단되는 바, 왜냐하면 갈등이나 다른 스트레스 요인이 증상과 장애의 시작 혹은 악화에 선행되기 때문이다.

C. 이 증상과 결함은 의도적으로 만든 것이거나 꾀병을 부리는 것이 아니다(인위성장애나 꾀병처럼).

D. 증상이나 결함이, 적절한 검사 후에도 일반적 의학적 상태나 물질에 의한 직접적 영향 혹은 문화적으로 연관된 행동이나 경험으로 완전히 설명되지 못한다.

E. 증상이나 결함은 사회적, 직업적, 그의 기능의 중요한 영역에서 임상적으로 심한 고통이나 손상을 일으키거나 의학적 평가를 정당화한다.

F. 증상이나 결함은 통증이나 성기능장애에 국한된 것이 아니고 신체화장애 때만 생기는 것은 아니며, 다른 정신 장애로 더 잘 설명되지 않는다.

※ 증상이나 결함의 유형을 명시하시오.
- 운동계 증상이나 결함을 동반
- 감각계 증상이나 결함을 동반
- 경련이나 발작을 동반
- 혼합된 양상

※ DSM-5의 변동
- 기능성 신경학적 증상장애functional neurological symptom disorder라는 진단명으로도 부름.
- 심리적 요인이 증상에 선행된다는 B 기준은 '임상 소견이 증상과 인정된 신경학적 혹은 의학적 상태의 불일치에 대한 증거를 제공한다.'로 바뀜.

- 증상 유형 명시자는 '쇠약감이나 마비 동반, 이상 운동 동반, 삼키기 증상 동반, 언어 증상 동반, 발작 동반, 무감각증이나 감각 손실 동반, 특정 감각 증상 동반, 혼합 증상 동반'으로 세분화됨.
- 급성과 만성, 심리적 스트레스 요인의 동반 유무 명시자가 추가됨.

33. 신경성 식욕부진증 DSM-IV 진단기준

A. 나이와 키에 비해 최소한의 정상체중 이상의 체중을 유지하기를 거부한다(예 : 기대되는 체중의 85%보다 적은 체중을 유지하기 위해 체중을 줄이거나 또는 성장 기간 중 예상되는 체중 증가에 실패하여 기대되는 체중의 85%보다 적은 체중으로 된다).

B. 체중미달임에도 불구하고 체중 증가와 살찌는 것에 대한 심한 공포가 있다.

C. 자신의 체중 또는 몸매에 직면하는 방식에 장애가 있어서 자기 평가에 의한 체중 또는 몸매에 과도하게 영향받는다. 또는 현재의 심각한 체중미달을 부인한다.

D. 월경을 하는 여성에게서 무월경, 즉 최소 3회 연속적으로 월경 주기가 없다(에스트로겐 등 호르몬을 복용한 후에만 월경이 나타났다면 무월경으로 간주된다).

※ 유형을 명시하시오.
- 제한형restricting type : 현재 신경성 식욕부진증 삽화 동안에 규칙적으로 폭식 또는 제거(즉 스스로 토하거나 또는 설사제, 이뇨제 또는 관장 오용)가 없다.
- 폭식/제거형binge eating/purging type : 현재 신경성 식욕부진증 삽화 동안에 규칙적으로 폭식 또는 제거(즉 스스로 토하거나 또는 설사제, 이뇨제 또는 관장 오용)가 있다.

※ DSM-5의 변동
- A 항목에서 체중 기준이 제외됨.

- D 항목 제외됨.
- 현재의 심각도를 BMI에 따라 넷으로 나누는 명시자가 추가됨.

34. 신경성 폭식증 DSM-IV 진단기준

A. 되풀이되는 폭식 삽화의 특징은 다음과 같다.

   (1) 일정 기간 내에(예 : 2시간 내에) 음식의 양이 유사한 기간과 유사한 상황에서 대부분의 사람들이 먹는 양보다 확실히 많이 먹는다.

   (2) 삽화 동안에 먹는 것을 자제하는 감각이 결여되어 있다(예 : 먹는 것을 중단하거나 또는 무엇을 어떻게 먹을 것인지를 자제할 수 없는 느낌).

B. 체중 증가를 방지하기 위하여 스스로 토하기, 설사제, 이뇨제, 관장 또는 다른 약물 오용, 굶기, 또는 심한 운동 같은 부적절한 보상행동을 되풀이한다.

C. 폭식과 부적절한 보상행동 둘 다 3개월 동안 평균 최소 일주일에 두 번 발생한다.

D. 자기 평가에 의한 몸매와 체중에 과도하게 영향받는다.

E. 본 장애는 주로 신경성 식욕부진증 삽화 동안에 발생하지 않는다.

※ 유형을 명시하시오.
- 제거형 : 현재 신경성 폭식증 삽화 동안에 규칙적으로 스스로 토하거나 또는 설사제, 이뇨제 또는 관장 오용이 있다.
- 비제거형 : 현재 신경성 폭식증 삽화 동안에 굶거나, 심한 운동 같은 부적합한 보상행동을 하지만, 규칙적으로 스스로 토하거나 또는 설사제, 이뇨제 또는 관장 오용이 없다.

※ DSM-5의 변동
- 제거형과 비제거형이 '신경성 폭식증'과 '폭식장애'로 진단이 분리됨. 이에 따라 진단기준이 일부분 바뀌었으므로 새로운 진단기준을 확인할 것.

- C 항목 평균 최소 일주일에 두 번 기준이 '한 번'으로 바뀜.

35. 물질의존 DSM-IV 진단기준

A. 임상적으로 상당한 장애 또는 고통을 가져오면서, 다음 중 <u>세 가지</u>(또는 그 이상)에 의해 발현되며, 같은 12개월 기간 중 어느 때라도 발생되는 물질사용의 부적응 유형.

(1) 다음 중 어느 하나에 의해서 정의되는 내성.

  a. 흥분이나 원하는 효과를 얻기 위해서 물질의 현저한 양적 증가를 요구할 때.

  b. 물질을 동일한 양으로 계속해서 사용했을 때 효과가 현저하게 감소된 경우.

(2) 다음 중 어느 하나에 의해서 발현되는 금단.

  a. 물질에 대한 특징적인 금단 증후군(특정 물질의 금단에 대한 기준들 중 기준 A와 B를 참조하라).

  b. 금단증상들을 완화시켜 주거나 회피하도록 동일(또는 밀접하게 연관된) 물질이 사용될 때.

(3) 물질이 종종 의도되었던 것보다도 더 많은 양이 사용되거나 보다 장기간 사용될 때.

(4) 물질사용을 중단하거나 조절하기 위해 지속적인 욕구가 있거나 노력해도 성공하지 못하는 경우.

(5) 물질을 얻기 위해 필요한 활동들(예 : 수많은 의사들을 방문하거나 장거리를 운전하는), 물질을 사용하는 데 필요한 활동(예 : 줄담배 피우기), 또는 그 효과로부터 회복하는 데 필요한 활동에 많은 시간이 소모될 때.

(6) 중요한 사회적, 직업적 또는 여가 활동들이 물질사용 때문에 단념되거나 감소될 때.

(7) 물질을 사용함으로써 유발되거나 악화될 가능성이 있는 지속적이거나 재

발되는 신체적 또는 심리적 문제를 가진다는 인식에도 불구하고, 물질사용이 지속될 때(코카인에 의해 유발되는 우울증을 인지함에도 불구하고 현재 코카인을 사용하고 있거나 또는 알코올 섭취에 의해 궤양이 악화된다는 인식에도 불구하고 지속적으로 음주하는 것).

(이하 생략)

※ DSM-5의 변동

■ 이 진단기준은 제외되고 각 물질에 따른 진단기준으로 분산되었음.

■ DSM-5 알코올 사용장애 진단기준에는 열한 가지 항목이 나열되어 있고 이 중 두 가지 이상이 1년간 지속될 때 진단함. DSM-IV의 (1)(2)(3)(4)(5)(6)(7)은 DSM-5의 (10)(11)(1)(2)(3)(7)(9)로 배치됨.

■ DSM-5에서 추가된 기준 : (4) 알코올에 대한 갈망감이나 강한 바람이나 욕구, (5) 반복적인 알코올 사용으로 인해 직장, 학교 혹은 가정에서의 주요한 역할 책임 수행에 실패함, (6) 알코올의 영향으로 지속적으로 혹은 반복적으로 사회적 혹은 대인관계 문제가 발생하거나 악화됨에도 불구하고 알코올 사용을 지속함, (8) 신체적으로 해가 되는 상황에서도 반복적으로 알코올을 사용함.

36. 알츠하이머형 치매(알츠하이머병으로 인한 주요 또는 경도 신경인지장애) DSM-IV 진단기준

A. 여러 가지 인지결핍이 발생하는데, 다음 두 가지로 나타난다.

(1) 기억장애(새로운 정보를 학습할 능력 또는 과거 학습한 정보를 회상할 수 있는 능력에 장애가 생김)

(2) 다음 인지장애 중 하나(또는 그 이상)

a. 실어증(언어장애)

b. 실행증(건강한 운동기능이 있음에도 불구하고 운동성 활동을 수행할 능력에 장애가 생김)

c. 실인증(건강한 감각기능이 있음에도 불구하고 대상을 인지하거나 알아보지 못함)

d. 수행기능의 장애(예 : 기획, 조직, 연결, 추상)

B. A1 및 A2 기준의 인지적 결함 각각이 사회적 및 직업적 기능의 유의한 손상을 초래하며 과거 기능수준으로부터 유의한 감퇴를 나타냄.

C. 경과는 점진적 발생과 지속적 인지기능 감퇴가 특징임.

D. A1 및 A2 인지 결함은 다음의 어느 것 때문도 아니다.

(1) 기억과 인지의 점진적 결함을 야기하는 다른 중추신경계 상태(예 : 뇌혈관계 장애, 파킨슨병, 헌팅톤병, 경막하혈종, 정상압 수두증, 뇌종양)

(2) 치매를 야기하는 것으로 알려진 전신상태(예 : 갑상선기능저하증, 비타민 B12 또는 폴산folic acid 결핍증, 나이아신niacin 결핍증, 고칼슘혈증 hypercalcemia, 신경매독, HIV 감염)

(3) 물질 유도성 상태

E. 결함이 전적으로 섬망의 경과 중에는 나타나지 않는다.

F. 장애가 다른 I축 장애에 의해 더 잘 설명되지 않는다(예 : 주요우울장애, 정신분열병).

(이하 생략)

※ DSM-5의 변동

■ 진단명이 '알츠하이머병으로 인한 주요 또는 경도 신경인지장애'로 바뀜.

■ DSM-5에서는 주요 신경인지장애와 경도 신경인지장애 진단기준이 별도로 서술되어 있으므로 새로운 진단기준을 확인할 것. DSM-5에서는 진단 핵심을 인지기능의 저하로 보고 기억(학습)도 인지영역 중의 하나로 포함시키고 있음. 인지기능의 저하가 현저한 손상이면 주요 신경인지장애로, 경미한 손상이면 경도 신경인지장애로 진단함. 인지 결손이 일상 활동에서 독립성을 방해하면 주요 신경인지장애로, 방해하지 않으면 경도 신경인지장애로 진단함.

지은이_ **최의헌**

연세대학교 의과대학을 졸업하고 연세대학교 연합신학대학원 목회신학 석사(M. Div) 학위를 받았다. 현재 정신건강의학과 전문의, 심리상담 전문가, 목사로 활동하고 있다. 연세로뎀 정신건강의학과의원 원장, 생명의친구들과 심리상담연구원 나무와새의 운영위원, 라이프호프 기독교 자살예방 센터와 청어람 ARMC의 이사를 맡고 있다.